von Schorlemer/Posluschny
Entscheidungsorientierte Bilanzpolitik

Georg von Schorlemer/Peter Posluschny

Entscheidungsorientierte Bilanzpolitik

Eine praxisorientierte Darstellung mit IAS

GABLER

Dr. Dipl.-Kfm. Georg von Schorlemer und **Dipl.-Vw., Dipl.-Hdl., Dipl.-Kfm. Peter Posluschny** sind als Unternehmensberater und Management-Trainer in Berlin tätig.

Die Deutsche Bibliothek - CIP-Einheitsaufnahme
Ein Titeldatensatz für diese Publikation ist bei
Der Deutschen Bibliothek erhältlich.

1. Auflage Januar 2001

© Betriebswirtschaftlicher Verlag Dr. Th. Gabler GmbH, Wiesbaden, 2001
Lektorat: Jutta Hauser-Fahr / Annegret Eckert

Der Gabler Verlag ist ein Unternehmen der Fachverlagsgruppe BertelsmannSpringer.

www.gabler.de

Höchste inhaltliche und technische Qualität unserer Produkte ist unser Ziel. Bei der Produktion und Verbreitung unserer Bücher wollen wir die Umwelt schonen. Dieses Werk ist daher auf säurefreiem und chlorfrei gebleichtem Papier gedruckt. Die Einschweißfolie besteht aus Polyäthylen und damit aus organischen Grundstoffen, die weder bei der Herstellung noch bei der Verbrennung Schadstoffe freisetzen.

Die Wiedergabe von Gebrauchsnamen, Handelsnamen, Warenbezeichnungen usw. in diesem Werk berechtigt auch ohne besondere Kennzeichnung nicht zu der Annahme, daß solche Namen im Sinne der Warenzeichen- und Markenschutz-Gesetzgebung als frei zu betrachten wären und daher von jedermann benutzt werden dürften.

Konzeption und Layout des Umschlags: Ulrike Weigel, www.CorporateDesignGroup.de
ISBN-13: 978-3-409-11617-6   e-ISBN-13: 978-3-322-88971-3
DOI: 10.1007/978-3-322-88971-3

Vorwort

In zahlreichen Büchern zur Bilanzierung gewinnt man als Leser den Eindruck, eher abfragbares statt anwendbares Wissen zu erwerben, weil die einzelnen Geschäftsfälle als *isolierte Bilanzierungsfälle* behandelt werden und die *konkreten Berechnungen* der Auswirkungen von Bilanzierungswahlrechten (,Bilanzpolitik') fehlen.

Wir stellen daher das notwendige Rüstzeug *an einer durchgängigen Fallstudie* dar und zeigen konkret in *Euro und Cent*, wie die Bilanzierungsziele *Steuerbelastungsminimierung* oder *Kreditwürdigkeit* praxisbezogen in dem Beispielsunternehmen verwirklicht werden können. Die einzelnen Bilanzierungsfälle werden handels- und steuerrechtlich und im Sinne der IAS erläutert. Zusätzlich wird der jeweilige Geschäftsfall in Konten nach SKR 04 / 1998 eingebucht und die gewinnbezogenen Auswirkungen werden *für jeden Geschäftsfall* in einem Musterjahresabschluss dargestellt, wodurch der Leser die Auswirkungen einer Bilanzierungsentscheidung *konkret* in der Gewinn- und Verlustrechnung verfolgen kann.

Da die internationalen Rechnungslegungsvorschriften auch für deutsche Unternehmen immer bedeutender werden (§ 292 a HGB und IAS-Abschluss als Voraussetzung zur Notierung am Neuen Markt in Frankfurt/M.), sind *zusätzlich* die Geschäftsfälle im Sinne der *International Accounting Standards (IAS)* angegeben.

An dieser Stelle möchten wir unseren Lektorinnen Frau Annegret Eckert und Jutta Hauser-Fahr ganz herzlich für die wiederholt unkomplizierte Zusammenarbeit und ihre Unterstützung bei diesem Buchprojekt danken.

Berlin   Die Autoren

Inhaltsübersicht

Inhaltsverzeichnis

Abbildungsverzeichnis

Tabellenverzeichnis

Abkürzungsverzeichnis

AO	Abgabenordnung
BGB	Bürgerliches Gesetzbuch
c.p.	ceteris paribus / die Übrigen bleiben unverändert
ERP	European Recovery Program
EStG	Einkommensteuergesetz
EStR	Einkommensteuerrichtlinien
EU	Einzelunternehmen
EÜR	Einnahmen-Überschuss-Rechnung
GbR	Gesellschaft bürgerlichen Rechts
GmbH	Gesellschaft mit beschränkter Haftung
GoB	Grundsätze ordnungsgemäßer Buchführung/Bilanzierung
GuV	Gewinn- und Verlustrechnung
h.M.	herrschende Meinung
HGB	Handelsgesetzbuch
IAS	International Accounting Standard(s)
IASC	International Accounting Standards Committee
KonTraG	Gesetz zur Kontrolle und Transparenz im Unternehmensbereich
NMA	Nett-Media-Agentur
OHG	offene Handelsgesellschaft
p.a.	per annum/pro Jahr
PersG	Personengesellschaft

Plan-GuV   Plan- Gewinn- und Verlustrechnung

SIC   Standing Interpretation Committee

u.E.   unseres Erachtens

1 Das didaktische Konzept

In zahlreichen Büchern zur Bilanzierung gewinnt man als Leser den Eindruck, eher abfragbares statt anwendbares Wissen zu erwerben, weil die einzelnen Geschäftsfälle als *isolierte Fälle* behandelt werden. Die Verknüpfung zwischen den einzelnen Bilanzierungsfällen bleibt für Praktiker und Studenten vielfach im Dunkeln: Man überlässt sie getrost dem fachunkundigen Leser. Gleichzeitig fehlen vielfach *konkrete Berechnungen* der gewinnbezogenen Auswirkungen von Bilanzierungswahlrechten (‚Bilanzpolitik') an Hand eines konkreten Jahresabschlusses und die zunehmend wichtigeren *internationalen Rechnungslegungsvorschriften* werden gar nicht dargestellt.

Daher stellen wir das notwendige Rüstzeug am Beispiel einer Multimedia-Agentur dar, wobei die verschiedenen Geschäftsfälle durchgehend an einem Unternehmen behandelt werden. Der Leser lernt zunächst mit der Nett-Media-Agentur (NMA) [1] das Beispielsunternehmen kennen und erlebt den Übergang des Gewinnermittlungsschemas von Einnahmen-Überschuss zum Gewinnvergleich mit allen *praxisrelevanten* Hinzurechnungen und Kürzungen.[2] Die einzelnen Geschäftsfälle des Unternehmens werden als Bilanzierungsfälle zunächst in Konten nach SKR 04/ 1998 eingebucht und mit ihren gewinnbezogenen Konsequenzen konkret in *Euro und Cent* beziffert[3]: Kauf einer ISDN-Anlage, Selbsterstellung einer Controlling-Software, Bildung von Rücklagen, Bildung von Rückstellungen usw. Durch die Berechnung verschiedener Bilanzierungswahlrechte vor dem Hintergrund bilanzpolitischer Ziele (‚Gewinnminimierung', ‚Kreditwürdigkeit') werden die Auswirkungen einer Bilanzierungsentscheidung unmittelbar ersichtlich. Zusätzlich wird für den Jahresabschluss der NMA GmbH eine *Bilanzbesprechung* mit dem Steuerberater abgehalten, in der der Berater die bilanzpolitischen Ziele vor dem Hintergrund der Bilanzierungswahlrechte erläutert und die geschäftsführenden Gesellschafter nach der eingehenden Beratung eine Entscheidung für das bilanzpolitische Ziel der *Kreditwürdigkeit* für den Jahresabschluss 2002 treffen.

---

[1] Die Namen und Umstände aller verwendeten Firmen/Personen sind von uns so verändert worden, dass eine Zurechnung zu bestehenden Firmen/Personen nicht mehr möglich ist. Sich also zufällig ergebende Ähnlichkeiten mit bestehenden Firmen oder Personen sind nicht beabsichtigt.
[2] Unseres Wissens erstmalig praxisbezogen an einer durchgängigen Fallstudie dargestellt.
[3] Vgl. im Sinne des § 244 HGB bzw. A 42 EGHGB.

Bei der Darstellung der handelsbilanziellen Auswirkungen des jeweiligen Geschäftsfalls gehen wir immer von der sogenannten „ceteris-paribus-Klausel" aus. Das bedeutet, dass wir nur den jeweiligen Bilanzierungsfall mit seinen gewinnbezogenen Auswirkungen untersuchen und *alle anderen Daten konstant* halten. Dieses *Grundprinzip* wirtschaftswissenschaftlicher Analysen ermöglicht in seiner Konstruktion eine vereinfachte Analyse, weil nur die Auswirkung *einer* Änderung untersucht werden. Dieses Prinzip kann man sich an einem Beispiel klar machen: Der Leser möge sich vorstellen, er/sie habe ein defektes Radio, das durch einen Kurzschluss in einem von drei Kabeln nicht funktioniert. Um jetzt das defekte Kabel herauszubekommen, wird man jedes der in Frage kommenden Kabel *stückweise* auswechseln und dann jeweils schauen, ob die Stromdurchleitung wieder hergestellt ist. Und ‚ceteris-paribus' bedeutet jetzt in wirtschaftswissenschaftlichen Analysen etwas Ähnliches: Zur Analyse der Auswirkung einer Massnahme (Bilanzierungswahlrecht) wird *zunächst* nur *diese eine Bilanzierungsvariante* mit ihren gewinnbezogenen Auswirkungen untersucht. Alle anderen Parameter (Bilanzposten) bleiben unverändert.

Dadurch können die Auswirkungen des jeweiligen Geschäftsfalls vom Leser besser nachvollzogen werden, weil die Auswirkungen auf den Gewinn durch den Vergleich der Gewinn- und Verlustrechnungen unmittelbar zu ersehen sind. Eine abschliessende Gesamtübersicht zeigt dann für die Aktiv- und Passivseite den ‚Bewertungsspielraum' der verschiedenen Bilanzierungsoptionen.

Der Jahresabschluss 2002 wird uns dabei als ‚Musterjahresabschluss' in den Kapiteln zur *entscheidungsorientierten Bilanzpolitik* begleiten und wird ferner dazu dienen, die gewinnbezogenen Auswirkungen von bilanzpolitischen Maßnahmen darzustellen.

Da die internationalen Rechnungslegungsvorschriften auch für deutsche Unternehmen immer bedeutender werden (§ 292 a HGB und u.a. IAS-Abschluss als Voraussetzung zur Notierung am Neuen Markt in Frankfurt/M.), sind *zusätzlich* die Geschäftsfälle im Sinne der *International Accounting Standards (IAS)* angegeben.

2 Begriffliche Grundlagen des Rechnungswesens

Das betriebliche Rechnungswesen besteht grundsätzlich aus zwei wesentlichen Teilbereichen, der Kostenrechnung und der Finanzbuchhaltung[4]. Die Kostenrechnung wird von den Unternehmen freiwillig durchgeführt. Es gibt keine gesetzliche Grundlage für ihre Ausgestaltung. Daraus folgend gab es früher auch keine Sanktionen bei Nicht- oder ‚Falschanwendung‘ von Systemen der Kostenrechnung. Allerdings hat das Kon-TraG (Gesetz zur Kontrolle und Transparenz im Unternehmensbereich) vom 01.05.98 die Rechtslage erheblich verändert, weil Kapitalgesellschaften ein Risikomanagement nachweisen müssen, dass von den Wirtschaftsprüfern zu kontrollieren und im Rahmen des Lageberichts auch zu testieren ist. Unseres Erachtens kann aber ein wirksames Risikomanagement ohne ein fundiertes Kostenrechnungs- und Controllingsystem nicht durchgeführt werden. Daher sehen wir auch - mittelbar über das KonTraG - eine aktuelle Verpflichtung von Kapitalgesellschaften zur Einführung von Kostenrechnungs- und Controllingsystemen.

Ganz anders sieht die Lage bei der Finanzbuchhaltung und für den Bereich der Handels- und Steuerbilanz aus. Hier existiert mit dem HGB bzw. dem EGHGB für die Handelsbilanz, dem EStG für die Steuerbilanz und den Internationalen Rechnungslegungsvorschriften (IAS / US-GAAP) für Abschlüsse nach IAS bzw. US-GAAP ein detailliertes System von Gesetzen, Richtlinien und ‚Standards‘ sowie ‚Principles‘, dessen Nicht- oder Falschanwendung in Deutschland selbstverständlich strafbewährt ist.

Insofern unterscheiden sich beide Gebiete erheblich voneinander. Diese Unterschiede werden auch in den korrespondierenden Begriffssystemen deutlich. In der Finanzbuchhaltung werden die Begriffe **Aufwand** und **Ertrag** verwendet, während die Kostenrechnung von **Kosten** und **Leistung** spricht. Diese Begriffsunterschiede sind für den Einsteiger zunächst etwas schwer verständlich. Daher ist auf der nächsten Seite eine Zusammenstellung der Rechnungswesenbegriffe aus Finanzbuchhaltung und Kostenrechnung zu finden, die den Begriffen konkrete ‚Transaktionen‘ aus dem Wirtschaftsleben zuordnet.

---

[4] Weitere Differenzierungen: Statistik, Controlling.

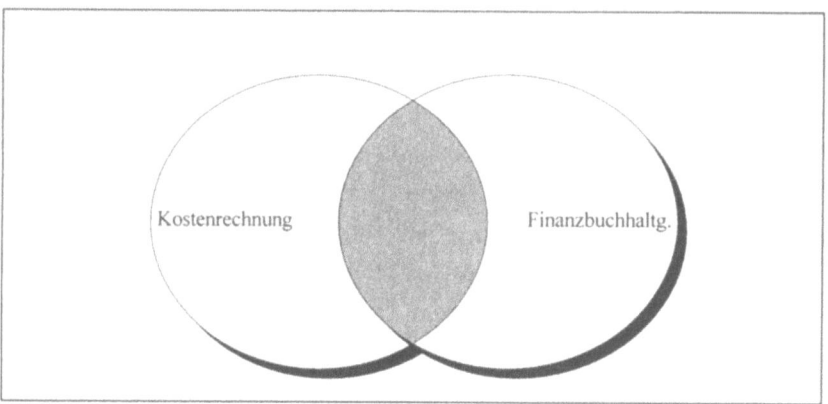

Abbildung 1: Kostenrechnung und Finanzbuchhaltung

Kostenrechnung:	Finanzbuchhaltung:
• entscheidet über den Erfolg	• ist gesetzlich notwendig
• es gibt keine gesetzlichen Kosten-rechnungsvorschriften	• es gibt viele Gesetze zur Finanzbuchhaltung und Bilanzierung
• 'Wo kein Gesetz ist, da ist kein Richter'	• 'Wo ein Gesetz ist, da ist auch ein Richter'
• muß i.d.R. selbst erstellt werden	• wird i.d.R. vom Steuerberater/ Wirtschafts-prüfer unterstützt

Abbildung 2: Unterschiede zwischen Kostenr. und Finanzb.

Die einfachsten Begriffe sind wohl die der Ein- und Auszahlung. Sie betreffen nur die baren und unbaren Geldströme der Unternehmung. Etwas schwerer zu verstehen sind die Begriffe der Einnahme und Ausgabe. Ein Einnahme entsteht zu dem Zeitpunkt, wo ein Produkt das Unternehmen verläßt oder eine Dienstleistung erbracht ist, und man als Unternehmen eine Rechnung stellt (Ausgangsrechnung). Zu diesem Zeitpunkt, so sagen es die Kaufleute, hat man eine 'Forderung' gegenüber einem anderen Unter-nehmen, die in der eigenen Ausgangsrechnung genauer beziffert ist.

Die Ausgabe ist nun deshalb schwer zu verstehen, weil ein Produkt oder eine Dienstleistung 'eingekauft' wird. Die andere, liefernde Unternehmung stellt ihrerseits eine Rechnung (aus unserer Sicht eine Eingangsrechnung), die bei uns zu einer Verbindlichkeit führt. Früher oder später führt übrigens eine Ausgabe auch zu einer Auszahlung, weil die eingegangene Rechnung bezahlt werden muß. Irgendwann werden wir ja mit den Produkten, die wir gerade eingekauft haben, auch etwas anfangen. Wenn wir sie innerbetrieblich verwerten, dann werden sie zunächst verbraucht (Aufwand), um schließlich in unsere Produkte bzw. Dienstleistungen einzufließen. Die Veränderung der Bestände an unfertigen und fertigen Erzeugnissen (Lager) wird dann als Ertrag bezeichnet. Wenn das ganze auch noch betriebszweckbezogen geschieht, dann entsteht sogar eine 'Leistung'.

Komponenten:	Zugänge:	Abgänge:
Zahlungsvorgänge: Geld fließt Bargeld oder Giralgeld (Konto)	Einzahlung: Bsp. Bareinzahlung Gutschrift auf dem Konto	Auszahlung: Bsp. Barauszahlung Belastung auf dem Konto
liquide Mittel: offene Rechnungen Forderungen Verbindlichkeiten	Einnahme: Bsp. Rechnung geht raus	Ausgabe: Bsp. Rechnung kommt rein
Reinvermögen: Sachvermögen kommt dazu	Ertrag: Güter und Dienstleistungen entstehen	Aufwand: Güter und Dienstleistungen werden verbraucht
kalkulatorisches Vermögen: Anders- und Zusatzkosten entstehen	Leistung: Güter und Dienstleistungen entstehen zweckbezogen (ge-	Kosten: Güter und Dienstleistungen werden zweckbezogen ver-

Komponenten:	Zugänge:	Abgänge:
	meint ist die ‚be-triebszweckbezogene' Entstehung)	braucht (gemeint ist der betriebszweckbe-zogene Verbauch)

Tabelle 1: Grundbegriffe des Rechnungswesens

Die oben erläuterte Finanzbuchhaltung ist die Grundlage zur Aufstellung von verschiedenen Bilanzen, die im nachfolgenden Kapitel erläutert werden.

3 Bilanzen und bilanzpolitische Zielsetzungen

Je nach Anlass der Bilanzierung unterscheidet man ordentliche von außerordentlichen Bilanzen, wobei ordentliche Bilanzen in vorher festgelegten Zyklen erstellt werden (müssen) und außerordentliche Bilanzen diese festen Zyklen nicht kennen. Solche ordentlichen Zyklen können Jahresbilanzen, Monats- und Quartalsbilanzen oder sonstige zeitliche Abfolgen sein, die das Gesetz oder ein Gesellschaftsvertrag vorsieht.[5]

3.1 Bilanzen

Zu den **außerordentlichen Bilanzen** zählen Gründungs,- Kapitalerhöhungs,- Kapitalherabsetzungs, Auseinandersetzungs-, Fusions,- und beispielsweise Insolvenzbilanzen. Bei den außerordentlichen Bilanzen ist meist ein Tatbestand im Vorfeld erfüllt worden, an den der Gesetzgeber oder der Gesellschaftsvertrag die Aufstellung der Bilanz knüpft.[6]

Neben dieser grundsätzlichen Differenzierung in verschiedene Anlässe der Bilanzierung, die auch für ‚Neueinsteiger' leicht verständlich ist, besteht eine weitere Differenzierung in Handels- und Steuerbilanz. Beide Bilanzen unterscheiden sich nach der prinzipiellen Rechtsquelle, nach der sie aufgestellt werden müssen. Für die **Handelsbilanz** ist das Handelsgesetzbuch einschlägig, während die **Steuerbilanz** *desselben* Unternehmens *desselben* Geschäftsjahres (Veranlagungszeitraumes) nach den steuerlichen Vorschriften aufgestellt werden muss.

---

[5] Vgl. Wöhe, 1997, S. 36.
[6] Vgl. Wöhe, 1997, S. 36. Mit einer Übersicht weiterer Bilanzen auf Seite 39.

Auf die Gefahr hin, hier etwas ungenau zu werden, reicht für einen ‚Neueinsteiger' die Vorstellung, dass viele Positionen in Handels- und Steuerbilanz so unterschiedlich sein können, dass man bei oberflächlicher Betrachtung den Eindruck gewinnen kann, es handle sich um zwei verschiedene Unternehmen oder zumindest um unterschiedliche Geschäftsjahre, wenn man Handels- und Steuerbilanz *desselben Unternehmens desselben Geschäftsjahres/Veranlagungszeitraums* nebeneinander legt[7]. Kurz: Die Bilanzierungs- und Bewertungsvorschriften sind unterschiedlich. Entsprechend müssen sich beide Bilanzen unterscheiden.

Diese grundsätzlichen Unterschiede zwischen Handels- und Steuerbilanz lassen sich mit ihren Anlässen, Inhalten, Aufgaben und besonderen Merkmalen begründen.[8]

Bilanzart	Anlass	Inhalt	Aufgaben	besondere Merkmale
Handelsbilanz	Jahresabschluss nach §§ 242, 264 HGB	Vermögens- und Kapitaldarstellung nach Handelsrecht	externe Information z.B. von Aktionären einer AG	ordentliche Bilanz, die zahlreiche Wahlmöglichkeiten (‚Bilanzpolitik') zulässt
Steuerbilanz	Jahresabschluss nach § 5 EStG	Vermögens- und Kapitaldarstellung nach Steuerrecht	Information von Geschäftsleitung und Finanzamt	Bilanz mit ‚wenigen' Wahlmöglichkeiten

Tabelle 2: Unterschiede zwischen Handels- und Steuerbilanz

---

[7] In unserem Seminaren hat es sich als sehr nützlich erwiesen, zunächst eine Vorstellung über ein komplexes Wissensgebiet zu vermitteln, die dann nach und nach konkretisiert wird. Mit der bildhaften Verankerung von Vergleichen wird der Lernstoff auch emotional eingebunden.
[8] In Anlehnung an Wöhe, 1997, S. 39.

Der grundlegende Unterschied zwischen Handels- und Steuerbilanz liegt in den Wahlmöglichkeiten bei der Bilanzierung. Selbstverständlich hat die veranlagende Stelle (Finanzamt) ein Fiskalinteresse und das heisst im Rahmen der zahlreichen geltenden Steuergesetze den Gewinn als Bemessungsgrundlage möglichst hoch auszuweisen. Das bedeutet aber im Ergebnis nichts anderes, als das die zahlreichen *handelsrechtlichen* Wahlmöglichkeiten nicht uneingeschränkt gelten dürfen. Diese zahlreichen Wahlmöglichkeiten lässt der Handelsgesetzgeber zu, da die Handelsbilanz bei einer Kapitalgesellschaft ggf. (größen- und rechtsformabhängig nach PublG) publiziert wird und somit zahlreichen Bilanzlesern zur Kenntnis gebracht wird. Demzufolge muss der handelsrechtlich Bilanzierende nach der *deutschen* Handelsbilanzauffassung eine Möglichkeit haben, die Vermögens- und Ertragslage in ihrer Darstellung steuern zu können.

Es ist keine Übertreibung, wenn man feststellt, dass der Steuergesetzgeber zahlreiche ‚Informationsquellen' für den steuerrechtlich Bilanzierenden bereit hält, die man sich als kaum noch zu bewältigende Fülle von Informationen vorzustellen hat. Allein die Einkommensteuerrichtlinien (EStR) als Interpretationen der Fiskalverwaltung zu dem Einkommensteuergesetz im Auge zu behalten, ist eine Herkulesaufgabe, die man ‚memotechnisch' nicht mehr bewältigen kann: Die Einkommensteuerrichtlinien (EstR) haben deutlich über 500 Seiten Umfang. Zusätzlich ist mindestens noch die aktuelle Rechtsprechung der Finanzgerichte (FG) und des Bundesfinanzhofs (BFH) zu überblicken. Für den Einsteiger stellt die nachfolgende Tabelle die gängigsten ‚Informationsquellen' für den Ratsuchenden zusammen.

Bilanzart	‚Rechtsquellen'	judikative Quellen	sonstige Quellen
Steuerbilanz	EStG, KSTG u.a.	FG-Urteile, BFH-Urteile	EStR, ESTDV, BMF-Schreiben, BMF-Erlasse, Kommentare, Literatur
Handelsbilanz	HGB, BiRiLiG, EGHGB	kaum Urteile zur handelsrechtlichen Bilanzierung	HGB-Kommentar, Literatur

Tabelle 3: ‚Informationsquellen' für Steuer- und Handelsbilanz

Ganz anders und ‚freundlicher' sieht da die Ausgangslage bei der Handelsbilanz aus. Im Gegensatz zur Steuerbilanz ist die ‚Quellenlage' bei der Handelsbilanz relativ übersichtlich. Die gesamten ‚Rechtsquellen' sind in aktuell 178 Seiten und in 475 Paragraphen wiedergegeben. Alles ist also in einem Gesetz zusammengefasst und wird in konkreten Bilanzierungsfragen durch gute Kommentare ergänzt.

Auch wenn sich 178 Seiten ‚Rechtsquelle' für den Einsteiger sicherlich viel anhören, ist dieser Umfang als sehr gering im Vergleich zu den ‚Informationsquellen' für die Steuerbilanzierung anzusehen.

3.2 Bilanzpolitische Zielsetzungen

Die Handelsbilanz ist an eine ganze Reihe von Adressaten gerichtet. Darunter sind bei mittelständischen Betrieben insbesondere das Management (Unternehmer, geschäftsführende Gesellschafter, Gesellschafter), Kreditinstitute und über das Maßgeblichkeitsprinzip der Handelsbilanz für die Steuerbilanz mittelbar auch das Finanzamt. Im Bereich der handelsrechtlichen Bilanzierung ist in den nächsten Jahren mit einem zusätzlichen Bedeutungszuwachs der eigenständigen Handelsbilanz zu rechnen, da aufgrund des Bilanzrichtliniengesetzes bereits kleine Gesellschaften mit beschränkter Haftung (bis zu 8 Mio. DM Jahresumsatz und/oder 3,9 Mio. Bilanzsumme bzw. 50 Arbeitnehmer im Jahresdurchschnitt) verpflichtet sind, ihren Jahresabschluss zu publizieren.[9]

Der handelsrechtliche Jahresabschluss wird also auch für mittelständische Unternehmen in seiner Bedeutung eher noch zunehmen. Vor dem Hintergrund der in der Praxis bedeutsamen Adressaten des Managements, der Kreditinstitute und der Fiskalbehörden haben wir drei bilanzpolitische Zielsetzungen formuliert, die im weiteren Verlauf konkretisiert werden:

die Kapitalabsicherung und Substanzerhaltung,

die Steuer(belastungs)minimierung,

die Kreditwürdigkeit.

---

[9] Vgl. Kerth / Wolf, Bilanzanalyse und Bilanzpolitik, 1992, S. 297.

3.3 Die Kapitalabsicherung und Substanzerhaltung

Primärziel des Managements sollte die **Kapitalabsicherung** des Unternehmens sein. Die Verfolgung des Ziels der Kapitalabsicherung[10] versucht, das in einem Unternehmen arbeitende Kapital, das auf der Passivseite der Bilanz ausgewiesen wird, gegen verschiedene ‚kapitalverzehrende' Risiken durch Ausnutzung von bilanzierungs-, bewertungs- und rücklagenpolitische Maßnahmen abzuschirmen. Dies ist einerseits durch den Abschluss von Fremdversicherungen möglich. Im Versicherungsvertrag und den dem Versicherungsvertrag zugrundeliegenden AGB's der Versicherungsgesellschaften werden in einer Versicherungssparte die versicherten Risiken genau aufgezählt (z. B. Betriebsunterbrechung, Feuer, Glasbruch). Für die Abwälzung des jeweiligen Risikos muss der Unternehmer eine (Versicherungs)-Prämie zahlen. Diese Versicherungsprämie mindert als ‚Versicherungsaufwand' c.p. den Gewinn des Unternehmens.

Gleichzeitig kann der Unternehmer für bestimmte Risiken, die er meint, einschätzen und beziffern zu können, eine Art Selbstversicherung eingehen. Diese Klasse von Risiken wird in der Kalkulation mit den sogenannten kalkulatorischen Wagnissen abgegolten, die in der differenzierenden Herstellkostenkalkulation dem Kostenträger als Aufschlag hinzuaddiert werden. Die Verteilung von kalkulatorischen Wagnissen über den BAB auf die Kostenträger ist deshalb eine Selbstversicherung, weil über die Verkaufspreise der Produkte (Kostenträger) die kalkulatorischen Wagnisse vom Kunden anteilig bezahlt werden. Wenn ein latentes Risiko zum Schadenfall wird, dann sind über realisierte Umsätze die kalkulatorischen Wagnisse gedeckt, wenn die Schadenssumme den anteilig vereinnahmten Wagniskosten entspricht.

Diese Art der Darstellung suggeriert allerdings, die Unternehmer könnten beliebige Wagnisse beziffern und über den BAB auf die Kostenträger verteilen. Dabei wird allerdings verkannt, dass sich das Unternehmen in einem Wettbewerbsumfeld bewegt, das eine isolierte Preisgestaltung nicht zulässt. Vom Kostenmanagement sind daher mit dem target costing und target pricing zwei Verfahren entwickelt worden, die die Preisgestaltung auch in stark wettbewerbsorientierten Geschäftsfeldern zulassen.[11]

---

[10] Vgl. zum Folgenden: Wöhe, 1997, S. 677 ff.
[11] Vgl. Schorlemer/Posluschny/Prange, „Kostenmanagement in der Praxis, Gabler, 1998.

Die Bilanzierungsvorschriften gehen in Deutschland von dem Prinzip der nominalen Kapitalerhaltung aus. Hintergrund dieses ‚Nominalwertprinzips' in Handels- und Steuerbilanz ist die vereinfachte Nachprüfbarkeit von Wertansätzen des Bilanzierenden. Würde man dieses Nominalwertprinzip auflösen, ergäben sich für die Wirtschaftsprüfer im Bereich der Handelsbilanz und Betriebsprüfer der Finanzämter im Bereich der Steuerbilanz erhebliche Kontrollschwierigkeiten bei den Ansätzen des Bilanzierenden. Das Nominalwertprinzip besagt, dass Wertansätze grundsätzlich zu ihren historischen Anschaffungs- oder Herstellungskosten zu bilden sind.

3.4 Die Steuerbelastungsminimierung

Sind die beiden Primärziele der Kapitalabsicherung und des Substanzerhalts durch Ausnutzung von bilanzierungs-, bewertungs- und rücklagenpolitische Maßnahmen erreicht, dann ist mit Sicherheit eines der vordringlichen Ziele des Steuerpflichtigen das der **Steuerbelastungsminimierung**. Seit Jahrzehnten vertreten die jeweiligen Koalitionen verbal einen Kurs der Steuervereinfachung und Steuerbelastungsminimierung.

Allein geschehen ist bisher wenig. Die Regelungsdichte des Steuerrechts hat inzwischen einen Grad erreicht, der es selbst Steuerberatern schwer macht, ihr Fachgebiet zu vertreten. Längst gibt es Fachleute nur für das Außensteuerrecht, die sich aber ihrerseits auf einzelne Doppelbesteuerungsabkommen (DBA) spezialisiert haben. Allein das DBA mit der Schweiz hat mehrere hundert Seiten Umfang. Andere Steuerberater haben sich vorwiegend auf Abschreibungsgesellschaften und die dahinter stehenden gesellschaftsrechtlichen Konstruktionen spezialisiert und versuchen nur die Rechtsprechung der Finanzgerichte und des BFH zu den Abschreibungsgesellschaften und die Kommentare dazu im Blick zu behalten. Da zur Steuerbelastung mehr Vermutungen kursieren als wissenschaftlich fundierte Daten, präsentieren wir an dieser Stelle die Ergebnisse einer international-vergleichenden Untersuchung zur Steuerbelastung in ausgewählten Ländern. Die Studie, die wir hier wiedergeben, wird sich dabei auf die Steuerbelastung der Körperschaft, des Gesellschafters und die ‚Gesamtbelastung' konzentrieren.

3.4.1 Die Steuerbelastung im internationalen Vergleich

Obgleich die Bundesrepublik gemeinhin als ‚Hochsteuerland' klassifiziert wird, zeigen die Daten eines wissenschaftlichen Steuerbelastungsvergleichs einen erheblichen Korrektur- und Differenzierungsbedarf bei den Aussagen zur Steuerbelastung in der Bundesrepublik Deutschland.[12]

3.4.1.1 Die Berechnungsgrundlagen

Der **Steuerbelastungsvergleich** wurde für Kapitalgesellschaften in Deutschland, Frankreich, Großbritannien, den Niederlanden und den USA durch ein computergestütztes Simulationsmodell mit dem ‚European Tax Analyzer' durchgeführt. Das Modell berechnet die Steuerbelastung in einem Zehn-Perioden-Modell, wobei zahlreiche Variablen zur Produktion, dem Absatz, der Beschaffung und dem Personalbestand eingegeben werden konnten. Die in das Belastungsvergleichsmodell einbezogenen Steuerarten der Vergleichsländer sind mit dem Rechtsstand zum 01.01.1998 berücksichtigt.

3.4.1.2 Steuerbelastung auf der Unternehmensebene (Körperschaft)

Die nachfolgend dargestellte Abbildung zeigt, dass Deutschland bei der **Steuerbelastung auf der Unternehmensebene** wohl zur Spitzengruppe gehört, keinesfalls aber in diesem Vergleich als Höchststeuerland zu klassifizieren ist.[13] Während in Deutschland über die 10 Betrachtungsperioden des Simulationsmodells genau 22.668.980 DM abzuführen sind, werden in Frankreich mit insgesamt 24.366.311 DM knapp zwei Millionen DM mehr vom Staat ‚konfisziert'.

Als Niedrigsteuerland zeigt sich Großbritannien mit einer absoluten Steuerbelastung für das simulierte Unternehmen über 10 Berechnungsperioden von 14.055.587 DM. Auch die vielfach vereinfachend als Niedrigsteuerland bezeichneten USA sind mit gut 20.250.478 eher in der Spitzengruppe der Hochsteuerländer Frankreich und Deutschland. Dieser Steuerbelastungsvergleich für die Körperschaft ist allerdings nicht verallgemeinerbar, weil schon eine weitere Differenzierung nach Branchen für den Steuerbelastungsvergleich zeigt, dass die Branchen mit ihren typischen Kennzahlen von den unterschiedlichen Steuersystemen unterschiedlich belastet werden.

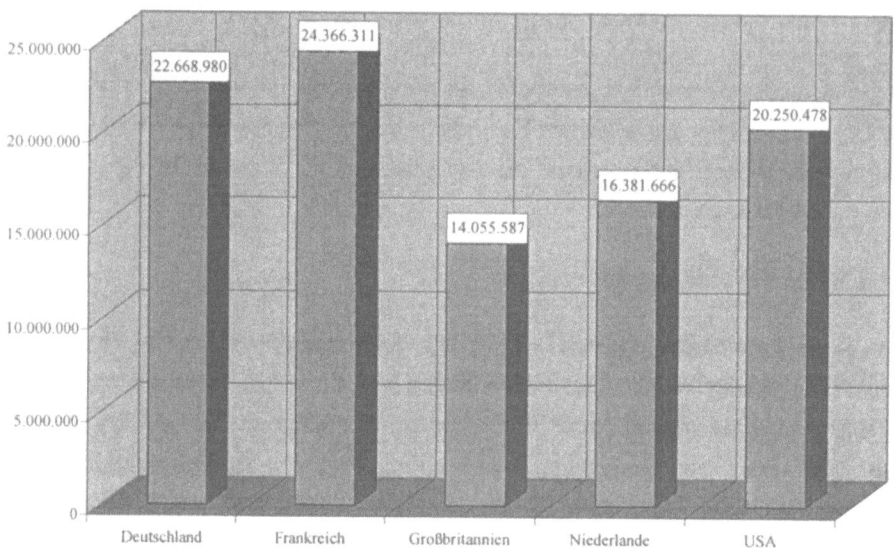

Abbildung 3: Steuerbelastung der Unternehmensebene

3.4.1.3 Steuerbelastung auf der Gesellschafter-Ebene

Neben den Körperschaften und dem 10-Rechnungsperioden-Modell hat sich der Steu-erbelastungsvergleich zusätzlich mit der aktuellen **Steuerbelastung auf der Gesell-schafter-Ebene** auseinandergesetzt. Dabei wurden 10 Gesellschaftertypen mit unter-schiedlichen personenbezogenen und haushaltsbezogenen Daten gebildet. Für alle Ge-sellschaftertypen galten vereinfacht die drei Einkunftsarten Einkünfte aus Gewerbe-betrieb, Einkünfte aus Kapitalvermögen und sonstige Einkünfte.

---

[12] Vgl. zu den Ausführungen des Steuerbelastungsvergleichs: Spengel, 1998.
[13] Vgl. zum Folgenden: Quelle: Spengel, 1998, S. 5

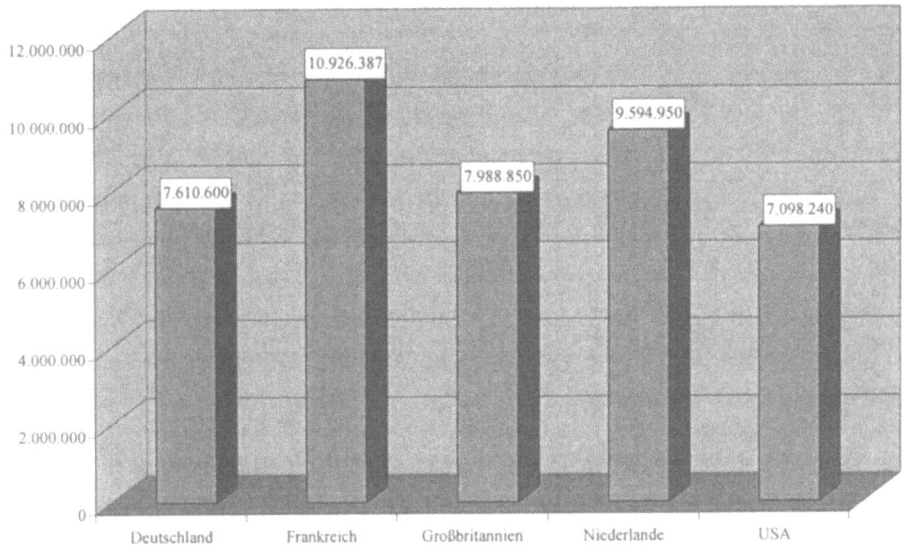

Abbildung 4: Steuerbelastung der Gesellschafter

Die zweite Vergleichsebene dieses Steuerbelastungsvergleichs zeigt, dass Deutschland auf der Anteilseigner-Ebene die Spitzengruppe der Hochsteuerländer verlassen hat. Mit rund 7,6 Mio. DM gehört Deutschland neben Großbritannien und den USA zur Gruppe der Staaten des computersimulierten Vergleichs mit der niedrigsten Steuerbelastung, wohingegen Frankreich auch auf der Ebene der Gesellschafter mit fast 11,0 Mio. DM eindeutig als (relatives) Hochsteuerland zu klassifizieren ist. In den Niederlanden ist die Steuerbelastung eines Gesellschafters gegenüber Frankreich fast 1,5 Mio. DM geringer.[14]

---

[14] Vgl. Spengel, 1998, S. 8.

3.4.1.4 Gesamtbelastung (Unternehmen und Gesellschafter)

Mit dem Vergleich der **Gesamtsteuerbelastung** wurde eine dritte Vergleichsebene gebildet. Die unten dargestellte Abbildung zeigt, dass Frankreich für das Untersuchungsjahr 1998 und die zehn ‚Abrechnungsperioden‘ mit über 35 Mio. DM weit an der Spitze der Hochsteuerländer steht. Es wird gefolgt von Deutschland mit einer Gesamtbelastung von immerhin rund 30 Mio. DM über die 10 Berechnungsperioden des Simulationsmodells. Eindeutig als Niedrigsteuerland in diesem Vergleich ist Großbritannien zu klassifizieren. Auch die Niederlande haben mit fast 26 Mio. DM Gesamtbelastung eine um fast 10 Mio. DM geringere Gesamtbelastung als die französischen Unternehmen und Unternehmer.

Die Datenspreizung zwischen dem Niedrigststeuerland Großbritannien und dem Höchststeuerland Frankreich beträgt immerhin im gleichen Betrachtungsjahr 1998 und bei den gleichen Grunddaten des simulierten Unternehmens und der typisierten 10 Gesellschafter gut 13 Mio. DM.

Diese Belastungsdifferenz ist mit Sicherheit für Unternehmen, die steuerberatungsgestützt Belastungsvergleiche durchführen, ein positiver Standortfaktor für Großbritannien.

Bei diesen Fakten des computersimulierten Steuerbelastungsvergleichs ist allerdings die ‚Halbwertzeit‘ solcher Aussagen zu beachten. Zumindest für Deutschland gibt es wohl kein zweites Rechtsgebiet, dass in derart kurzen Zyklen derart radikalen Änderungen unterliegt, wie das Steuerrecht.

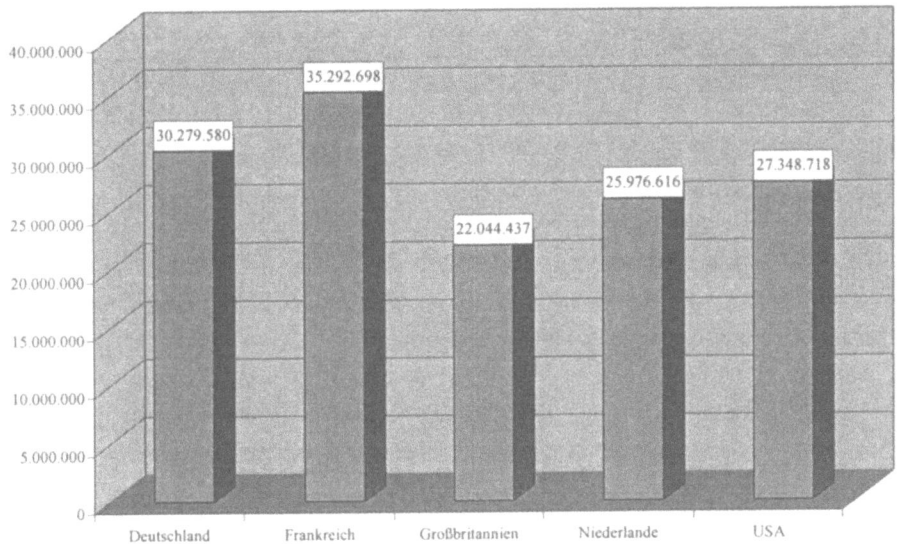

Abbildung 5: Gesamtsteuerbelastung

3.4.2 Prinzipielle Ansätze zur Steuerminimierung

Die ausführlichen und durch eine Computersimulation gestützten Berechnungen der aktuellen (1998) Steuerbelastungssituation auf der Ebene des Unternehmens, auf der Ebene des Gesellschafters und die bezifferte Gesamtsteuerbelastung haben gezeigt, dass Deutschland nach wie vor als Hochsteuerland einzuschätzen ist, auch wenn die von nichtwissenschaftlicher Seite kolportierte Einschätzung, Deutschland habe eine Spitzenposition in der Steuerbelastung, durch die Ergebnisse dieser aktuellen Untersuchung nicht zu halten ist. Den ‚objektivierten' Daten zum Trotz, ist die Bundesrepublik in der Einschätzung (subjektive Steuerbelastung) vieler mittelständischer Unternehmer ein Höchststeuerland. Es ist ein legitimes bilanzpolitisches Ziel, die Steuerbelastungsminimierung zu verfolgen.

Wegen der **Maßgeblichkeit** der Handelsbilanz für die Steuerbilanz müssen daher zuerst die Ansätze in der Handelsbilanz unter dem Gesichtspunkt der Steuerminimierung optimiert werden, um über die Steuerbilanz eine Auswirkung auf die Steuerbelastung haben zu können.

Ist es das erklärte Ziel, den handelsbilanziellen Gewinn im Sinne der Steuerminimierung **niedriger** auszuweisen, dann muss / dann müssen...[15]

- die in den Aktiva ausgewiesenen Vermögensgegenstände mit den niedrigsten Ansätzen aktiviert werden (z.B. durch Bezifferung der Herstellungskosten nur mit den Einzelkosten im Sinne des § 255 HGB),

- die degressiven Abschreibungen mit dem möglichen Höchstsatz der Degression verwendet werden, wodurch die Vermögensgegenstände ‚unterbewertet' werden und es zur Bildung ‚stiller Reserven' kommt,

- der Gewinnausweis durch Übertragung von Veräußerungsgewinnen auf andere Vermögensgegenstände (im Sinne des § 6 b EStG) vermieden werden,

- Ansparrücklagen für zu beschaffende neuwertige, bewegliche Wirtschaftsgüter des Anlagevermögens (§ 7 g A 3-7 EStG), wenn das Betriebsvermögen unter 400.000 DM liegt, gebildet werden.

- Gleichzeitig können die Schulden/Passivposten (auf der Passivseite) tendenziell zu hoch angesetzt werden durch...

- extensives Ausnutzen der Rückstellungstatbestände im Sinne des § 249 HGB, sofern steuerrechtlich tragfähig,

- Gewinne in Rücklagenkonten überführt werden.

- Bilanzierungshilfen nichtaktiviert werden (Bilanzierungshilfe: Aufwendungen, die als Ausnahme aktiviert werden dürfen, und so über mehrere Perioden verteilt werden können).

3.5 Die Kreditwürdigkeit

Ebenso wie das vorangestellte Ziel der Steuerminimierung ist die **Kreditwürdigkeit** als bilanzpolitisches Ziel eher den Sekundärzielen der Bilanzpolitik zuzuordnen. Die beiden bilanzpolitischen Ziele sind von uns bewusst hintereinander gestellt worden. Dies aus dem Grund, da sie in einer Frontstellung zueinander stehen. Beide Ziele bilanzpolitisch zu verwirklichen, ist nicht möglich.

---

[15] Vgl. Wöhe, 1997, S. 691 ff.

Zwar besteht, wie oben ausführlich dargestellt, im Hochsteuerland Deutschland das legitime Ziel, die Steuerbelastung zu minimieren, aber in Abständen, die von den Perioden der Kreditprolongation bestimmt werden, oder bei typischen Finanzierungsanlässen, besteht Kreditbedarf.

Der Kreditsachbearbeiter ist im Sinne des Kreditwesengesetzes gehalten, sich *vor der Kreditvergabe* über die wirtschaftlichen Verhältnisse des Antragstellers zu informieren. Dies geschieht im Geschäftsverkehr mit den Banken regelmäßig durch die Einreichung der Handels- oder Steuerbilanz, die dann zu *einer* Kreditunterlage wird. Für die Kreditvergabe ist vom Sachbearbeiter nicht nur die Rückzahlungswilligkeit, sondern auch die Rückzahlungsfähigkeit über die Laufzeit des Kredites zu beurteilen. Dazu wird die sogenannte Kapitaldienstgrenze berechnet, die für die Rechnungsperiode den maximal vom Antragsteller aufzubringenden Betrag zur Zinszahlung und Tilgung beziffert.

Bei der Bezifferung der Kapitaldienstgrenze spielt, das können wir aus eigener Praxis sagen, der cash-flow als zentrale ‚Leistungskennzahl‘ eines Kreditantragstellers eine bedeutende Rolle. Der cash-flow wird aber - bei aller Unterschiedlichkeit der Berechnungskonzepte - immer mit dem Jahresüberschuss als Grundelement gebildet. Demzufolge ist der cash-flow c.p. grösser, wenn der Jahresüberschuss höher ist.

Der Jahresüberschuss (Gewinn) ist aber nur dann höher, wenn die bilanzpolitischen Maßnahmen gerade entgegengesetzt zur Zielsetzung der Steuerminimierung angewendet wurden.

Um im oben dargestellten Sinne, die Kreditwürdigkeit ‚optimal‘ darzustellen ...

- müssen alle Wahlrechte zur Aktivierung extensiv ausgenutzt werden (z.B. Ansatz eines derivativen Firmenwertes im Sinne des § 255 IV HGB oder Aktivierung von GWG's),

- werden die Aktivierungswahlrechte bei der Bezifferung der Herstellungskosten im Sinne des § 255 HGB ausgenutzt,

- findet das lineare Abschreibungsverfahren Verwendung,

- wird auf Sonderabschreibungen verzichtet, die zwar nur steuerrechtlich wirken, aber in die Handelsbilanz übernommen werden müssen wegen der Maßgeblichkeit,

- werden Veräußerungsgewinne dargestellt und *nicht* auf andere Vermögensgegenstände übertragen (Erlöse aus dem Verkauf von Vermögensgegenständen als GUV-Posten.).

- werden die Schulden/Passivposten (auf der Passivseite) tendenziell zu niedrig angesetzt werden durch...

- wird die Rückstellungsbildung unterlassen, sofern keine Passivierungspflicht besteht,

- werden Gewinne ausgewiesen und die Überführung in Rücklagenkonten unterlassen,

- werden Bilanzierungshilfen aktiviert (Aufwendungen, die als Ausnahme aktiviert werden dürfen und so über mehrere Perioden verteilt werden können).

Wir wollen an dieser Stelle nun den systematischen und grundsätzlichen Darstellungen bilanzpolitischer Zielsetzungen eine nach Aktiv- und Passivseite gegliederte Übersicht der Instrumente der Bilanzpolitik anfügen, die die handelsrechtlichen Bilanzierungs- und Bewertungswahlrechte darstellt.

3.6 Bilanzierungs- und Bewertungswahlrechte der Handelsbilanz

Die nachfolgende Tabelle zeigt eine Übersicht der **handelsrechtlichen Bilanzierungs- und Bewertungswahlrechte**. Dabei zeigt die erste Tabelle die handelsrechtlichen Bilanzierungs- und Bewertungswahlrechte für die Aktivseite, die wiederum nach Anlage- und Umlaufvermögen unterteilt ist. Im Rahmen dieser Unterteilung werden die Rechtsquellen nach HGB und die ‚Bilanzierungsoptionen' (Bilanzierungswahlrechte) stichwortartig genannt.

3.6.1 Bilanzierungs- und Bewertungswahlrechte der Aktivseite [16]

Anlagevermögen		
ausstehende Einlagen auf das gezeich-	§ 272 I	zwei Darstellungsvarianten

---

[16] In Anlehnung an Kerth/Wolf

nete Kapital		
Aufwendungen für die Ingangsetzung und Erweiterung des Geschäftsbetriebes	§ 269	Bilanzierungshilfe: Aufwand oder ‚Aktivierung'
Entgeltlich (derivativer) Geschäfts-oder Firmenwert	§ 255 IV	Bilanzierungshilfe: Aufwand oder ‚Aktivierung'
planmäßige Abschreibungen	§ 253 II	Handelsrecht oder ‚hilfsweise' AfA-Tabellen
Steuerliche Sonderabschreibung	§ 254, 279 II § 281 I	aktivische Absetzung oder Sonderposten mit Rücklageanteil
Abschreibung von GWG's	A 31 III EStR[17]	Sofortabschreibung oder Verteilung über Nutzungsdauer
Herstellungskosten für Anlagen	§ 255 II, III	untere Wertgrenze oder Teilkosten oder Vollkosten
außerplanmäßige Abschreibungen auf Finanzanlagen	§ 253 II § 279 I	‚Beibehaltungswahlrecht' auch bei nur vorübergehender Wertminderung

Tabelle 4: Bilanzierungswahlrechte im Anlagevermögen

Aktivseite[18]	Rechtsquelle (HGB)	Optionen
Umlaufvermögen		

---

[17] Im strengen Sinne sind die Einkommensteuerrichtlinien keine ‚Rechtsquelle', sondern die fiskalische Interpretation der steuerlich relevanten Rechtsquellen und für Steuerpflichtige nicht rechtlich bindend Vielmehr sind Einkommensteuerrichtlinien (EstR) Verwaltungsanweisungen für die Veranlagungsbeamten, die eine einheitliche Rechtsanwendung (Veranlagung) im gesamten Bundesgebiet sicherstellen sollen.

[18] In Anlehnung an Kerth/Wolf

Aktivseite[18]	Rechtsquelle (HGB)	Optionen
Vorräte	§ 256	Durchschnittsbewertung, (fiktive) Verbrauchsfolgeverfahren
Steuerliche Sonderabschreibungen bei Vorräten	§ 279 II	
Unfertige und fertige Erzeugnisse	§ 255 II, III	Herstellungskosten, Teilkosten, Vollkosten
erhaltene Anzahlungen auf Vorräte	§ 268 V	Absetzung auf der Aktivseite oder Passivausweis
Rechnungsabgrenzungsposten		
Damnum oder Disagio	§ 250 III	Aktivierungswahlrecht
Zölle oder Verbrauchssteuern auf aktivierte Vorräte	§ 250 I	Aktivierungswahlrecht
Aktive latente Steuern	§ 274 II	Bilanzierungshilfe mit Ausschüttungssperre oder Saldierung mit Rückstellung für latente Steuern

Tabelle 5: Bilanzierungswahlrechte im Umlaufvermögen

Analog zur ersten Tabelle zeigt die zweite Tabelle die Bilanzierungs- und Bewertungswahlrechte für das Umlaufvermögen der handelsrechtlichen Bilanz. Dabei wird auch hier zunächst das Wahlrecht bezeichnet, dann in der zweiten Tabellenspalte die Rechtsquelle genannt und schließlich werden die Bilanzierungsoptionen benannt.

3.6.2 Bilanzierungs- und Bewertungswahlrechte der Passivseite[19]

Dem Bilanzierenden stehen also die nachfolgend aufgeführten bilanzpolitischen Instrumente zur Verfügung, die je nach Bilanzierungsfall und Rechtslage kombiniert oder einzeln eingesetzt werden können.

Die nachfolgende Abbildung zeigt grundsätzlich drei ‚Klassen' von Wahlrechten in der Handelsbilanz, die steuerrechtlich in der Regel so nicht bestehen.

Bei den **Aktivierungs- oder Passivierungswahlrechten** besteht für den Bilanzierenden die Wahl, ob ein Vermögensgegenstand überhaupt in der Bilanz erscheinen soll (z.B. Geschäfts- oder Firmenwert).

Ist diese Grundsatzentscheidung gefällt, dann lässt sich im Rahmen der **Bewertungswahlrechte** der Wertansatz im Rahmen eines vorgegebenen Intervalls frei wählen (z.B. Anschaffungs- oder Herstellungskosten).

Die dritte Klasse von Wahlrechten bilden die Publizitätswahlrechte, die den Bilanzierenden vor die Wahl stellen, welche Daten im vorgegebenen Rahmen an die Öffentlichkeit dringen sollen (z.B. größenabhängige Gewinn- und Verlustrechnung).

Zusammenfassend zeigt die Abbildung die Reihenfolge der drei handelsrechtlichen Wahlrechte. Zunächst muss für einen konkreten Bilanzierungsfall geprüft werden, ob für einen Vermögensgegenstand ein **Aktivierungs- oder Passivierungswahlrecht** besteht.

Erst wenn diese Prüfung für den konkreten Bilanzierungsfall abgeschlossen ist, kann in einem zweiten Schritt geprüft werden, ob für den Wertansatz in der Bilanz im Handelsrecht ein bestimmtes Wertintervall vorgesehen ist. Mit dieser Prüfung verbindet sich die Frage, ob ein **Bewertungswahlrecht** besteht. Dieses Bewertungswahlrecht kann sich nicht nur auf den Wertansatz in der Bilanz beziehen. Vielmehr besteht i.d.R. ein zusätzliches Wahlrecht bei dem Abschreibungsverfahren.

---

[19] In Anlehnung an Kerth/Wolf

Passivseite	Rechtsquelle (HGB)	Optionen
Jahresüberschuss, Jahresfehlbetrag oder Bilanzgewinn, Bilanzverlust	§ 268 I § 275 IV § 375 I	vollständige oder teilweise Verwendung des Erfolges
Sonderposten mit Rücklageanteil	§ 247 III § 273	Passivierungswahlrecht
Pensionsrückstellungen für Neuzusagen nach dem 01.01.87	§ 249 I	Wahlrecht beim Abzinsungsfaktor: 6 % oder niedriger
Pensionsrückstellungen für Altzusagen vor dem 01.01.87	A 28 EGHGB	Passivierungswahlrecht
Instandhaltungsrückstellungen für Aufwendungen, die in den letzten 9 Monaten des Folgejahres nachgeholt werden	§ 249 I	Passivierungswahlrecht
Aufwandsrückstellungen	§ 249 II	Passivierungswahlrecht Bewertungswahlrechte
Verbindlichkeiten ggü. Gesellschaftern	§ 42 III GmbHG	Bilanz oder Anhang
Eventualverbindlichkeiten	§ 268 VII	unter der Bilanz oder im Anhang anzugeben

Tabelle 6: Bilanzierungswahlrechte der Passivseite

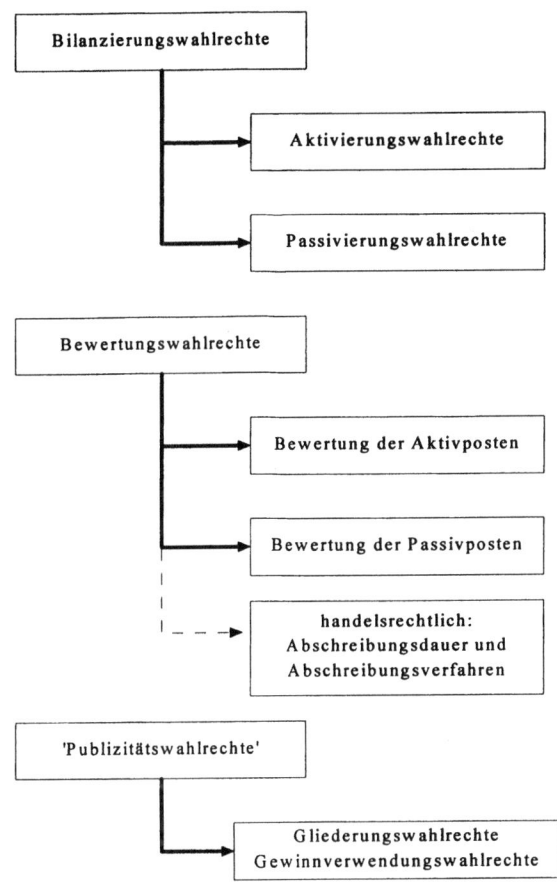

Abbildung 6: Übersicht der handelsrechtlichen Wahlrechte

Zuletzt kann noch geprüft werden, ob die Bilanzierung mit einem bestimmten Wertansatz und einem gewählten Abschreibungsverfahren für die breite Öffentlichkeit dargestellt werden muss, oder ob Informationen im Rahmen der Bilanzgliederung und der Gliederung für die GuV-Rechnung ‚komprimiert' dargestellt werden können. Diese letzte ‚Wahlrechtsklasse' wird dann als **Publizitätswahlrechte** bezeichnet. Es sind dies die Gliederungs- und Gewinnverwendungswahlrechte.

4 Inhalt des handelsrechtlichen Jahresabschlusses

4.1 Überblick

Wie versprochen, legt Patrick nach wenigen Tagen den Mitgesellschaftern die Gliederung des Jahresabschlusses vor. Zuvor gibt er seinen Mitgesellschaftern ein paar Erläuterungen zum Jahresabschluss.

Gemäß § 242 Abs. 3 HGB besteht der Jahresabschluss *aller* Kaufleute aus

Bilanz und

Gewinn- und Verlustrechnung (GuV-Rechnung)

Dieser Jahresabschluss ist von Kapitalgesellschaften entsprechend § 264 Abs. 1 HGB um einen Anhang zu erweitern. Der Jahresabschluss setzt sich für Kapitalgesellschaften zusammen aus

Bilanz,

GuV-Rechnung und

Anhang.

Der oftmals von den Geschäftsführungen der Kapitalgesellschaften geforderte Lagebericht ist nicht Teil des Jahresabschlusses, sondern ergänzt diesen mit Informationen über den Stand und die Entwicklung des Unternehmens.

Der Jahresabschluss *aller* Kaufleute hat formell und materiell den Grundsätzen ordnungsgemäßer Buchführung (GoB) zu entsprechen. Dies ist in § 243 HGB kodifiziert.

Der Gesetzgeber verlangt gemäß § 264 Abs. 2 HGB von Kapitalgesellschaften (AG, KGaA, GmbH) darüber hinaus, dass im Jahresabschluss ein den tatsächlichen Verhältnissen entsprechendes Bild der

Vermögens-,

Finanz- und

Ertragslage

vermittelt wird. Sollte dies aufgrund besonderer Umstände nicht möglich sein, so sind im Anhang zusätzliche Angaben zu machen.

Ein den tatsächlichen Verhältnissen entsprechendes Bild der Vermögens-, Finanz- und Ertragslage des Jahresabschlusses verlangt der Gesetzgeber von Einzelunternehmen und Personengesellschaften nicht, weil dann diesen Unternehmen die Möglichkeit der Inanspruchnahme der Bildung stiller Reserven weitgehend genommen werden müsste. Für sie gilt der allgemeine Grundsatz, dass der Jahresabschluss nach den Grundsätzen ordnungsgemäßer Buchführung aufzustellen ist. Die Grundsätze ordnungsgemäßer Buchführung lassen sich als

Grundsatz der Klarheit und

Grundsatz der Vollständigkeit

zusammenfassen.

Der **Klarheitsgrundsatz** besagt, dass der Jahresabschluss verständlich und übersichtlich sein muss, d.h. die einzelnen Posten müssen ihrer Art nach eindeutig bezeichnet und geordnet werden. Die Bilanz ist so tief zu gliedern, dass unterschiedliche Bilanzgegenstände nach Art und Herkunft getrennt ausgewiesen werden. In der Gewinn- und Verlustrechnung sind die Posten nach Aufwands- und Ertragsarten sachgerecht zu gliedern. Es ist insbesondere zu trennen zwischen den periodenfremden, außerordentlichen Erfolgsbestandteilen und den Erfolgsbestandteilen, die aus der Geschäftstätigkeit entsprechend dem Unternehmenszweck resultieren.

Entsprechend dem **Vollständigkeitsgrundsatz** sind alle Aktiven und Passiven, alle Aufwendungen und Erträge im Jahresabschluss mengenmäßig zu erfassen. Daraus resultiert die Pflicht aller Kaufleute, voll abgeschriebene, aber noch vorhandene Anlagegegenstände mindestens mit einem Erinnerungswert auszuweisen. Im Jahresabschluss sind alle Konten der Buchführung, die einen Saldo aufweisen, zu übernehmen. Soweit die Zusammenfassung von Soll- und Habenseiten der einzelnen Konten für einen klaren Ausweis nicht notwendig ist, sind die sich so ergebenden Posten unverkürzt darzustellen, d.h. die Soll- und Habenseiten der einzelnen Konten dürfen nur dann saldiert werden, wenn dies zum klaren Ausweis erforderlich ist.

Für die Gliederung des Jahresabschlusses ergeben sich aus den Grundsätzen der Klarheit und Vollständigkeit für Unternehmen aller Rechtsformen folgende Mindestanforderungen:

Grundsatz der Klarheit	Grundsatz der Vollständigkeit
Nur ihrer Art nach zusammengehörige Vermögensgegenstände, Schulden, Aufwendungen und Erträge dürfen in einem Posten der Bilanz oder der Gewinn- und Verlustrechnung zusammengefasst ausgewiesen werden. Es ist also immer getrennt auszuweisen, wenn wesentliche Unterscheidungsmerkmale zwischen den Posten bestehen.	Es sind alle Vermögensgegenstände, Schulden und Rechnungsabgrenzungsposten, die im Betriebsvermögen am Bilanzstichtag vorhanden sind und alle Aufwendungen und Erträge, die als Geschäftsfälle im Wirtschaftsjahr vorgefallen sind, unsaldiert in Posten der Bilanz und der Gewinn- und Verlustrechnung zu erfassen.

Tabelle 7: Mindestgliederung nach den GoB

Wie tief die Bilanz und die Gewinn- und Verlustrechnung zu gliedern sind, ergibt sich aus den Unterschieden der einzelnen Posten. Die Übersichtlichkeit des Jahresabschlusses darf jedoch nicht verloren gehen.

Es ist für Einzelunternehmen und Personengesellschaften zweckmäßig, die Gliederungsschemata für Kapitalgesellschaften den Jahresabschlüssen zugrunde zu legen, da die Gliederungsschemata für die Kapitalgesellschaften den Grundsätzen ordnungsmäßiger Buchführung entsprechen.

4.2 Gliederung der Bilanz für Kapitalgesellschaften

§ 266 HGB schreibt das Bilanzschema vor, welches jedoch grössenabhängig verkürzt werden kann. Es lassen sich unter Beachtung der Vorschriften über die Offenlegung drei Formen unterscheiden:

Bilanzschemata

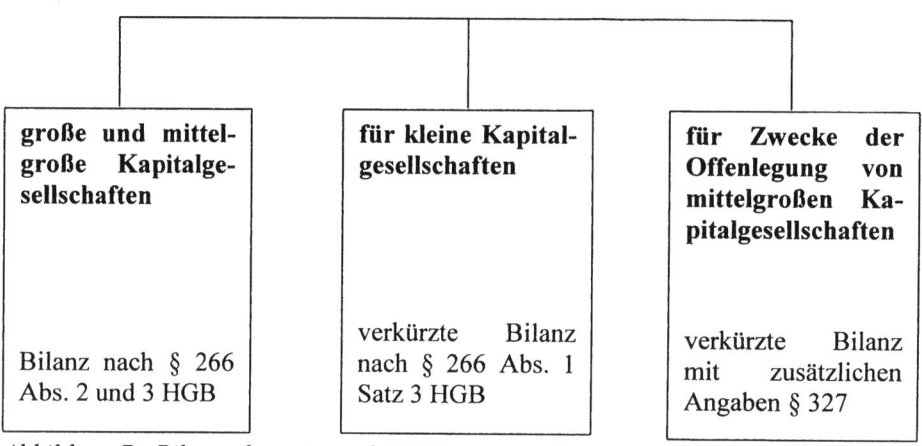

große und mittel-große Kapitalge-sellschaften	für kleine Kapital-gesellschaften	für Zwecke der Offenlegung von mittelgroßen Ka-pitalgesellschaften
Bilanz nach § 266 Abs. 2 und 3 HGB	verkürzte Bilanz nach § 266 Abs. 1 Satz 3 HGB	verkürzte Bilanz mit zusätzlichen Angaben § 327

Abbildung 7 : Bilanzschemata nach HGB

Die Kapitalgesellschaften werden nach § 267 HGB in drei Größenklassen eingeteilt, und zwar in:

kleine Kapitalgesellschaften,

mittelgroße Kapitalgesellschaften und

große Kapitalgesellschaften.

Die Unterscheidung in große, mittelgroße und kleine Kapitalgesellschaften trifft § 267 HGB anhand der drei Merkmale

Bilanzsumme abzüglich Fehlbetrag,

Umsatzerlöse und

Zahl der Arbeitnehmer.

Diese Grössenklassifizierung gilt nur für die Bestimmungen im HGB. Allein für den Bereich der Definition eines ‚mittelständischen' Unternehmens gibt es eine Vielzahl von nicht einheitlichen Definitionen. So hat z.B. das Institut für Mittelstandsforschung (IfM) eine eigene Klassifizierung für mittelständische Unternehmen entwickelt, die **nicht** mit der HGB-Definition von ‚kleinen und mittelgrossen' Kapitalgesellschaften übereinstimmt.

Größengliederung nach § 267 HGB

Merkmale	kleine	mittelgroße	große
Bilanzsumme - Fehlbetrag	bis 6,72 Mio. DM	mehr als 6,72 Mio. DM bis 26,89 Mio. DM	mehr als 26,89 Mio. DM
Umsatzerlöse	bis 13,44 Mio. DM	mehr als 13,44 Mio. DM bis 53,78 Mio. DM	mehr als 53,78 Mio. DM
Zahl der Arbeitnehmer im Jahresdurchschnitt	bis 50	51 bis 250	mehr als 250

Tabelle 8: Größenklassen für Kapitalgesellschaften

Für die Klassifizierung müssen zwei der drei Merkmale zutreffen. Eine Änderung der **Größenklasse** ergibt sich, wenn die Merkmale an den Abschlussstichtagen von zwei aufeinanderfolgenden Geschäftsjahren jeweils über- oder unterschritten werden. Bei Neugründung, Umwandlung oder Verschmelzung ist entscheidend, welche zwei der für die Eingruppierung maßgebenden Merkmale am ersten Abschlussstichtag nach Neugründung, Umwandlung oder Verschmelzung vorliegen (§ 267 Abs. 4 Satz 2 HGB). Eine Kapitalgesellschaft gilt stets als große Kapitalgesellschaft, wenn Aktien oder andere von ihr ausgegebene Wertpapiere an einer Börse in einem Mitgliedstaat der EG zum amtlichen Handel zugelassen oder in den geregelten Freiverkehr einbezogen sind oder die Zulassung zum amtlichen Handel beantragt ist.

Für große und mittelgroße Kapitalgesellschaften ist die in § 266 Abs. 2 und 3 HGB aufgeführte Bilanzgliederung verbindlich, d.h. sie haben in ihren Bilanzen mindestens die in § 266 Abs. 2 und 3 HGB bezeichneten Posten gesondert und in der dort vorgeschriebenen Reihenfolge auszuweisen (§ 266 Abs. 1 Satz 2 HGB). Entsprechend der in § 268 Abs. 4 und 5 HGB genannten Forderungen und Verbindlichkeiten mit einer bestimmten Restlaufzeit ist die Bilanz mit "Davon-Posten" zu gliedern.

Bilanzgliederung für große und mittelgroße Kapitalgesellschaften

Aktivseite

A. Anlagevermögen

Immaterielle Vermögensgegenstände

Konzessionen, gewerbliche Schutzrechte und ähnliche Rechte und Werte

- sowie Lizenzen an solchen Rechten und Werten

Geschäfts- oder Firmenwert

Geleistete Anzahlungen für immaterielle Vermögensgegenstände

Sachanlagen

Grundstücke, grundstücksgleiche Rechte und Bauten einschließlich der

Bauten auf fremden Grundstücken

technische Anlagen und Maschinen

andere Anlagen, Betriebs- und Geschäftsausstattung

geleistete Anzahlungen auf Sachanlagen und Sachanlagen im Bau

Finanzanlagen

Anteile an verbundenen Unternehmen

Ausleihungen an verbundene Unternehmen

Beteiligungen

Ausleihungen an Unternehmen, mit denen ein Beteiligungsverhältnis besteht

Wertpapiere des Anlagevermögens

sonstige Ausleihungen

B. Umlaufvermögen

Vorräte

Roh-, Hilfs- und Betriebsstoffe

Unfertige Erzeugnisse, unfertige Leistungen

Fertige Erzeugnisse und Waren

geleistete Anzahlungen auf Vorräte

Forderungen und sonstige Vermögensgegenstände

Forderungen aus Lieferungen und Leistungen

-       davon mit einer Restlaufzeit von mehr als einem Jahr

Forderungen gegen verbundene Unternehmen

-       davon mit einer Restlaufzeit von mehr als einem Jahr

Forderungen gegen Unternehmen, mit denen ein Beteiligungsverhältnis besteht

-       davon mit einer Restlaufzeit von mehr als einem Jahr

sonstige Vermögensgegenstände

Wertpapiere

Anteile an verbundenen Unternehmen

eigene Anteile

sonstige Wertpapiere

Schecks, Kassenbestand, Bundesbank- und Postgiroguthaben, Guthaben bei Kreditinstituten

C. Rechnungsabgrenzungsposten

Passivseite

Eigenkapital

Gezeichnetes Kapital

Kapitalrücklage

Gewinnrücklagen

gesetzliche Rücklage

Rücklage für eigene Anteile

satzungsmäßige Rücklage

andere Gewinnrücklagen

Gewinnvortrag/Verlustvortrag

Jahresüberschuß/Jahresfehlbetrag

Rückstellungen

Rückstellungen für Pensionen und ähnliche Verpflichtungen

Steuerrückstellungen

sonstige Rückstellungen

Verbindlichkeiten

Anleihen

davon konvertibel

davon mit einer Restlaufzeit bis zu einem Jahr

Verbindlichkeiten gegenüber Kreditinstituten

davon mit einer Restlaufzeit bis zu einem Jahr

erhaltene Anzahlungen auf Bestellungen (soweit nicht bei den Vorräten abgesetzt)

Verbindlichkeiten aus Lieferungen und Leistungen

davon mit einer Restlaufzeit bis zu einem Jahr

Verbindlichkeiten aus der Annahme gezogener und der Ausstellung eigener Wechsel

davon mit einer Restlaufzeit bis zu einem Jahr

Verbindlichkeiten gegenüber verbundenen Unternehmen

davon mit einer Restlaufzeit bis zu einem Jahr

Verbindlichkeiten gegenüber Unternehmen, mit denen ein Beteiligungsverhältnis besteht

davon mit einer Restlaufzeit bis zu einem Jahr

sonstige Verbindlichkeiten

davon aus Steuern

davon im Rahmen der sozialen Sicherheit

davon mit einer Restlaufzeit bis zu einem Jahr

Rechnungsabgrenzungsposten.

Gemäß § 265 Abs. 2 HGB ist die Angabe der Vorjahresbeträge verpflichtend. In dem obigen Bilanzschema sind Posten, von denen anzunehmen ist, dass sie nur gelegentlich vorkommen, nicht aufgenommen. Das Bilanzgliederungsschema des § 266 HGB ist bei Bedarf um folgende Positionen zu ergänzen:

Ausstehende Einlagen auf das gezeichnete Kapital sind auf der Aktivseite vor dem Anlagevermögen gesondert auszuweisen. Es sind die davon eingeforderten Einlagen zu vermerken. Eine andere Möglichkeit der Darstellung der ausstehenden Einlagen besteht darin, die nicht eingeforderten ausstehenden Einlagen vom gezeichneten Kapital offen abzusetzen. Wählt man diese Darstellung, ist der verbleibende Betrag als Posten "Eingefordertes Kapital" in der Hauptspalte der Passivseite und ausserdem der eingeforderte, aber noch nicht eingezahlte Betrag unter den Forderungen gesondert auszuweisen und entsprechend zu bezeichnen (§ 272 Abs. 1 HGB).

Aufwendungen für die Ingangsetzung und Erweiterung des Geschäftsbetriebs sind vor dem Anlagevermögen nach den ausstehenden Einlagen auszuweisen (§ 269 HGB).

Das in den Rechnungsabgrenzungsposten auf der Aktivseite aufgenommene **Disagio** ist in der Bilanz gesondert auszuweisen oder aber im Anhang anzugeben (§ 228 Abs. 6 HGB).

Die **Sonderposten mit Rücklageanteil** sind auf der Passivseite vor den Rückstellungen auszuweisen (§ 273 HGB).

Rückstellungen für latente Steuern sind auf der Passivseite der Bilanz unter den Steuerrückstellungen oder im Anhang gesondert anzugeben.

Abgrenzungsposten für latente Steuern sind auf der Aktivseite der Bilanz getrennt von den sonstigen Rechnungsabgrenzungsposten (§274 HGB) auszuweisen.

Kleine Kapitalgesellschaften können bei der Aufstellung der Bilanz bestimmte Positionen zusammenfassen und eine verkürzte Bilanzgliederung verwenden (§ 266 Abs. 1 HGB). Sie haben lediglich die in § 266 Abs. 2 und 3 HGB mit Buchstaben und römischen Zahlen bezeichneten Posten gesondert und in der vorgeschriebenen Reihenfolge zu übernehmen.

Verkürzte Bilanzgliederung für kleine Kapitalgesellschaften

Aktivseite

Anlagevermögen

Immaterielle Vermögensgegenstände

Sachanlagen

Finanzanlagen

Umlaufvermögen

Vorräte

Forderungen und sonstige Vermögensgegenstände

- davon Forderungen mit einer Restlaufzeit von mehr als einem Jahr

Wertpapiere

Schecks, Kassenbestand, Bundesbank- und Postgiroguthaben, Guthaben bei Kreditinstituten

Rechnungsabgrenzungsposten

Passivseite

Eigenkapital

Gezeichnetes Kapital

Kapitalrücklage

Gewinnrücklagen

Gewinnvortrag/Verlustvortrag

Jahresüberschuß/Jahresfehlbetrag

Rückstellungen

Verbindlichkeiten

- davon mit einer Restlaufzeit bis zu einem Jahr

Rechnungsabgrenzungsposten

Das obige Bilanzgliederungsschema ist bei Bedarf wie das Bilanzgliederungsschema für große und mittelgroße Kapitalgesellschaften um folgende Positionen zu ergänzen:

ausstehende Einlagen auf das gezeichnete Kapital

Aufwendungen für die Ingangsetzung und Erweiterung des Geschäftsbetriebs

Sonderposten mit Rücklageanteil

Rückstellungen bzw. Rechnungsabgrenzungsposten für latente Steuern.

Das obige Bilanzgliederungsschema genügt zwar den Anforderungen der Rechnungslegungspflichten für kleine Kapitalgesellschaften, ist aber für interne Zwecke nicht tief genug gegliedert. Es empfiehlt sich auch für kleine Kapitalgesellschaften eine ausführlichere und aussagefähigere Gliederung, die sich am Bilanzgliederungsschema für große und mittelgroße Kapitalgesellschaften orientiert, zu verwenden.

In der Bilanz oder im Anhang sind nach § 268 Abs. 2 HGB **jeder einzelne Posten des Anlagevermögens** und der Posten **Aufwendungen für die Ingangsetzung und Erweiterung des Geschäftsbetriebs** in ihrer Entwicklung von der Anfangs- zur Schlussbilanz des Geschäftsjahres darzustellen. Diese horizontale Gliederung wird als **Anlagenspiegel** oder **Anlagengitter** bezeichnet.

Gemäß § 274a Nr. 1 HGB sind kleine Kapitalgesellschaften von der Pflicht befreit, Anlagenspiegel bzw. Anlagengitter aufzustellen.

In den einzelnen Spalten des Anlagespiegels sind die einzelnen Posten gesondert mit folgenden Werten auszuweisen (§ 268 Abs. 2 Satz 2 HGB):

- Zugänge des Geschäftsjahrs

- Abgänge des Geschäftsjahrs

- Umbuchungen des Geschäftsjahrs

- Zuschreibungen des Geschäftsjahrs

- Abschreibungen in ihrer gesamten Höhe.

Nach § 268 Abs. 2 Satz 3 HGB sind die **Abschreibungen** entweder in der Bilanz bei dem betreffenden Posten zu vermerken oder im Anhang in einer der Gliederung des Anlagevermögens entsprechenden Aufgliederung anzugeben. Daher sind für die Abschreibungen in der horizontalen Gliederung der Bilanz oder im Anhang die zwei Spalten

- Abschreibungen in ihrer gesamten Höhe

- Abschreibungen des Geschäftsjahres

aufzunehmen. Da nach § 265 Abs. 2 HGB zu jedem Posten der entsprechende Betrag des Vorjahres anzugeben ist, ist der Anlagenspiegel nach folgendem Muster aufzustellen:

Anlagenspiegel / Anlagengitter

Po-sten	Anschaf-fungs- oder Herstel-lungsko-sten	Zu-gänge	Ab-gänge	Umbu-chun-gen	Zu-schrei-bungen	Ab-schrei-bungen	Ab-schrei-bungen	Buch-wert zum Schlus s des GJ	Buch-wert des VJ
	histo-risch	des GJ	kumu-liert	des GJ					
1	2	3	4	5	6	7	8	9	10

Tabelle 9: Anlagenspiegel/Anlagengitter

Der Anlagenspiegel (GJ:Geschäftsjahr; VJ: Vorjahr) beschränkt sich also nicht darauf, die Entwicklung der einzelnen Posten vom einen zum anderen Bilanzstichtag aufzuzeigen, also die Mengen- und Wertänderungen sowie Umbuchungen während des abzuschließenden Geschäftsjahres. Da die ursprünglichen Anschaffungs- und Herstellungskosten als Ausgangsbasis dienen, führt der Anlagenspiegel von den historischen Anschaffungs- und Herstellungskosten zum Restbuchwert des jeweiligen Abschlusses. Demnach ist ein Anlagegut so lange mit seinen ursprünglichen Anschaffungs- oder Herstellungskosten im Anlagenspiegel zu führen, auch bei vollständiger Abschreibung, bis es aus dem Unternehmen ausscheidet.

Hinsichtlich der Gewinnung der Angaben für den Anlagenspiegel kann auf das Anlagenverzeichnis, die Anlagenkartei oder eine komplette Anlagenbuchführung nicht verzichtet werden. Deutlich wird dies, wenn ein Anlagengegenstand, von dessen Art mehrere in der Unternehmung genutzt werden, aus dem Betriebsvermögen ausscheidet. Denn nur aus dem Anlagenverzeichnis, der Anlagenkartei oder der Anlagenbuchführung wird ersichtlich, um welches Anlagegut es sich handelt, wie hoch die historischen Anschaffungs- oder Herstellungskosten waren und wieviel bisher an Abschreibungen verrechnet wurde. Hier wird zugleich deutlich, dass die für kleine Kapitalgesellschaften erlaubte Vereinfachung der Zusammenfassung von Posten lediglich eine Ausweiserleichterung darstellt. Kleine Kapitalgesellschaften haben im Anlagenspiegel außer den Aufwendungen für die Ingangsetzung und Erweiterung des Geschäftsbetriebs nur die drei Sammelposten "Immaterielle Vermögensgegenstände", "Sachanlagen" und "Finanzanlagen" aufzuzeigen. Dies stellt jedoch keine organisatorische Erleichterung dar, denn die Angaben im Anlagenspiegel sind aus den Daten der einzelnen Anlagengegenstände zu entwickeln.

4.3 Gliederung der GuV für Kapitalgesellschaften

§ 275 HGB sieht für die Gewinn- und Verlustrechnung wahlweise das **Gesamtkosten-** oder das **Umsatzkostenverfahren** vor. Die Gewinn- und Verlustrechnung ist in Staffel-, nicht aber in Kontoform aufzustellen. Dabei sind die in § 275 Abs. 2 HGB (Gesamtkostenverfahren) oder in § 275 Abs. 3 HGB (Umsatzkostenverfahren) bezeichneten Posten in der angegebenen Reihenfolge gesondert auszuweisen (§ 275 Abs. 1 HGB). **Einzelkaufleute** und **Personengesellschaften** sind an die Gliederungsschemata nicht gebunden.

Die Gliederungsschemata des § 275 Abs. 2 und 3 HGB stellen für Kapitalgesellschaften **Mindestgliederungen** dar. Die einzelnen Positionen dürfen im Rahmen des Klarheits- und Übersichtlichkeitsgebotes (§ 243 Abs. 2 HGB) tiefer gegliedert werden. Sofern der Inhalt nicht bereits von Pflichtpositionen abgedeckt ist, dürfen neue Posten hinzugefügt werden. Es besteht keine Ausweispflicht für **Leerposten**. Es müssen jedoch Leerposten ausgewiesen werden, wenn im abgelaufenen gegenüber dem vorangegangenen Geschäftsjahr die Position entfällt oder umgekehrt. Sind die gegenübergestellten Beträge nicht miteinander vergleichbar, haben im Anhang Erläuterungen zu erfolgen.

Aufwendungen und Erträge dürfen grundsätzlich nicht miteinander saldiert werden (Bruttoausweis). Kleine und mittelgroße Kapitalgesellschaften dürfen gemäß § 276 HGB davon abweichen. Bei Anwendung des Gesamtkostenverfahrens dürfen die Positionen 1 bis einschließlich 5 (§ 275 Abs. 2 HGB) und bei Anwendung des Umsatzkostenverfahrens die Positionen 1 bis 3 und 6 (§ 275 Abs. 3 HGB) zu einer Position unter der Bezeichnung "**Rohergebnis**" zusammengefasst werden.

In Deutschland herrscht das Gesamtkostenverfahren vor. Beim Gesamtkostenverfahren werden die Erfolgsposten wie folgt in der Gewinn-und Verlustrechnung ausgewiesen:[20]

1.   Umsatzerlöse

2. + Erhöhung des Bestands an fertigen und unfertigen Erzeugnissen

   - Verminderung des Bestands an fertigen und unfertigen Erzeugnissen

3. + andere aktivierte Eigenleistungen

4. + sonstige betriebliche Erträge

5. - Materialaufwand

   a) Aufwendungen für Roh-, Hilfs- und Betriebsstoffe und für bezogene Waren

   b) Aufwendungen für bezogene Waren

6. - Personalaufwand

   a) Löhne und Gehälter

b) soziale Abgaben und Aufwendungen für Altersversorgung und für Unterstützung

---

[20] Die Rechenzeichen + und - sowie das Ergebniszeichen = sind aus Gründen der Erläuterung beigefügt. In der Gewinn- und Verlustrechnung als Abschlussunterlage fehlen diese Zeichen.

7. - Abschreibungen

a) auf immaterielle Vermögensgegenstände des Anlagevermögens und Sachanlagen sowie auf aktivierte Aufwendungen für die Ingangsetzung und Erweiterung des Geschäftsbetriebs

b) auf Vermögensgegenstände des Umlaufvermögens, soweit diese die in der Kapitalgesellschaft üblichen Abschreibungen überschreiten

8. - sonstige betriebliche Aufwendungen

9. + Erträge aus Beteiligungen

- davon aus verbundenen Unternehmen

10. + Erträge aus anderen Wertpapieren und Ausleihungen des Finanzanlagevermögens

- davon aus verbundenen Unternehmen

11. + sonstige Zinsen und ähnliche Erträge

- davon aus verbundenen Unternehmen

12. - Abschreibungen aus Finanzanlagen und auf Wertpapiere des Umlaufvermögens

13. - Zinsen und ähnliche Aufwendungen

- davon an verbundene Unternehmen

14. = Ergebnis der gewöhnlichen Geschäftstätigkeit

15. + außerordentliche Erträge

16. - außerordentliche Aufwendungen

17. = außerordentliches Ergebnis

18. - Steuern vom Einkommen und vom Ertrag

19. - sonstige Steuern

20. = Jahresüberschuß/Jahresfehlbetrag

Alternativ zum Gesamtkostenverfahren kann die Gewinn- und Verlustrechnung nach dem **Umsatzkostenverfahren** aufgestellt werden. § 275 Abs. 3 HGB regelt die Mindestgliederung nach dem Umsatzkostenverfahren. Die Gewinn- und Verlustrechnung ist auch hier in Staffelform aufzustellen. Die Gewinn- und Verlustrechnung nach dem Umsatzkostenverfahren hat folgendes Gliederungsschema:

1.   Umsatzerlöse

2. -   Herstellungskosten der zur Erzielung der Umsatzerlöse erbrachten Leistungen

3. =   Bruttoergebnis vom Umsatz

4. -   Vertriebskosten

5. -   allgemeine Verwaltungskosten

6. +   sonstige betriebliche Erträge

7. -   sonstige betriebliche Aufwendungen

8. +   Erträge aus Beteiligungen

   - davon aus verbundenen Unternehmen

9. +   Erträge aus anderen Wertpapieren und Ausleihungen des
       Finanzanlagevermögens

       - davon aus verbundenen Unternehmen

10. +   sonstige Zinsen und ähnliche Erträge

       - davon aus verbundenen Unternehmen

11. -   Abschreibungen auf Finanzanlagen und auf Wertpapiere des Umlaufvermögens

12. -   Zinsen und ähnliche Aufwendungen

       - davon an verbundene Unternehmen

13. =   Ergebnis der gewöhnlichen Geschäftstätigkeit

14. +   außerordentliche Erträge

15. -   außerordentliche Aufwendungen

16. =   außerordentliches Ergebnis

17. -   Steuern vom Einkommen und vom Ertrag

18. -   sonstige Steuern

19. =   Jahresüberschuß/Jahresfehlbetrag

Nach diesen langen, aber nicht uninteressanten Ausführungen von Patrick sind alle Mitgesellschafter erschöpft. Die Finanzexpertin des Unternehmens, Irina, hat noch nicht genug; sie möchte von Patrick noch erfahren, wodurch sich das Gesamtkostenverfahren vom Umsatzkostenverfahren unterscheidet. Patrick kommt dieser Bitte gerne nach und erläutert seinen Mitgesellschaftern die Unterschiede.

Nach § 275 Abs. 1 Satz 1 HGB können Kapitalgesellschaften die Gewinn- und Verlustrechnung alternativ nach dem Gesamtkosten- oder Umsatzkostenverfahren aufstellen. Das Umsatzkostenverfahren wird von deutschen Kapitalgesellschaften nur sehr selten angewendet. Es ist aber weltweit gebräuchlicher als das Gesamtkostenverfahren. Um den deutschen Unternehmen zu ermöglichen, ihren Jahresabschluss in einer international vergleichbaren Form aufzustellen, hat der Gesetzgeber erlaubt, die Gewinn- und Verlustrechnung alternativ nach dem Umsatzkostenverfahren zu erstellen.

Die Ermittlung des Jahresergebnisses nach dem Gesamtkostenverfahren oder nach dem Umsatzkostenverfahren führt stets zu den selben Ergebnis, wenn die Bewertung der Bestände an fertigen und unfertigen Erzeugnissen sowie die aktivierten Eigenleistungen nicht unterschiedlich vorgenommen wird. Bei beiden Verfahren werden im ersten Posten die Umsatzerlöse ausgewiesen. Danach unterscheiden sie sich hauptsächlich in der unterschiedlichen Behandlung der Bestandsveränderungen.

Bei Aufstellung der Gewinn- und Verlustrechnung nach dem **Gesamtkostenverfahren** werden den in der abzuschließenden Geschäftsperiode erwirtschafteten Erträgen sämtliche Aufwendungen gegenübergestellt. Dabei werden die betrieblichen Aufwendungen nach primären Aufwandsarten gegliedert (Personal-, Materialaufwand, Abschreibungen und sonstige betriebliche Aufwendungen). Zur periodengerechten Ermittlung des Jahresergebnisses ist eine Angleichung der Erträge an die Aufwendungen über das Mengengerüst erforderlich. Die rechnerische Angleichung erfolgt bei Anwendung des Gesamtkostenverfahrens dadurch, indem die Mehrungen des Bestandes an fertigen und unfertigen Erzeugnissen sowie die aktivierten Eigenleistungen den Umsatzerlösen hinzugerechnet werden. Die Minderungen des Bestandes an fertigen und unfertigen Erzeugnissen werden von den Umsatzerlösen abgezogen.

Das **Gesamtkostenverfahren** bietet aus der Sicht der externen Jahresabschlussanalyse folgende **Vorteile**:

Externen wird zumindest ein grober Einblick in die Kostenstruktur des Unternehmens gegeben.

Der gewählte Herstellungskostenansatz bei der Bewertung der fertigen und unfertigen Erzeugnisse sowie der aktivierten Eigenleistungen beeinflusst nicht den Umfang der ausgewiesenen Aufwendungen.

Eine Beurteilung der Perioden-Gesamtleistung ist aufgrund des Ausweises aller Erträge und Aufwendungen möglich.

Bei Aufstellung der Gewinn- und Verlustrechnung nach dem **Umsatzkostenverfahren** werden den abgesetzten Leistungen nicht die gesamten Aufwendungen der Abrechnungsperiode gegenübergestellt. Es werden lediglich diejenigen Aufwendungen den abgesetzten Leistungen gegenübergestellt, die auf die verkauften Produkte (Leistungen) entfallen (Umsatzaufwendungen).

Dementsprechend müssen die Herstellungskosten der zur Erzielung der Umsatzerlöse erbrachten Leistungen auf einem gesonderten Herstellungskonto gebucht werden. Das Konto "Herstellungskosten" ist wie folgt zu bebuchen:

Herstellungskonto

Soll	Haben
Anfangsbestände fertige und unfertige Erzeugnisse	Endbestände fertiger und unfertiger Erzeugnisse
Herstellungseinzelkosten	Saldo = Herstellungskosten der zur Erzielung der Umsatzerlöse erbrachten Leistungen
Fertigungsgemeinkosten, die sachlich mit der Produktion zusammenhängen und auf den Zeitraum der Herstellung entfallen	

Tabelle 10: Bebuchung des Kontos Herstellungskosten

Der Saldo des Kontos Herstellungskosten wird als Posten 2 "Herstellungskosten der zur Erzielung der Umsatzerlöse erbrachten Leistungen" in der Gewinn- und Verlustrechnung angesetzt. Der Saldo zwischen dem Posten "Umsatzerlöse" und dem Posten "Herstellungskosten der zur Erzielung der Umsatzerlöse erbrachten Leistungen" wird als Posten 3 "Bruttoergebnis vom Umsatz" ausgewiesen.

In der Gliederung der Gewinn- und Verlustrechnung nach dem Umsatzkostenverfahren werden zusätzlich zum Gesamtkostenverfahren die Posten "Vertriebskosten" und "allgemeine Verwaltungskosten" ausgewiesen. Bei beiden Abschlussverfahren stimmen die übrigen Posten der Gewinn- und Verlustrechnung überein.

Somit folgt der Ausweis der betrieblichen Aufwendungen nicht der Gliederung nach primären Aufwandsarten, sondern es werden die betrieblichen Aufwendungen u.a. nach einer sekundären Gliederung ausgewiesen. Die Herstellungskosten des Umsatzes (Position 2) werden sachlich abgegrenzt, die Vertriebskosten (Position 4) und die allgemeinen Verwaltungskosten (Position 5) werden zeitlich abgegrenzt und die sonstigen betrieblichen Aufwendungen (Position 7) werden primär ausgewiesen.

Im wesentlichen können als **Vorteile** des **Umsatzkostenverfahrens** folgende Punkte genannt werden:

Werden unterschiedliche Produkte hergestellt oder unterschiedliche Leistungen erbracht und die Aufwendungen nach Produktarten bzw. Leistungsarten erfasst, können die Betriebsergebnisse der einzelnen Produktarten bzw. Leistungsarten ohne großen rechnerischen Aufwand ermittelt werden.

Das Umsatzkostenverfahren führt im Rahmen der monatlichen Ergebnisrechnung zu einem aussagefähigen Betriebsergebnis.

Im Rahmen der kurzfristigen Ergebnisrechnung kann eine körperliche Bestandsaufnahme der fertigen und unfertigen Erzeugnisse unterbleiben. Dies bedeutet insbesondere für Unternehmen mit vielstufigen Produktionsstufen erhebliche Arbeitserleichterungen.

Bei Anwendung des **Umsatzkostenverfahrens** können insbesondere bei Unternehmen mit langfristiger Fertigung oder Leistungserstellung Verzerrungen beim Ausweis des Leistungsumfangs in der Gewinn- und Verlustrechnung auftreten. Denn es dürfen entsprechend dem Realisationsprinzip keine Umsatzerlöse ausgewiesen werden, sofern die Erstellung einer Teilleistung einen längeren Zeitraum als ein Geschäftsjahr in Anspruch nimmt. Ist also eine Teilleistung zum Ende eines Geschäftsjahres noch nicht abgeschlossen, so ist der Ansatz von entsprechenden Umsatzerlösen nicht gestattet. Werden Teilleistungen innerhalb des Geschäftsjahres abgeschlossen, so sind diese nur dann als Umsatzerlöse auszuweisen, wenn der Gesamtauftrag vertraglich in sukzessiv abrechenbare Teilleistungen oder Teillieferungen zerlegbar ist bzw. tatsächlich aufgeteilt wurde. Bei Anwendung des Umsatzkostenverfahren kann also ein falsches Bild von dem tatsächlichen Leistungsumfang innerhalb der Rechnungsperiode vermittelt werden.

4.4 Angaben im Anhang

Irina ist von Patricks präzisen Darlegungen zum Gesamtkosten- und Umsatzkostenverfahren beeindruckt. Sie bedankt sich bei Patrick für seine Geduld, mit der er die Unterschiede zwischen beiden Verfahren erläutert hat. Patrick empfindet die Situation günstig, um von seinen Mitgesellschaftern noch mehr Geduld abzuverlangen. Er bittet seine Mitgesellschafter um viel Geduld, denn er möchte noch die zum Jahresabschluss gehörenden Angaben im Anhang darstellen. Darüber hinaus, meint er, sei es noch wichtig, dass alle Mitgesellschafter den Inhalt der alternativ im Unternehmen für Buchungszwecke verwendbaren Kontenrahmen kennen. Alle fühlen sich nun überfordert, ausser Irina, diese vielen Informationen aufzunehmen und sinnvoll zu verarbeiten. Christiane fordert Patrick auf, seine geplanten Ausführungen ihnen als Tischvorlage zu geben. Dieser Vorschlag kommt allen gelegen.

Patrick ist, wie meistens, gut vorbereitet und holt seine Unterlagen zu den Angaben im Anhang und den alternativen Kontenrahmen in vervielfältigter Form aus der Tasche, verteilt sie schweigend und genießt dabei die bewundernden Blicke. Eine Aussprache über die Tischvorlage wird nicht gewünscht, so dass vereinbart wird, bei Bedarf eine Aussprache über diese Thematiken als einen Tagesordnungspunkt der nächsten Gesellschafterversammlung aufzunehmen oder, sollte es sich lediglich um Verständnisfragen handeln, diese direkt mit Patrick zu klären.

Der Anhang dient zur näheren Erläuterung von Bilanz und Gewinn- und Verlustrechnung. Der Gesetzgeber hat keine bestimmte Form vorgeschrieben. Abhängig ist der Umfang der Erläuterungen im Anhang sowohl von der Größe der Kapitalgesellschaft als auch davon, wie ein Unternehmen die Wahlrechte hinsichtlich der Zuordnung von Angaben zu einzelnen Teilen des Jahresabschlusses wahrnimmt. Es ist daher zu unterscheiden zwischen

- Pflichtangaben, die aus der Bilanz **oder** Anhang hervorgehen müssen,

- Pflichtangaben, die in der Gewinn- und Verlustrechnung **oder** im Anhang auszuweisen sind,

- Pflichtangaben, die **nur** im Anhang auszuweisen sind.

Für die Darstellung der Angaben im Anhang sind verschiedene Berichterstattungsarten vorgesehen, nämlich Angabe, Aufgliederung, Erläuterung, Darstellung und Begründung. In folgender Tabelle werden die Inhalte dieser Begriffe wiedergegeben.

Art der Berichterstattung	Inhalt
Angabe	Nennung ohne Zusatz: ob es sich um eine quantitative oder qualitative Nennung handelt, ergibt sich aus der Einzelvorschrift.
Aufgliederung	Quantitatives Unterteilen eines Postens in geforderte Einzelbestandteile.
Erläuterung	Verbales Darlegen von Inhalt und/oder Zustandekommen eines Bilanz- oder GuV-Postens.
Darstellung	Angaben in Verbindung mit einer Aufgliederung oder Erläuterung. Dies kann je nach darzustellendem Objekt mengenmäßig oder verbal erfolgen.
Begründung	Erläuterung und Rechtfertigung der Ursachen eines Handelns oder Unterlassens.

Tabelle 11: Berichterstattungsarten und ihre Inhalte

Die Vorschriften über den Anhang sind in den §§ 284 bis 289 HGB nur teilweise normiert. Der restliche Teil der Normierung der Vorschriften über den Anhang ist verstreut im Zweiten Abschnitt "Ergänzende Vorschriften für Kapitalgesellschaften" des HGB aufgeführt.

In der folgenden Tabelle haben wir die von **allen** Kapitalgesellschaften zu machenden Angaben zusammengestellt. Die **weiteren** Angaben, die von mittelgroßen bzw. nur von großen Kapitalgesellschaften zu machen sind sowie die **rechtsformspezifischen** Angaben haben wir aufgrund der fehlenden Relevanz für das hier betroffene Unternehmen nicht dargestellt. Bei der Erstellung des Anhangs sollte man sie bei Bedarf in die folgende Gliederung als Form-, Inhalts- oder Zusatzangaben integrieren.

Für die Anwendung in der Praxis haben wir die zu machenden Angaben nach bestimmten Sachverhalten gegliedert, und zwar nach:

- allgemeinen formbezogenen Vorschriften,

- allgemeinen inhaltsbezogenen Vorschriften,

- inhaltsbezogenen Vorschriften zu einzelnen,

- Bilanz- und

- GuV-Posten sowie

- Zusatzangaben.

Die folgende Tabelle weist für jede Angabe aus, in welchem Teil des Jahresabschlusses sie ausgewiesen werden darf bzw. muss.

Inhalt der Angaben	ges. Grundl. im HGB	Art der Darstellung
A. Allgemeine formbezogene Vorschriften		
Abweichung in der Form der Gliederung aufeinanderfolgender Bilanzen und GuV-Rechnungen in Ausnahmefällen	§ 265 Abs.1	Im Anhang anzugeben und zu begründen
Anpassung des Vorjahrespostens zwecks Vergleichbarmachung mit Bilanz- oder GuV-Posten des Abschlussjahres	§ 265 Abs. 2	Im Anhang anzugeben und zu erläutern
Unvergleichbarkeit von Bilanz- oder GuV-Posten mit entsprechenden Vorjahresposten	§ 265 Abs. 2	Im Anhang anzugeben und zu erläutern
Wegen Vorliegen mehrerer Geschäftszweige Geltung unterschiedlicher Gliederungsvorschriften; Entscheidung für	§ 265 Abs. 4	Ergänzung im Anhang angeben und begründen

Inhalt der Angaben	ges. Grundl. im HGB	Art der Darstellung
ein Gliederungsschema unter Ergänzung des Schemas für andere Geschäftszweige		
Allgemeine inhaltsbezogene Vorschriften		
In Bilanz und GuV-Rechnung angewandte Bilanzierungs- und Bewertungsmethoden	§ 284 Abs. 2 Nr. 1	Angaben im Anhang bei den einzelnen Posten der Bilanz und GuV-Rechnung
Jahresabschluss enthält Posten, denen Beträge zugrunde liegen, die auf fremde Währung lauten oder ursprünglich auf fremde Währung lauteten	§ 284 Abs. 2 Nr. 2	Grundlagen der Umrechnung in inländische Währung sind bei den betreffenden Posten anzugeben
Abweichung von Bilanzierungs- und Bewertungsmethoden	§ 284 Abs. 2 Nr. 3	Abweichungen sind im Anhang anzugeben und zu begründen. Ihr Einfluss auf die Vermögens-, Finanz- und Ertragslage ist gesondert darzustellen
Gruppenbewertung entsprechend § 240 Abs. 4 HGB sowie Bewertung von Vorratsvermögen nach Fifo-, Lifo- oder entsprechenden Verfahren gem. § 256 Satz 1 HGB	§ 284 Abs. 2 Nr. 4	Bei erheblichem Unterschied im Vergleich zu einer Bewertung auf der Grundlage des letzten vor dem Abschlussstichtag bekannten Börsenkurses oder Marktpreises ist Angabe der Unterschiedsbeträge pauschal für die jeweilige Gruppe im Anhang vorgeschrieben
Fremdkapitalzinsen als Bestandteil der	§ 284 Abs.	Angabe im Anhang vorge-

Inhalt der Angaben	ges. Grundl. im HGB	Art der Darstellung
Herstellungskosten	2 Nr. 5	schrieben
Betrag der aus steuerlichen Gründen unterbliebenen Zuschreibung	§ 280 Abs. 3	Angabe des Betrages sowie Begründung im Anhang vorgeschrieben
Zusammenfassung der mit arabischen Zahlen im Bilanz- und GuV-Schema bezifferten Posten	§ 265 Abs. 7	Erfolgt die Zusammenfassung im Interesse der Klarheit der Darstellung, so müssen die zusammengefassten Posten im Anhang gesondert ausgewiesen werden
Vermögensgegenstand oder Schuld fällt unter mehrere Bilanzposten	§ 265 Abs. 3	Vermerk der Mitzugehörigkeit in der Bilanz oder Angabe im Anhang, wenn dies im Interesse der Klarheit des Jahresabschlusses erforderlich ist
Inhaltsbezogene Vorschriften zu einzelnen Bilanzposten		
Aktiva		
Bilanzierungshilfe für Aufwendungen für die Ingangsetzung und Erweiterung des Geschäftsbetriebs		
Inhalt und Zustandekommen des Postens	§ 269 Satz 1	Erläuterung im Anhang verbindlich vorgeschrieben

Inhalt der Angaben	ges. Grundl. im HGB	Art der Darstellung
Entwicklung	§ 268 Abs. 2	In Bilanz oder Anhang sind anzugeben Entwicklung lt. Anlagenspiegel die Abschreibung des Abschlussjahres
Anlagevermögen		
Entwicklung der einzelnen Posten des Anlagevermögens	§ 268 Abs. 2 Satz 1 und 2	Vorgeschrieben im Anlagenspiegel; zu plazieren in Bilanz oder Anhang
Abschreibungen des Abschlussjahres	§ 268 Abs. 2 Satz 3	Die Abschreibungen des Geschäftsjahres sind in Bilanz oder Anhang in einer der vorbezeichneten entsprechenden Aufgliederung gesondert anzugeben
Geschäfts- oder Firmenwert bei planmäßiger Abschreibung	$ 285 Nr. 13	Angabe der Gründe für die planmäßige Abschreibung nach § 255 Abs. 4 Satz 3 HGB im Anhang
Betrag der im Geschäftsjahr allein nach steuerlichen Vorschriften vorgenommenen Abschreibungen, soweit nicht aus Bilanz oder GuV-Rechnung ersichtlich	§ 281 Abs. 2 Satz 1	Angabe des Betrages im Anhang; hinreichende Begründung in jedem Fall vorgeschrieben
Umlaufvermögen		
Größere unter den "Sonstigen Vermögensgegenständen" ausgewiesene Be-	§ 268 Abs.	Erläuterung der Beträge im An-

Inhalt der Angaben	ges. Grundl. im HGB	Art der Darstellung
träge, die rechtlich erst nach dem Abschlussstichtag entstehen	4 Satz 2	hang erforderlich
Im Geschäftsjahr allein nach steuerlichen Vorschriften vorgenommene Abschreibungen, soweit nicht aus Bilanz oder GuV-Rechnung ersichtlich (für Umlaufvermögen getrennt vom Anlagevermögen und umgekehrt)	§ 281 Abs. 2 Satz 1	Angabe des Betrages und hinreichende Begründung des Vorgangs im Anhang
Aktive Rechnungsabgrenzungsposten		
Disagio	§ 268 Abs. 6	Betrag (§ 250 Abs. 3 HGB) ist in der Bilanz gesondert auszuweisen oder im Anhang anzugeben
Bilanzierungshilfe "Aktivische latente Steuern"	§ 274 Abs. 2 Satz 2	Gesonderter Ausweis in der Bilanz und Erläuterung im Anhang erforderlich
Passiva		
Eigenkapital Gewinnvortrag/Verlustvortrag Jahresüberschuß/Jahresfehlbetrag	§ 268 Abs. 1	Bei Aufstellung der Bilanz unter teilweiser Verwendung des Jahresergebnisses ist ein vorhandener Gewinn- oder Verlustvortrag in den Posten "Bilanzgewinn/Bilanzverlust" einzubeziehen und in Bilanz oder Anhang

Inhalt der Angaben	ges. Grundl. im HGB	Art der Darstellung
		gesondert anzugeben. Der Posten "Bilanzgewinn/Bilanzverlust" tritt an Stelle der Posten "Jahresüberschuß/Jahresfehlbetrag" und "Gewinnvortrag/Verlustvortrag".
Sonderposten mit Rücklagenanteil	§§ 273, 281 Abs. 1	Angabe der einzelnen steuerlichen Vorschriften, nach denen der Posten gebildet wurde, in der Bilanz oder im Anhang
Rückstellungen für latente Steuern	§ 274 Abs. 1	Gesonderte Angabe in Bilanz oder Anhang
Verbindlichkeiten		
Beträge für Verbindlichkeiten, die erst nach dem Abschlussstichtag rechtlich entstehen	§ 268 Abs. 5 Satz 3	Beträge grösseren Umfangs sind im Anhang zu erläutern
Verbindlichkeiten mit einer Restlaufzeit von mehr als fünf Jahren	§ 285 Nr. 1a	Gesamtbetrag ist im Anhang anzugeben
Gesamtbetrag der Verbindlichkeiten, die durch Pfandrechte oder ähnliche Rechte gesichert sind	§ 285 Nr. 1b	Im Anhang unter Angabe von Art und Form der Sicherheiten anzugeben
In § 251 HGB bezeichnete Haftungsverhältnisse	§ 268 Abs. 7	Gesonderte Angabe unter der Bilanz oder im Anhang unter Angabe der gewährten Pfandrechte und sonstigen Sicherheiten. Verpflichtungen gegen-

Inhalt der Angaben	ges. Grundl. im HGB	Art der Darstellung
		über verbundenen Unternehmen sind gesondert anzugeben.
Inhaltsbezogene Vorschriften zu einzelnen Posten der GuV-Rechnung		
Ausserordentliche Aufwendungen und ausserordentliche Erträge	§ 277 Abs. 4 Satz 2	Im Anhang hinsichtlich Betrag und Art zu erläutern, soweit die ausgewiesenen Beträge für die Beurteilung der Ertragslage nicht von untergeordneter Bedeutung sind
Ausserplanmäßige Abschreibungen auf Anlage- und Umlaufvermögen nach § 253 Abs. 2 Satz 3 und § 253 Abs. 3 Satz 3 HGB	§ 277 Abs. 3 Satz 1	Gesonderter Ausweis in GuV-Rechnung oder Anhang
Periodenfremde Aufwendungen und periodenfremde Erträge (innerhalb der verschiedenen betrieblichen Aufwendungen und Erträge enthalten)	§ 277 Abs. 4 Satz 3	Im Anhang hinsichtlich Betrag und Art zu erläutern, soweit die ausgewiesenen Beträge für die Beurteilung der Ertragslage nicht von untergeordneter Bedeutung sind
Steuern vom Einkommen und vom Ertrag	§ 285 Nr. 6	Angabe im Anhang, in welchem Umfang die Steuern vom Einkommen und vom Ertrag das Ergebnis der gewöhnlichen Geschäftstätigkeit und das ausserordentliche Ergebnis belasten
Einstellung in den Sonderposten mit Rücklageanteil und Auflösung dieses	§ 281 Abs.	Gesonderter Ausweis in den Posten "Sonstige betriebliche

Inhalt der Angaben	ges. Grundl. im HGB	Art der Darstellung
Postens	2 Satz 2	Aufwendungen" bzw. "Sonstige betriebliche Erträge" der GuV-Rechnung oder Angabe im Anhang
Bei Anwendung des Umsatzkostenverfahrens (§ 275 Abs. 3 HGB)	§ 285 Nr. 8b	Angabe des Personalaufwands des Geschäftsjahres, gegliedert nach § 275 Abs. 2 Nr. 6 HGB im Anhang
Zusatzangaben		
Zusätzliche Angaben zur Vermittlung eines den tatsächlichen Verhältnissen entsprechenden Bildes der Vermögens- Finanz- und Ertragslage	§ 264 Abs. 2 Satz 2	Führen besondere Umstände dazu, dass der Jahresabschluss unter Beachtung der GoB ein den tatsächlichen Verhältnissen entsprechendes Bild der Vermögens-, Finanz- und Ertragslage nicht vermittelt, sind zusätzliche Angaben im Anhang verlangt
Mitglieder des Geschäftsführungsorgans und eines Aufsichtsrats	§ 285 Nr. 10	Angabe im Anhang, auch wenn diese Personen im Geschäftsjahr oder später ausgeschieden sind, mit Familien- und mindestens einem ausgeschriebenen Vornamen. Der Vorsitzende eines Aufsichtsrats, seine Stellvertreter und ein etwaiger Vorsitzender des Geschäftsführungsorgans sind als solche zu bezeichnen.

Inhalt der Angaben	ges. Grundl. im HGB	Art der Darstellung
Unternehmen, an denen direkt oder über eine für Rechnung der Kapitalgesellschaft handelnde Person eine Beteiligung besteht	§ 285 Nr. 11	Angaben im Anhang: Namen und Sitz dieser Unternehmen, Höhe des Anteils am Kapital, Eigenkapital, letztes Jahresergebnis, für das ein Jahresabschluss vorliegt.
	§ 286 Abs. 3	Auf die Angaben kann verzichtet werden bei untergeordneter Bedeutung für die Darstellung der Vermögens-, Finanz- und Ertragslage der Kapitalgesellschaft erheblicher Nachteiligkeit der Veröffentlichung für die Kapitalgesellschaft oder das beteiligte Unternehmen nach vernünftiger kaufmännischer Beurteilung. Die Angabe des Eigenkapitals und des Jahresergebnisses darf unterbleiben, wenn das beteiligte Unternehmen nicht offenlegungspflichtig ist und die berichtende Kapitalgesellschaft weniger als die Hälfte der Anteile besitzt. Die Anwendung der Ausnahmeregelung wegen Nachteiligkeit

Inhalt der Angaben	ges. Grundl. im HGB	Art der Darstellung
		muss im Anhang angegeben werden.
	§ 287	Die verlangten Angaben dürfen statt im Anhang in einer gesonderten Aufstellung über den Anteilsbesitz gemacht werden, die Bestandteil des Anhangs ist. Auf diese Aufstellung und den Hintergrundsort ist im Anhang hinzuweisen.
Aufwendungen für Mitglieder der Gesellschaftsorgane	§ 285 Nr. 9c	Angaben im Anhang über Aufwendungen für Mitglieder des Geschäftsführungsorgans, Aufsichtsrats, Beirats oder einer ähnlichen Einrichtung jeweils für jede Personengruppe nach gewährten Vorschüssen und Krediten unter Angabe der Zinssätze, der wesentlichen Bedingungen und der Rückzahlungen im Geschäftsjahr, zugunsten dieser Personen eingegangene Haftungsverhältnisse.

Inhalt der Angaben	ges. Grundl. im HGB	Art der Darstellung
Angaben von einer in Konzernabschlüsse einbezogenen Kapitalgesellschaft	§ 285 Nr. 14	Im Anhang Angabe von Name und Sitz des Mutterunternehmens, das den Konzernabschluss für den größten und für den kleinsten Kreis von Unternehmen aufstellt sowie bei Offenlegung dieser Konzernabschlüsse der Ort, wo diese erhältlich sind.

Tabelle 12: Pflichtangaben für alle Kapitalgesellschaften

4.5 Gliederungsschemata des IKR und des SKR 04 der DATEV

Zur Gewinnung der erforderlichen Angaben für Bilanz, Gewinn- und Verlustrechnung und Anhang ist der Buchungsstoff so zu gliedern, dass sich der Jahresabschluss ohne große Mühe aus der Buchführung gewinnen läßt. Daher sind für die je nach ihrer Art verschiedenen Vermögensgegenstände, Schulden und Rechnungsabgrenzungsposten jeweils besondere Aktiv- und Passivkonten (Bestandskonten) zu führen. Soweit sich erfolgswirksame Geschäftsfälle unterscheiden, sind sie auf jeweils besondere Aufwands- und Ertragskonten (Erfolgskonten) zu buchen. Privatvorgänge - soweit sie Vermögens- oder Schuldenpositionen des Unternehmens berühren - sind auf Privatkonten zu buchen.

Die Vielzahl der möglichen Konten verhindert die Übersichtlichkeit. Um die Übersichtlichkeit zu erhöhen, werden die Konten nach einem bestimmten Schema, dem **Kontenrahmen**, geordnet. Der Kaufmann stellt nach dem Muster eines solchen Kontenrahmens für sein Unternehmen einen **Kontenplan** auf. Im Kontenplan führt der Kaufmann alle Konten seines Unternehmens mit den Kontennummern und Kontenbezeichnungen des Musterkontenrahmens auf. Treten in einem späteren Zeitraum buchhalterische Vorgänge auf, die neue Konten erforderlich machen, erhalten sie die betreffende Kontennummer und Kontenbezeichnung des Kontenrahmens.

4.6 Kontenhierarchie bei Kontennetzen

In Kontennetzen auf EDV-gestützter Basis werden die Konten durchgehend mit vierstelligen Nummern versehen. In anderen Kontensystemen werden die Kontenklassen mit einer einstelligen Nummer versehen, die Kontengruppen innerhalb einer Kontenklasse mit einer zweistelligen Nummer und innerhalb der Gruppen die Kontenarten mit drei- und mehrstelligen Nummern. Beiden Kontennetzen liegt das Dezimalsystem zugrunde. Der formale Unterschied bleibt in der Praxis ohne Bedeutung. In einer Kontenklasse lassen sich zehn Kontengruppen unterbringen. Die Einordnung ist problemlos zu vollziehen, wenn zehn oder weniger Kontengruppen benötigt werden. Mögliche Freigruppen sollten dort eingeordnet werden, wo künftige Ergänzungen vermutet werden und nicht am Ende einer Kontenklasse, denn sonst könnten notwendige Erweiterungen das Gestaltungsprinzip verletzen.

Werden mehr als 10 Kontengruppen innerhalb einer Kontenklasse benötigt, bestehen zwei Einordnungsmöglichkeiten. Eine Möglichkeit besteht darin, zwei oder mehrere Kontengruppen zu einer einzigen Kontengruppe zusammenzulegen und entsprechende Gruppen zu bilden. Die andere Möglichkeit wäre, den vorgegebenen Kontenrahmen zu verlassen und in einer Kontenklasse "Kleingruppen" mit dreistelligen Nummern zu bilden. Durch die Einführung solcher "Kleingruppen" lassen sich hundert Kontengruppen in einer Kontenklasse unterbringen. Jedoch ist die Preisgabe der klassischen Kontenhierarchie nicht empfehlenswert, da das Kontennetz dann eine geringere Aussagekraft hat.

Unabhängig davon, welche Gestaltungsprinzipien den Kontenrahmen und Kontenplä-
nen zugrunde liegen, müssen folgende Grundregeln eingehalten werden:

- Jedes Konto muss eindeutig einer bestimmten Abschlussposition zugeordnet werden können.

- Eine einheitliche Kontierung muss gewährleistet werden; Überschneidungen von
  Konteninhalten sind daher zu vermeiden.

- Eventuell später notwendig werdende Ausweitungen der Anzahl der Konten sollten
  ohne Systembruch möglich sein.

- Wegen der leichteren Handhabung des Kontenplans sollten einander entsprechende
  Konten jeweils gleichlautende Endziffern aufweisen. Dies gilt z.B. für Skonti,
  nachträgliche Rabatte und Boni.

- Bei abschlussorientierten Kontennetzen sollten die Konten in derselben Reihenfolge angeordnet werden wie die Bilanz- und GuV-Posten.

Die Rechnungslegungsvorschriften des Handelsgesetzbuches (HGB) wurden durch das
Bilanzrichtlinien-Gesetz (BiRiLiG) neu gefasst. Nur für Kapitalgesellschaften wurden gesetzliche Gliederungsschemata für Bilanz (§ 266 HGB) und Gewinn- und Verlustrechnung (§ 275 HGB) geschaffen. Diese Vorschriften entsprechen den Grundsätzen ordnungsmäßiger Buchführung. Die Gliederungsvorschriften gelten nicht unmittelbar auch für Einzelunternehmen und Personengesellschaften. In der Praxis haben
sich aber die Jahresabschlussgliederungen nach HGB auch bei den Unternehmen in
den Rechtsformen des Einzelunternehmens und denen der Personengesellschaften
durchgesetzt.

Es ist sinnvoll, die Kontenrahmen so zu gliedern, dass die Konten mit den Posten der
Gliederungen von Bilanz und Gewinn- und Verlustrechnung korrespondieren. Der **In-
dustriekontenrahmen des BDI (IKR)** und der Spezialkontenrahmen **SKR 04 der
DATEV** sind auf den Gliederungsschemata des HGB aufgebaut.

5 Internationale Rechnungslegung

Schon Anfang der siebziger Jahre erkannte man die Notwendigkeit, die nationalen Rechnungslegungsvorschriften international zu harmonisieren. Daher gründete man 1973 mit dem **International Accounting Standards Committee** (ISAC) eine supranationale Einrichtung, die sich dem Ziel der Angleichung von nationalen Rechnungslegungsvorschriften verschrieben hat und die heute identisch mit der in den achtziger Jahren gegründeten **IFAC** (International Federation of Accountants) ist.[21]

Während man europaweit für den ‚Rechtsraum' der jeweils gültigen Europäischen Union 1986 mit dem Bilanzrichtliniengesetz einen supranationalen Rechtsrahmen für den Bereich der Bilanzierung schuf, der mit den entsprechenden Übergangsfristen von den Mitgliedsstaaten *umzusetzen war*, stehen ausserhalb Europas die IAS (*International Accounting Standards)* und die von den Amerikanern entwickelten **US-GAAP** (US-*General Accepted Accounting Principles)* in gewisser Frontstellung zueinander.

Diese Frontstellung ist dabei nur aus dem nationalen Sendungsbewusstsein der Amerikaner zu verstehen, die in den zur Zeit laufenden internationalen Verhandlungen im Zusammenhang mit den Eingangsvoraussetzungen von Kapitalgesellschaften an internationalen Börsen (auch der NYSE), auf der bleibenden Gültigkeit ‚ihrer' US-GAAP beharren, obgleich die IAS von dem rechtssystematischen Hintergrund her schon sehr an die *Kasuistik* des amerikanischen Rechtssystems angenähert sind, und kaum das *rationale ‚Abstraktionsprinzip'* aufweisen, dass unser Rechtssystem so übersichtlich und systematisch macht.

---

[21] Vgl. KPMG, 1999, S. 2.

5.1 Organe und Beschlussfassung des ISAC

Die unmittelbaren Beratungen des ISAC werden –wie in amerikanischen Aktienunternehmen üblich- von einem *board* geführt, das die Aufgabe hat, die internationalen Organisationen, die an der Ausgestaltung und Heranbildung von **IAS** interessiert sind, in die Entscheidungsfindung einzubinden, wobei es sich aus stimmberechtigten und stimmrechtslosen Mitgliedern zusammensetzt, und internationale Organisationen wie das *ICCFAA* (International Coordination Committee of Financial Analysts' Associations), die *Federation of Swiss Industrial Holdings Companies*, die *International Association of Financial Executive Institutes* (IAFEI) als stimmberechtigte Teilnehmer und als Teilnehmer ohne Stimmrecht die EU, das amerikanische *FASB* (amerikanischen Pendant zum ISAC) und die *IOSCO*, die die internationalen Zulassungsvoraussetzungen zu Börsen koordiniert, neben einem Vertreter Chinas, in die Entscheidungsfindung einbindet.[22]

Die unmittelbare Geschäftsführung wird von einem *Executive Committee* ausgeführt, das aus dem ISAC-Vorsitzenden, einem Generalsekretär des ISAC-Sekretariats und weiteren zu benennenden Mitgliedern bestehen kann und in seiner Arbeit von einer *Consultative Group* unterstützt wird, in der zahlreiche internationale Organisationen vertreten sind.[23] Über verschiedene ‚Vorstufen' entscheidet schliesslich das ISAC mit einer Dreiviertelmehrheit über *Draft-IAS*, die anschliessend veröffentlicht werden und mit einer Übergangsfrist in Kraft treten.[24]

Die Arbeit des ISAC wird durch das **SIC** (Standing Interpretation Committee) ergänzt, das im Gegensatz zum ISAC, das ja eher zu grundsätzlichen Rechnungslegungsproblemen Stellung nimmt, aktuelle und zeitnahe Bilanzierungsfragen erörtert und nach Ausarbeitung einer *Draft-Interpretation* werden SIC's als gleichberechtigte Standards neben den IAS verabschiedet., sodass für die internationale Rechnungslegung faktisch zwei Arten von Accounting-Standards relevant sind, die IAS und die SIC.[25]

---

[22] Vgl. KPMG, 1999, S. 4f.
[23] Vgl. KPMG, 1999, S. 4f.
[24] Vgl. KPMG, 1999, S. 7.
[25] Vgl. KPMG, 1999, S. 8.

5.2 IAS und SIC-Übersicht

IAS	Thema[26]	anzuwenden ab:
IAS 1	Disclosure of Accounting Policies Angabe- und Erläuterungspflichten der Bilanzpolitik	1.1.95
IAS 1	Presentation of Financial Statements Darstellung von ‚Finanzberichterstattung'	überarbeitet 1997 1.7.98
IAS 2	Inventories Vorräte	1.1.95
IAS 3		ausser Kraft gesetzt
IAS 4	Depreciation Accounting Abschreibungsberechnung	1.1.77 überarbeitet: 1.1.95
IAS 5	Information to be Disclosed in Financial Statements Darstellungsnormen in der ‚Finanzberichterstattung'	1.1.77 1.1.95 IAS 5 wird durch den neuen IAS 1 ersetzt
IAS 6		ausser Kraft gesetzt IAS 6 wird durch IAS 15 ersetzt
IAS 7	Cash flow Statements „Cash-flow"-Angaben	überarbeitet 1992 1.1.94

---

[26] Vgl. KPMG, 1999, S. 297 ff. Derzeit gibt es noch keine offizielle Übersetzung der IAS. Daher stammt die Übersetzung von den Verfassern mit allen ‚Unzulänglichkeiten' einer englisch-deutschen Übersetzung.

IAS	Thema[26]	anzuwenden ab:
IAS 8	Net Profit or Loss for the Period; Fundamental Errors and Changes in Accounting Policies Betriebsergebnis; Behandlung von Bilanzierungsfehlern und gravierende Ansatz- und Bewertungsänderungen	überarbeitet 1993 1.1.95
IAS 9	Research and Development Costs FuE-Aufwand/Kosten	überarbeitet 1993 1.1.95 1.7.99 wird ersetzt durch IAS 38
IAS 10	Contingencies und Events Occuring after the Balance Sheet Date ‚Wertaufhellungsgebot' und seine Behandlung nach IAS	1.1.80 überarbeitet 1.1.95
IAS 11	Construction Contracts Bauverträge	1.1.95
IAS 12	Income Taxes ‚Einkommensteuer(n)'	1.1.81 überarbeitet 1996 1.1.98
IAS 13	Presentation of Current Assets and Current Liabilities Vermögens(gegenstands)- und Schuldendarstellung (in der Bilanz)	überarbeitet 1994 1.1.83 1.1.95 wird ersetzt durch IAS 1
IAS 14	Reporting Financial Information by Segment	1.1.83

IAS	Thema[26]	anzuwenden ab:
	finanzielle Segmentberichterstattung	1.1.95
IAS 14	Segment Reporting Segmentberichterstattung (‚Geschäftsfeld-Berichterstattung')	1.7.98
IAS 15	Information Reflecting the Effects of Changing Prices Darstellung von Preisänderungen	1.1.83 überarbeitet 1.1.95
IAS 16	Property, Plant and Equipment Sachanlagevermögen	1.1.95
IAS 17	Accounting for Leases Leasingdarstellung	1.1.84 überarbeitet 1994 1.1.95
IAS 17	Accounting for Leases Leasingdarstellung	1.1.99
IAS 18	Revenue ‚Ertrag'	1.1.95
IAS 19	Retirement Benefit Costs ‚Pensions(rückstellungs)kosten'	überarbeitet 1993 1.1.95
IAS 19	Employee Benefits ‚Mitarbeiterversorgungen'	überarbeitet 1998 1.1.99
IAS 20	Accounting for Government Grants and Disclosure of Government Assistance Darstellung von ‚Subventionen': (Zuwendungen)	1.1.84 überarbeitet 1994

IAS	Thema[26]	anzuwenden ab:
	und Zuschüssen	1.1.95
IAS 21	The Effects of Changes in Foreign Exchange Rates/	überarbeitet 1993
	Darstellung von Wechselkursschwankungen	1.1.95
IAS 22	Business Combinations	überarbeitet 1993
	Fusionen, Übernahmen, Verschmelzungen u.ä.	1.1.95
IAS 22	Business Combinations	überarbeitet 1998
	Fusionen, Übernahmen, Verschmelzungen u.ä.	1.7.99
IAS 23	Borrowing Costs	1.1.95
	Kreditkosten („Zinsaufwand')	
IAS 24	Related Party Disclosures	1.1.86
	‚verbundene Unternehmen'	überarbeitet 1994
		1.1.95
IAS 25	Accounting for Investments	1.1.86
	Investitionsdarstellung	überarbeitet 1994
		1.1.95
IAS 26	Accounting and Reporting by Retirement Benefit Plans	1.1.88
		überarbeitet 1994
	Pensionsversorgungspläne	1.1.95
IAS 27	Consolidated Financial Statements and Accounting for Investments in Subsidiaries	1.1.90
		überarbeitet 1994
	Konsolidierungsrechnungen und Darstellung von	

IAS	Thema[26]	anzuwenden ab:
	Unternehmenstöchtern	1.1.95
IAS 28	Accounting for Investments in Associates Rechnungslegung von faktisch beeinflussbaren Unternehmen (keine Töchter, keine joint-ventures)	1.1.90 überarbeitet 1994 1.1.95
IAS 29	Financial Reporting in Hyperinflationary Economies Rechnungslegung bei Hyperinflationsländern	1.1.90 überarbeitet 1994 1.1.95
IAS 30	Disclosures in the Financial Statements of Banks and Similar Financial Institutions Rechnungslegung bei Banken und ähnlichen Finanzdienstleistern	1.1.91 überarbeitet 1994 1.1.95
IAS 31	Financial Reporting of Interests in Joint Ventures Darstellung von Joint-Ventures	1.1.92 überarbeitet 1994 1.1.95
IAS 32	Financial Instruments: Disclosure and Presentation Darstellung von Finanzinstrumenten	bestätigt 1995 1.1.96
IAS 33	Earnings per Share ‚Gewinnanteile'(aus Mitunternehmerschaft)	bestätigt 1997 1.1.98
IAS 34	Interim Financial Reporting Zwischenberichte	überprüft 1998 1.1.99
IAS 35	Discontinuing Operations ‚Abwicklung' eines Unternehmensbereiches	überprüft 1998 1.1.99

IAS	Thema[26]	anzuwenden ab:
IAS 36	Impairment of Assets Abwertung von ‚Vermögensgegenständen'	überprüft 1998 1.7.99
IAS 37	Provisions, Contingent Liabilities and Contingent Assets Provisionen, unsichere Verbindlichkeiten (‚Rück-stellungen'), unsichere Vermögensgegenstände	überprüft 1998 1.7.99
IAS 38	Intangible Assets immaterielle ‚Vermögensgegenstände'	überprüft 1998 1.7.99
SIC 1	Consistency- Different Cost Formulas for Invento-ries Unterschiedliche Behandlung für Vorratsvermögen	
SIC 2	Consistency- Capitalisation of Borrowing Costs ‚Barwertberechnung' von Zinsaufwand	
SIC 3	Elimination of Unrealised Profits and Losses on Transactions with Associates Kompensation nichtrealisierter Gewinne und Ver-luste von Unternehmen, die ‚beherrscht' werden (keine Töchter oder joint-ventures)	
SIC 5	Classification of Financial Instruments- Contingent Settlement Provisions Finanzinstruments-Klassifizierung	
SIC 6	Costs of Modifying Existing Software Kostenbehandlung der Softwareanpassung	

IAS	Thema[26]	anzuwenden ab:
SIC 7	Introduction of the Euro Einführung des Euro	
SIC 8	First-Time Application of IASs as the Primary Accounting Basis Überleitungregelungen bei erstmaliger Bilanzierung nach IAS	
SIC 9	Business Combination- Classification either as Acquisitions of Uniting of Interests Unternehmenszusammenführung: Kauf oder ‚Beherrschungsverhältnis‘, das nicht Kauf ist	
SIC 10	Government Assistance- No Specific Relation to Operating Activities Beihilfen der öffentlichen Hand	
SIC 11	Capitalisation of Exchange Losses Resulting from Severe Currency Devaluations Barwertberechnung von Fremdwährungsabwertungen von Fremdwährungsguthaben.	

Tabelle 13: IAS-Überblick mit Übersetzung

Die Tabelle zeigt die Übersicht die zur Zeit gültigen IAS und SIC, wobei der englischen Bezeichnung eine Übersetzung der Verfasser angefügt wurde. Die Spalte ‚anzuwenden ab‘ zeigt das erstmaligen Gültigkeitsdatum sowie Überarbeitungen und damit einhergehend das jeweils aktuelle Gültigkeitsdatum des überarbeiteten IAS:

Von den zur Zeit 38 vorliegenden und zum Teil überarbeiteten IAS sind die IAS 3 und 6 ausser Kraft gesetzt und die Anwendung von IAS 15 (Information Reflecting the Effects of Changing Prices/Darstellung von Preisänderungen) erfolgt auf freiwilliger Basis. Die IAS 34 und 35 sind auf Geschäftsjahre bezogen, die nach dem 1.1.99 beginnen und die IAS 36,37 und 38 gelten erstmalig ab dem 1.7.99 (siehe Tabelle).

6 Die Gründung der Nett-Media-Agentur (NMA)

Anfang August 1999 finden sich in Berlin-Mitte vier Studenten zusammen, die alle eins gemeinsam haben: sie stehen alle kurz vor dem Examen und wollen sich auf jeden Fall selbständig machen. Teilweise ist ihr Wunsch durch die Eindrücke geprägt, die sie als Kinder von Selbständigen machen konnten. Teilweise wollen sie bewusst nicht so arbeiten, wie ihre ‚nichtselbständig‘ beschäftigten Eltern. Sie wollen es einfach anders machen. Sie wollen mit der **Nett-Media-Agentur** eine Multimedia-Firma gründen, die für Kunden aus mittelständischen Firmen Internet-hompages programmiert. Ihre Geschäftsidee und ihren Optimismus beziehen die vier Noch-Studenten aus den Prognosen zum Marktvolumen des Internet-Marktes. Nach verschiedenen Studien von GfK, VEURA/ZVEI und EITO 98 gibt es 1998 bereits 7,3 Mio. Internet-Nutzer. Bereits im Jahr 2000 verfügen ca. 16 Mio. Haushalte über einen Internet-Anschluss. Weltweit schätzt man die Zahl der Internet-Anschlüsse für 2000 auf mehr als 100 Mio. Gleichzeitig bietet die neue Technologie der IP-Telefonie genauso wie die Geschäftsabwicklung via Internet, der ‚electronic commerce‘ als B2B, zukünftig interessante Geschäftsmöglichkeiten. Diesen rasanten Wachstumsmarkt wollen die vier nutzen.

6.1 Organisatorische Voraussetzungen der NMA-Gründung

Zunächst werden wir die vier Gründer der Nett-Media-Agentur (NMA[27])vorstellen. Da haben wir die Initiatorin des Ganzen: Es ist Christiane Buchheimer. Sie kommt aus Dresden und wird demnächst an der HU-Berlin ihr Studium als Dipl.-Informatikerin abschliessen. Die zweite im Team ist Irina Pfeffers, die aus Köln kommt und alsbald ihr Studium der Betriebswirtschaft an der FHTW in Berlin beenden wird. Idealerweise schreibt sie gerade ihre Diplomarbeit über ‚Finanzierungskonzepte für Multimedia-Firmen‘.

---

27 Selbstverständlich sind alle Namen der NMA GmbH erfunden, also zufällig. Ähnlichkeiten mit bekannten Firmen oder Personen sind nicht beabsichtigt.

Die Ergänzung des Teams bilden Patrick Heimgarn aus Erfurt, der an der FU-Berlin gerade sein betriebswirtschaftliches Studium abschliesst und sich auf die Fächer Rechnungswesen und Betriebswirtschaftliche Steuerlehre spezialisiert hat. Von der TU-Berlin kommt Peter Osluschny-ein echter Berliner- der als Informatiker schon heute auf die Programmierung html und Java spezialisiert ist, und daher vom Team der zu gründenden Nett-Media-Agentur (im folgende: NMA) dringend gebraucht wird.

Christiane Buchheimer hat schon Erfahrung mit bierseligen Konzepten, die nie das Stadium der ‚Geschäftsidee' überleben und nie realisiert werden. Sie schlägt deshalb vor, bis Ende August einen Zeitplan für die Gründung der NMA vorzulegen. Wenn dieser Zeitplan die Zustimmung aller findet, soll nach ihren Vorstellungen bis Mitte September 1999 ein Organigramm für die zu gründende NMA erstellt werden.

1.1.1 Der Gründungszeitplan für die NMA

Christiane hält ihr Versprechen und kann den Zeitplan zur Gründung der NMA schon Mitte August vorstellen, den sie zusammen mit Peter Osluschny erarbeitet hat:

Phase/Tätigkeit	bis ....
Organigramm und Geschäftsfelder	Mitte September 1999
Rechtsform und Gesellschaftsvertrag	Ende Oktober 1999
Betriebswirtschaftliche Konzeption	Anfang November 1999
Kreditgespräche mit Firmenkundenbetreuern bei Banken	Anfang Dezember 1999
Aufnahme der Geschäftstätigkeit	Februar/März 2000
EUR 500.000 Umsatz	bis Ende 2005

Tabelle 14: Gründungszeitplan für die NMA

6.1.1 Das Organigramm für die NMA

Erwartungsgemäss erst Ende September 1999 ist es dann soweit. Patrick Heimgarn legt ein Organigramm für die NMA vor:

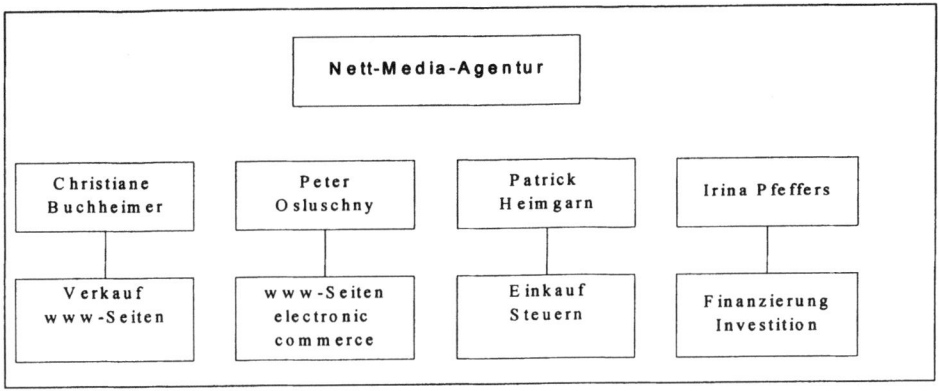

Abbildung 8: Organigramm der NMA

Christiane Buchheimer ist beeindruckt von der Form des **Organigramms**. Zugegeben, auch sie hatte ja betriebswirtschaftliche Seminare besuchen müssen, aber inzwischen hatte sie durch ihre Spezialisierung auf Informatik schon wieder fast alles vergessen. Sie und die anderen Geschäftspartner in spe lassen sich von Patrick Heimgarn die geplante Arbeitsteilung in der NMA erläutern.

Patrick Heimgarn führt aus: „ Christiane wird sich schwerpunktmässig mit dem Verkauf unserer Produkte beschäftigen. Wir haben uns ja in dem letzten Gespräch darauf geeinigt, dass wir zunächst Internet-Seiten für mittelständische Firmen programmieren wollen und dann das zweite Geschäftsfeld des ‚electronic commerce' aufbauen wollen.

Dazu wird Peter seine Kenntnisse von html und Java einbringen und ich werde mich um die Bereiche Einkauf und hauptsächlich um das Rechnungswesen und die Steuererklärungen (Einkommen- und Umsatzsteuererklärung) sowie die USt-Voranmeldungen kümmern. Irina wird die Finanzierungsseite übernehmen. Wir hoffen dabei sehr auf ihre Erkentnisse aus ihrer Diplomarbeit. Ihr Aufgabengebiet schliesst auch die Kreditgespräche mit Banken ein, wenn wir unser Konzept weiter ausgearbeitet haben werden.

6.1.2 Geschäftsfelder der NMA

Ganz zur Überraschung von Christiane Buchheimer und den anderen drei Geschäftspartnern legt Patrick nun noch ein Schaubild mit den geplanten Geschäftsfeldern vor.

Patrick geniesst die erstaunten Blicke seiner Geschäftspartner. Ja, denkt er, mit reiner Planerfüllung kommt man vielleicht im Öffentlichen Dienst weiter, sicherlich aber nicht als junger Existenzgründer, also als ‚Selbständiger‘. Ohne das ihn jemand gefragt hat, fährt er mit der Erläuterung der zweiten Abbildung fort:

" Das wichtigste Geschäftsfeld soll ja absprachegemäss das Design von hompages für mittelständische Unternehmen sein, um ihnen zusätzliche Darstellungs- und Absatzmöglichkeiten zu eröffnen. Daher steht dieses Geschäftsfeld ganz links. Darunter seht ihr die geplanten Geschäftsfelder des ‚electronic commerce‘ und der Internet-Telefonie (IP-Phone), also einerseits der Abwicklung von Kauf- und Verkaufaufträgen im internet und andererseits billige Telefonate via Internet. Diese Geschäftsfelder wollen wir für unsere Kunden anbieten. Die notwendigen Kenntnisse werden wir uns im nächsten Jahr aneignen. Daher sind dieses Geschäftsfeld vorerst gestichelt eingezeichnet."

„ Das zweite sofort geplante Geschäftsfeld wird die Computervernetzung in mittelständischen Firmen sein. Dort gibt es wahrscheinlich noch diesbezüglich sehr viel Nachholbedarf. Das dritte Geschäftsfeld wird uns nach dem Examen sofort Einnahmen bringen. Es ist die Schulung. Vielleicht können wir uns schon mal bei den verschiedenen Bildungsträgern in Berlin bewerben, sodass wir sofort nach dem Examen die ersten Kurse geben können. Das vierte und letzte Geschäftsfeld ist der Hardware-Verkauf. Er ergibt sich möglicherweise im Rahmen eines cross-selling aus den Schulungen oder auch schon aus dem Homepage-Design für die Firmen. Sicher sind nicht alle Rechner, die wir bei unseren Kunden vorfinden werden, ‚internet-tauglich‘. Aus dieser Bedarfsermittlung kann man sehr gut ein Verkaufsgespräch aufbauen, und dann den Hardware-Verkauf mit Konfigurierung und Schulung anbieten."

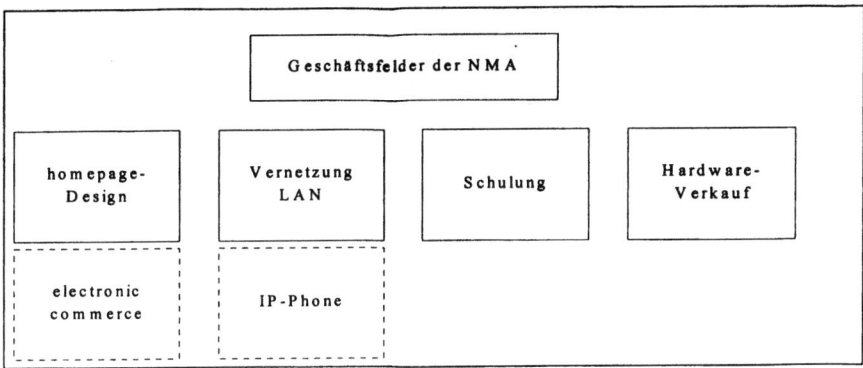

Abbildung 9: Die geplanten Geschäftsfelder

Christiane Buchheimer drückt das aus, was alle denken: „Super-Arbeit, Patrick. Wir hatten die geplanten Geschäftsfelder ja schon mündlich besprochen. Aber welche Rechtsform hast Du für die NMA vorgesehen?"

Aus den vielen möglichen Rechtsformen (z.B. OHG, KG) wählt Patrick zur Darstellung vor den anderen Gründern die sogenannte ‚Gesellschaft bürgerlichen Rechts' (GbR) aus, die auch als BGB-Gesellschaft bezeichnet wird, weil die für diese Rechtsform relevanten Rechtsvorschriften im BGB stehen.

Grundsätzlich haben alle Gesellschafter einer GbR Geschäftsführungsbefugnis. Dies kann allerdings durch den Gesellschaftsvertrag abgeändert werden. Für Patrick scheint es besonders wichtig, darauf hinzuweisen, dass die Gesellschafter einer GbR mit ihrem gesamten Vermögen haften, also mit dem Gesellschafts- *und* Privatvermögen.

Als besonders angenehm hebt Patrick während seiner Erläuterungen hervor, dass die GbR keine gesetzliche Bestimmung zum Mindestkapital kennt, wie es z.B. bei der Gründung einer GmbH verlangt wird. Gleichzeitig weist Patrick darauf hin, dass die Namen aller Gesellschafter auf den Briefbögen erscheinen müssen, es sei denn die Firmierung findet unter einem Gesamtnamen statt.

Die Ausführungen von Patrick zu den Vorzügen einer GbR waren in den Augen der künftigen Mitunternehmer schon ausreichend. Daher beschliesst die Versammlung der Firmengründer die zukünftige Rechtsform der GbR.

Der schon früher vorgelegte Zeitplan zeigt, dass Rechtsform und Gesellschaftsvertrag bis Oktober 1999 abgeschlossen sein müssen. Bisher sind sie einigermassen im Plan. Es ist noch eine Woche Zeit, und wenn Irina und Patrick ‚Wort halten‘, dann müsste der Zeitplan eingehalten werden können.

6.2 Betriebswirtschaftliche Konzeption für die NMA

6.2.1 Die erste Gewinn- und Verlustrechnung für die NMA GbR

Nun sind die wesentlichen Elemente des zu gründenden Unternehmens bestimmt. Irina Pfeffers schlägt nun vor, dass es an der Zeit ist, eine **Aufwands- und Ertragsplanung** zu konzipieren, die zugleich als Grundlage für die Bankengespräche dienen soll. Sie will diese Aufstellung zusammen mit Patrick Heimgarn erstellen. Dazu begeben sie sich in Klausur und schlagen ein erneutes Treffen aller Mitunternehmer eine Woche später vor. Auf der schon avisierten Sitzung unterbreiten Irina und Patrick den Mitunternehmern die erste Plan-GuV der NMA GbR, wie ihre Gesellschaft jetzt offiziell heisst, die sowohl die ursprünglichen Werte alsauch die neuen Planwerte enthält, die Irina mit Patrick aufgrund der positiveren Umsatzerwartungen nach oben korrigiert hat.

6.2.2 Investition und Finanzierung bei der NMA

Nun ist es soweit. Die vier Gründer haben sich Anfang Oktober 1999 auf die Rechtsform der GbR geeinigt. Sie wissen, dass sie in der GbR mit ihrem gesamten Vermögen, also auch dem Privatvermögen, haften.

Da alle vier ja gerade das Examen gemacht haben, und aus dem Studentenleben kommen, ist die Haftungsfrage des Privatvermögens nicht so prekär. Sie sind allesamt mit Möbeln eines grossen skandinavischen Herstellers eingerichtet und schätzen den Marktwert ihrer Möbel auf jeweils unter 2.000 EUR. Und ihr Geldvermögen, jeder verfügt über EUR 20.000 Erspartes, bringen sie als Eigenkapital sowieso in die GbR ein. Das Wertvollste ihrer Wohnungseinrichtung ist der PC, denn alle legten schon als Studenten auf eine professionelle EDV-Ausstattung wert. Gleichwohl haben sie sich entschieden, für die Gründung der NMA die neueste EDV-Ausstattung anzuschaffen.

Plan GuV der NMA GbR				
Geschäftsjahre		2001		2002
	alt e Werte	neue Werte	alte Werte	neue Werte
Umsatzerlöse/Geschäftsfelder	0		0	
homepage-Design	90.000	135.000	120.000	180.000
Vernetzung (LAN)	35.000	52.500	40.000	60.000
Schulung	30.000	45.000	30.000	45.000
Hardware-Verkauf	25.000	37.500	35.000	52.500
electronic commerce	10.000	15.000	25.000	37.500
IP-Phone	5.000	7.500	15.000	22.500
+/- Bestandsveränderungen	0	0	0	0
Aktivierte Eigenleistungen	0	0	25.000	37.500
Betriebsleistung	195.000	292.500	290.000	435.000
Sonstige betriebl. Erträge	5.000	7.500	5.000	7.500
Betriebsertrag	200.000	300.000	295.000	442.500
- Materialaufwand	2.500	3.000	3.500	4.200
- Miete	38.000	45.600	40.000	48.000
-Versicherungen	2.000	2.400	2.000	2.400
-Kfz-Kosten	6.000	7.200	7.000	8.400
- Personalaufwand	40.000	48.000	40.000	48.000
- Normalabschreibung	20.000	24.000	20.000	24.000
- Zinsaufwand	10.000	12.000	9.000	10.800
- Sonst. betriebl. Aufwand	20.000	24.000	25.000	30.000
Betriebsaufwand	138.500	166.200	146.500	175.800
Betriebsergebnis	61.500	133.800	148.500	266.700
Öffentl. Zuschüsse/Zulagen	0		0	
Sonstige neutrale Erträge	0		0	
- Neutrale Aufwendungen	0		0	
Ausgewiesenes Ergebnis	61.500		148.500	

Tabelle 15: Plan GuV-Rechnung

Patrick bittet alle Mitunternehmer, ihm eine Aufstellung ihres Geldvermögens zuzufaxen, damit er das mögliche Eigenkapital für die GbR errechnen kann.

Nachdem alle Faxe beim ihm zu Hause angekommen sind, fügt Patrick sogleich alle Angaben in einer übersichtlichen Tabelle zusammen. Man merkt eben, dass er Betriebswirtschaftliche Steuerlehre studiert hat.

	Christiane	Peter	Patrick	Irina
Sparguthaben	10.000	5.000	0	20.000
Eltern	5.000	5.000	20.000	0
Oma	5.000	10.000	0	0
Gesamt EUR:	20.000	20.000	20.000	20.000

Tabelle 16: Aufstellung des Geldvermögens der Mitunternehmer

6.2.2.1 Investitionsbedarf der NMA

Irina Pfeffers stellt nun eine **Investitionsrechnung** auf, die die geplanten Anschaffungen der NMA enthält. Sie wird als Summe den sogenannten Finanzbedarf ausweisen, also die Summe, die die vier Mitunternehmer zur finanzwirtschaftlichen Umsetzung ihres Gründungsvorhabens benötigen werden.

Investitionen	EUR
Fuhrpark	25.000,00
Computer (incl. Software)	60.000,00
Büromöbel	12.000,00
sonstige Einrichtung	10.000,00
Kosten der Anlaufzeit	108.000,00
Investitionssumme	215.000,00
betriebsnotwendiges Kapital: (ohne Kosten der Anlaufzeit)	107.000,00

Tabelle 17: Ermittlung von Investition und Finanzierung

Die Tabelle, die Irina eine Woche später beim nächsten Treffen vorlegt, ist schon ziemlich konkret. Sie sieht eine Investitionssumme von insgesamt EUR 215.000 vor, die insgesamt Kosten der Anlaufzeit von EUR 108.000 enthält, die sich wie folgt zusammensetzen:

Kosten der Anlaufzeit	EUR
Unternehmerinnengehalt für ein Jahr	4 x EUR 2.000x 12 Monate= EUR 96.000
Werbemassnahmen	EUR 12.000
davon: 4 direct mailing-Aktionen	EUR 8.000
davon: Pre-Opening-Expenses	EUR 3.000
davon: Eröffnungsfeier	EUR 1.000
Summe:	EUR 108.000

Tabelle 18: Kosten der Anlaufzeit

Als Kosten der Anlaufzeit hat Irina für jeden Mitunternehmer für eine ‚Durststrecke' von zwölf Monaten ein Gehalt von monatlich EUR 2.000 vorgesehen sowie EUR 8.000 für direct-mailing-Aktionen, um die NMA bei mittelständischen Firmen überhaupt erst einmal bekannt zu machen.

Zusätzlich fallen Pre-Opening-Expenses wie das Drucken von Geschäftspapier, Telefonanschlussgebühren usw. an, die Irina zusammen mit EUR 3.000 veranschlagt hat. Auch die Eröffnungsfeier, zu der schon potentielle Kunden geladen werden können wird von ihr kalkuliert und sie setzt für ein Buffet und musikalische Unterhaltung EUR 1.000 an.

6.3 Das erste Geschäftsjahr

6.3.1 Die IST-GUV der NMA

Das erste Geschäftsjahr ist abgelaufen. Nun ist es der Job von Patrick Heimgarn, der in der NMA ja für das Rechnungswesen und die Steuern zuständig ist, die Ist- Gewinn- und Verlustrechnung zu erstellen und die Steuererklärung der NMA vorzubereiten. Patrick, der während des ersten Geschäftsjahres auch die laufenden Buchungen gemacht hat, erstellt aus seinen Konten die erste GuV für die NMA. Seine Aufstellung zeigt folgendes:

Patrick weiss, dass diese GuV *nicht* den Gliederungs- und Formvorschriften des § 275 HGB n.F. genügt. Für interne Zwecke ist diese GuV aber ausreichend. Sie zeigt, dass sich die Geschäftsfelder der NMA im ersten Geschäftsjahr erfreulich entwickelt haben. So hat das Geschäftsfeld ,homepage-Design' mit EUR 56.750 ebenso gut abgeschlossen, wie die anderen Geschäftsfelder. Alle Geschäftsfelder zusammen erwirtschafteten eine Betriebsleistung von EUR 139.400,-.

Dies bei vorläufigen Bestandsveränderungen von 0,- EUR und einem Materialaufwand von ganzen 2.459,- EUR. Typisch für einen reinen Informationsdienstleister, dessen Ergebnisse vorwiegend in der kundenbezogenen Programmierung liegen. Mit 27.800 EUR schlug die Miete des zu Buche und die Abschreibungen der Hochleistungsrechner sind mit 25.000 EUR angesetzt worden.

Für den Zinsaufwand der ausgereichten Darlehen nach dem Finanzierungsplan wurden 11.580 EUR angesetzt und der sonstige betriebliche Aufwand beläuft sich in dem Betrachtungsjahr auf 8.760 EUR.

GuV für Rumpfjahr 2000		
	2000	
	EUR	%
Umsatzerlöse/Geschäftsfelder	0	
homepage-Design	56.750	
Vernetzung (LAN)	23.450	
Schulung	24.000	
Hardware-Verkauf	19.700	
electronic commerce	12.000	
IP-Phone	3.500	
+/- Bestandsveränderungen	0	
Aktivierte Eigenleistungen	0	
Betriebsleistung	139.400	
Sonstige betriebl. Erträge	1.200	
Betriebsertrag	140.600	*100*
- Materialaufwand	2.459	
- Miete	27.800	
-Versicherungen	2.400	
-Kfz-Kosten	4.900	
- Personalaufwand	0	
- Normalabschreibung	25.000	
- Zinsaufwand	11.580	
- Sonst. betriebl. Aufwand	8.760	
Betriebsaufwand	82.899	
Jahresüberschuss	57.701	

Tabelle 19: Interne Ist-GuV der NMA für das Geschäftsjahr 2000

6.4 Wechsel der Gewinnermittlungsart

Nach erfolgreichem Anlauf der Geschäftstätigkeit der NMA GbR und fast planmäßigen Abschluss des ersten Geschäftsjahres (Rumpfjahr) beschließen die Gesellschafter Christiane Buchheimer, Peter Osluschny, Patrick Heimgarn und Irina Pfeffers die bestehende "Gesellschaft bürgerlichen Rechts" in eine "Gesellschaft mit beschränkter Haftung" umzuwandeln. In enger Zusammenarbeit mit der das Unternehmen beratenden Rechtsanwältin erarbeiten Patrick und Irina einen Gesellschaftsvertrag und eine Satzung, die von den anderen beiden Mitgesellschaftern für gut befunden und angenommen werden. Von der Rechtsanwältin wird zusätzlich die erforderliche Eintragung in das Handelsregister, Abt. B, (konstitutive Wirkung) beim zuständigen Amtsgericht veranlasst.

Auf der nächsten Gesellschafterversammlung erläutert Patrick den Mitgesellschaftern die Wirkungen der Rechtsformänderung (Umwandlung der GbR in eine GmbH) auf das Rechnungswesen. Er führt aus: "Jede GmbH ist automatisch eine Handelsgesellschaft im Sinne des HGB. Damit besitzt die GmbH die Kaufmannseigenschaft kraft Rechtsform. Aufgrund der Kaufmannseigenschaft kraft Rechtsform ist die GmbH verpflichtet, Bücher nach den Vorschriften des Handelsgesetzbuches zu führen und regelmäßig Abschlüße zu machen."

Die Buchführungspflicht nach Steuerrecht ist in den §§ 140, 141 AO (Abgabenordnung) kodifiziert. § 140 AO stellt klar, dass die nach anderen als Steuergesetzen bestehenden Verpflichtungen zur Führung von Büchern auch steuerlich zu beachten sind. Inhaltlich besagt § 140 AO, wer nach anderen Gesetzen als den Steuergesetzen Bücher und Aufzeichnungen zu führen hat, die für die Besteuerung von Bedeutung sind, hat die Vepflichtungen, die ihm nach anderen Gesetzen obliegen, auch für die Besteuerung zu erfüllen. Dieser in § 140 AO festgelegte Grundsatz bestätigt vor allem die handelsrechtlichen Buchführungspflichten. Damit wird die steuerrechtliche Buchführungspflicht aus dem Handelsrecht abgeleitet.

Peter ist dies alles zu abstrakt, er möchte von Patrick wissen, was sich künftig beim Rechnungswesen des Unternehmens ändern wird. Patrick erläutert zunächst, dass bisher lediglich Aufzeichnungen bestimmter Arten von Geschäftsfällen gefertigt werden mussten. Mit Bestehen der Buchführungspflicht sind alle Geschäftsfälle zeitnah und geordnet in einem oder mehreren **Grundbüchern** zu erfassen. Zusätzlich sind ein **Geschäftsfreundebuch** (Debitoren- und Kreditorenbuch) zu führen sowie jährliche Abschlüsse mit **Bestandsaufnahmen** zu erstellen. Patrick erläutert weiter, dass mit Beginn des folgenden Geschäftsjahres (01.01.2002) ein Wechsel der Gewinnermittlungsmethode vorgenommen werden muss. Denn bisher wurde eine Einnahmen-Überschuß-Rechnung zur Gewinnermittlung erstellt. Erstmalig zum 31.12. 2002 und dann fortlaufend zum Ende eines jeden Geschäftsjahres ist der Gewinn durch Betriebsvermögensvergleich zu ermitteln.

Die Mitgesellschafter von Patrick sind von seiner Darstellung, die auf der folgenden Seite wiedergegeben ist, beeindruckt, wollen von ihm aber wissen, worin der Unterschied zwischen der Einnahmen-Überschuß-Rechnung und dem Betriebsvermögensvergleich besteht. Patrick verdeutlicht dies an den unterschiedlichen Gewinnbegriffen der beiden Gewinnermittlungsarten. Er erläutert, dass der **Gewinn** nach § 4 Abs. 3 EStG (Einnahmen-Überschuß-Rechnung) der **Überschuß** der **Betriebseinnahmen** über die **Betriebsausgaben** ist. Dementsprechend ist die Überschußrechnung eine Geldrechnung nach dem Zufluß- und Abflußprinzip. Daraus folgt: Es gibt keine Periodenabgrenzung (keine Erfassung von Zielgeschäften, sonstigen Forderungen und Verbindlichkeiten, Rechnungsabgrenzungsposten und Rückstellungen). Die Umsatzsteuer wird nicht als durchlaufender Posten behandelt. Vereinnahmte Umsatzsteuer (Ust. auf Lieferungen und Leistungen) und Umsatzsteuer auf Eigenverbrauch werden als Betriebseinnahmen erfasst. Verausgabte Umsatzsteuer (Vorsteuer auf bezogene Lieferungen und Leistungen) und die Umsatzsteuer-Zahllast werden entsprechend als Betriebsausgaben bei der Gewinnermittlung berücksichtigt.

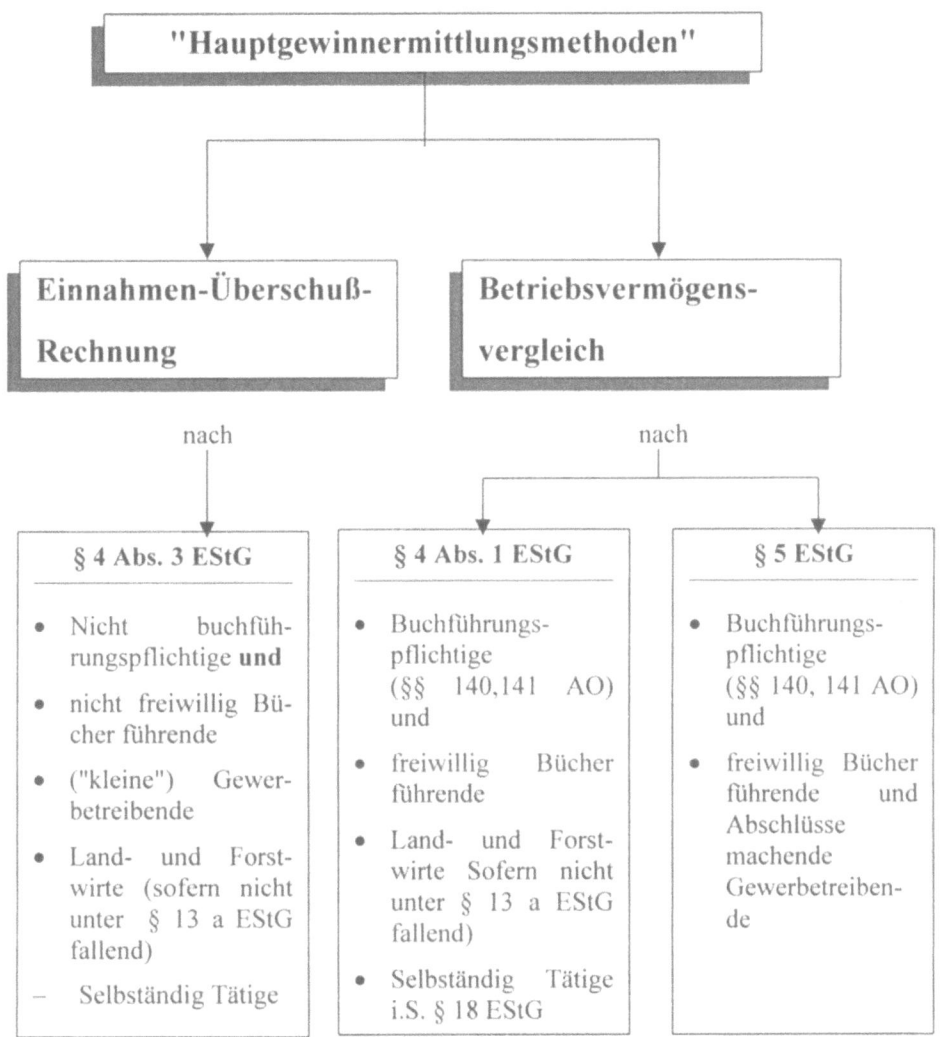

Abbildung 10: Gewinnermittlungsmethoden

Der Begriff "Betriebsvermögensvergleich" sagt schon, dass das Betriebsvermögen zu zwei unterschiedlichen Zeitpunkten verglichen wird. Der **Gewinn** wird als **Unterschiedsbetrags** zwischen dem **Betriebsvermögen** am **Schluß** des Wirtschaftsjahres und dem **Betriebsvermögen** am **Schluß des vorangegangenen Wirtschaftsjahres**, **vermehrt** um den Wert der **Privatentnahmen** und **vermindert** um den Wert der **Privateinlagen**, errechnet.

Dies verdeutlicht Patrick am folgendem Beispiel der Gewinnermittlung durch Betriebsvermögensvergleich:

	Betriebsvermögen am Schluß des Wirtschaftsjahres	150.000 EUR
./.	Betriebsvermögen am Schluß des vorangegangenen Wirtschaftsjahres	80.000 EUR
	Unterschiedsbetrag	70.000 EUR
+	Privatentnahmen	22.000 EUR
		48.000 EUR
./.	Privateinlagen	4.000 EUR
=	Gewinn	46.000 EUR

Abbildung 11: Gewinnermittlung durch Betriebsvermögensvergleich

Nun ist es an Patrick, die Problematiken eines Wechsels der Gewinnermittlung von der Einnahmen-Überschuß-Rechnung zur Gewinnermittlung durch Betriebsvermögensvergleich den Mitgesellschaftern darzulegen. Er führt aus, dass das Steuerrecht den **Wechsel in der Gewinnermittlungsart** nicht regelt. Die Grundsätze, nach denen ein Wechsel in der Gewinnermittlungsart vorzunehmen ist, wurden von der Rechtsprechung entwickelt.

Der allgemeine Grundsatz, der von der Rechtsprechung bezüglich des Wechsels der Gewinnermittlungsart formuliert wurde, lautet: Gerechtigkeit der Besteuerung. Werden Vorgänge bei einem Wechsel der Gewinnermittlungsart doppelt oder überhaupt nicht erfasst, würde gegen den allgemeinen Grundsatz der Gerechtigkeit der Besteuerung verstoßen. Denn dies würde zu einem Gesamtergebnis führen, das von dem Totalgewinn des Unternehmens deutlich abweichen könnte. Eine derartige Abweichung ist durch Korrekturposten zu verhindern. Die Bildung von Korrekturposten ist entsprechend dem Grundsatz der Steuergerechtigkeit notwendig und systemgerecht.

Nach dem Grundsatz der Gerechtigkeit der Besteuerung sind beim Übergang von der Einnahmen-Überschuß-Rechnung nach § 4 Abs. 3 EStG zur Gewinnermittlung durch Betriebsvermögensvergleich alle betrieblichen Vorgänge, die bei der Einnahmen-Überschuß-Rechnung **nicht** erfasst wurden, dem ersten Bilanzgewinn hinzuzurechnen.

Zur richtigen Erfassung des Totalgewinns sind Zu- oder Abschläge zu bilden, wenn durch den Wechsel erfolgswirksame Vorgänge weder beim Betriebsvermögensvergleich noch bei der Einnahmen-Überschuß-Rechnung erfasst werden. Entsprechend muss der Gewinn durch Zu- oder Abschläge berichtigt werden, wenn durch den Wechsel der Gewinnermittlungsmethode erfolgswirksame Vorgänge doppelt berücksichtigt werden.

Gemäß dem Grundsatz der Steuergerechtigkeit ist bei jedem Wechsel der Gewinnermittlungsart zu prüfen , ob durch den Wechsel das Gesamtergebnis verändert wird. Wenn Wirtschaftsgüter und erfolgswirksame Vorgänge bei den verschiedenen Gewinnermittlungsarten nicht unterschiedlich behandelt werden, sind Zu- oder Abschläge nicht erforderlich.

Christiane Buchheimer unterbricht Patrick in seinen ihrer Meinung nach zu ausschweifenden Darlegungen und fordert ihn auf, das Erfordernis der Bildung von Zu- oder Abschlägen für alle verständlich zu formulieren. Patrick genießt es, sich als Fachmann für das externe Rechnungswesen präsentieren zu können. Er versucht nun, die Notwendigkeit der Gewinnberichtigung prägnanter auszudrücken.

"Der Betriebsvermögensvergleich ergibt aufgrund der unterschiedlichen Erfassung der betrieblichen Vorgänge einen anderen Periodengewinn als die Einnahmen-Überschuß-Rechnung. Auf die gesamte Lebenszeit des Unternehmens gesehen, muss der Totalgewinn (Gesamtgewinn) bei beiden Gewinnermittlungsarten (Einnahmen-Überschuß-Rechnung und Betriebsvermögensvergleich) gleich hoch sein. Möglich ist dies nur, weil sich die unterschiedlichen Gewinne im Laufe des Lebenszyklus eines Unternehmens irgendwann einmal ausgleichen. Zwangsläufig muss ein niedrigerer Periodengewinn aufgrund der Gewinnermittlungsart in einem späteren Wirtschaftsjahr zu einem entsprechend höheren Periodengewinn führen.

Unterbrochen wird dieser Ausgleich, der mit jeder Gewinnermittlungsart zwangsläufig verbunden ist, durch einen Wechsel in der Gewinnermittlungsart. Ohne Korrekturen (Zu- und/oder Abschläge) würde ein falsches (unrichtiges) Totalergebnis (Gesamtergebnis) ausgewiesen. Letztlich beruhen die Gewinnberichtigungen beim Übergang von der Einnahmen-Überschuß-Rechnung zum Betriebsvermögensvergleich auf der nicht periodengerechten Gewinnermittlung der vergangenen Wirtschaftsjahre (hier: des letzten Wirtschaftsjahres). Die nicht periodengerechte Gewinnermittlung ist aus Vereinfachungsgründen nach § 4 Abs. 3 EStG zulässig."

Christiane Buchheimer und ihre Mitgesellschafter sind beeindruckt von der präzisen verbalen Darstellung der evtl. erforderlichen Gewinnberichtigungen. Peter Osluschny bittet die Mitgesellschafter um Vorschläge zum weiteren Vorgehen zwecks der Erledigung der erforderlichen buchhalterischen Arbeiten. Patrick nutzt die Gelegenheit, er hat sich rechtzeitig vor der Gesellschafterversammlung mit dieser Problematik beschäftigt, seine Fachkompetenz darzustellen. Sinngemäß schlägt er den Mitgesellschaftern folgende Vorgehensweise vor:

Aufstellung einer Eröffnungsbilanz, in der alle beim Übergang vorhandenen Wirtschaftsgüter mit den Werten anzusetzen sind, mit denen sie zu Buche stehen würden, wenn von Anfang an der Gewinn durch Betriebsvermögensvergleich ermittelt worden wäre. Ausnahmen bilden der zum Anlagevermögen gehörende Grund und Boden sowie andere nicht abnutzbare Anlagegüter. Diese Wirtschaftsgüter sind mit dem Wert anzusetzen, mit denen sie in das bei einer Gewinnermittlung durch Überschußrechnung laufend zu führende Verzeichnis (§ 4 Abs. 3 Satz 5 EStG) aufgenommen werden mussten. Da hier kein Grund und Boden oder andere nicht abnutzbare Anlagegüter zum Betriebsvermögen gehören, wurde ein derartiges Verzeichnis nicht geführt.

Untersuchung eines jeden Bilanzpostens daraufhin, wie er sich in der Vergangenheit (hier im letzten Wirtschaftsjahr) auf den Gewinn ausgewirkt hat und wie er in der Zukunft behandelt wird. Daraus ergibt sich unter Umständen die Notwendigkeit, den ersten durch Bestandsvergleich ermittelten Gewinn zu korrigieren.

Die Mitgesellschafter sind mit dem Vorschlag uneingeschränkt einverstanden. Nun stellt sich die Frage, wer diese Arbeiten durchführen kann, denn die Erledigung dieser Arbeiten erfordert ein tiefes Verständnis von buchhalterischen Zusammenhängen. Patrick fühlt sich kompetent genug und schlägt vor, diese Arbeiten in den nächsten zwei Wochen durchzuführen. Er verspricht den Mitgesellschaftern, die Eröffnungsbilanz mit den erforderlichen Zu- und/oder Abschlägen bei der Gewinnermittlung unaufgefordert zu präsentieren. Um sein tiefes Verständnis von buchhalterischen Zusammenhängen glaubhaft zu machen, erläutert er drei Beispiele für das Erfordernis zur Bildung von Korrekturposten.

Beispiele

Wir haben zum 01.01.2002 einen Materialbestand in Höhe von 1.500 EUR. Die Eröffnungsbilanz weist zum 01.01.2002 einen Materialbestand von 1.500 EUR aus. Die Anschaffungskosten dieser Materialien sind im Vorjahr entsprechend der Systematik der Einnahmen-Überschuß-Rechnung (§ 4 Abs. 3 EStG) als sog. Betriebsausgaben behandelt worden. Durch die Erfassung des Materialbestandes zum 01.01.2002 wird er beim Verbrauch im Laufe des Jahres 2002 nochmals als Materialverbrauch (= Aufwand) erscheinen. Dadurch würde der Gewinn zweifach (doppelt) gemindert werden. Damit dies vermieden wird, muss dem ersten **Bilanz**gewinn zum 31.12.2002 ein Betrag von 1.500 EUR hinzugerechnet werden.

Beim Übergang von der Einnahmen-Überschuß-Rechnung zum Betriebsvermögensvergleich bestanden Honorarforderungen gegenüber Bildungseinrichtungen in Höhe von 3.500 EUR. In der Einnahmen-Überschuß-Rechnung zum 31.12.2001 wurden die Forderungen mangels Vereinnahmung nicht erfasst. Mit dem Ansatz in der Eröffnungsbilanz werden sie bei Vereinnahmung im Laufe des Wirtschaftsjahres 2002 erfolgsneutral gebucht (Kasse an Forderungen). Durch den Wechsel in der Gewinnermittlungsart werden somit die Honorarforderungen nicht erfolgswirksam erfasst. Damit müssen sie dem ersten **Bilanzgewinn** in Höhe von 1.500 EUR hinzugerechnet werden.

Im Zeitpunkt des Übergangs von der Einnahmen-Überschuß-Rechnung zum Betriebs-vermögensvergleich schuldet das Unternehmen den IHK-Beitrag für das Vorjahr in Höhe von 300 EUR. Mangels Zahlung konnte der IHK-Beitrag in der Einnahmen-Überschuß-Rechnung nicht als Betriebsausgabe berücksichtigt werden. Durch den Ausweis in der Eröffnungsbilanz zum 01.01.2002 als Sonstige Verbindlichkeit wird der IHK-Beitrag erfolgsneutral gebucht (Sonstige Verbindlichkeit an Bank). Damit wird der IHK-Beitrag weder im Vorjahr noch im Folgejahr erfolgswirksam erfasst. Deshalb muss der erste **Bilanz**gewinn zum 31.12.2002 um 300 EUR gekürzt werden. Würden wir keinen Wechsel der Gewinnermittlungsart vornehmen, wäre der IHK-Beitrag bei Bezahlung als Betriebsausgabe anzusetzen. Durch den Übergang zum Be-triebsvermögensvergleich wird der Ausgleich unterbrochen.

Mit diesen Erläuterungen zum Wechsel der Gewinnermittlungsart haben wir versucht an einem konkreten Beispiel die Konsequenzen des Wechsels mit den Daten des Bei-spielsunternehmens- der NMA GmbH- darzustellen. Unseres Wissens ist dies die er-ste, zusammenhängende Darstellung des Wechseln der Gewinnermittlung in der be-triebswirtschaftlichen Literatur überhaupt.

Damit wird dem Einsteiger- gut zu verfolgen am konkreten Zahlenbeispiel, die Reich-weite des Wechsels klar und über die Konsequenzen können die Auswirkungen der ‚periodengerechten Erfolgsermittlung' und der ‚Periodenabgrenzung' bei der Gewin-nermittlung durch Vermögensvergleich noch deutlicher vom Einsteiger erfasst werden.

6.4.1 Eröffnungsbilanz zum 01.01. 2002

Bilanz der NMA GmbH

Aktiva	EUR	EUR
A. Anlagevermögen		
I. Sachanlagen		
1. andere Anlagen, Betriebs- und Geschäftsaus.		42.092,00
B. Umlaufvermögen		
I. Vorräte		
1. Roh-, Hilfs- und Betriebsstoffe	1.500,00	
2. Unfertige Erzeugnisse, unfertige Leistungen	38.000,00	39.500,00
II. Forderungen u. sonst. Vermögensgegenst.		
1. Forderungen aus Lieferungen und Leistungen	38.369,69	
2. Sonstige Vermögensgegenstände	450,00	38.819,69
III Schecks, Kassenbestand, Bundesbank- und Postbankguthaben, Guthaben bei Kreditinstituten		2.900,00
C. Rechnungsabgrenzungsposten		542,00
Summe Aktiva		123.853,69

Im Februar 2002 legt Patrick den Mitgesellschaftern die Eröffnungsbilanz zum 01.01.2002 vor. Zu den einzelnen Bilanzposten der Aktivseite stellt Patrick folgendes fest:

Die Anschaffungskosten der anderen Anlagen (Fuhrpark) und der Betriebs- und Geschäftsausstattung betrugen 70.152 EUR. Während der Gewinnermittlung nach § 4 Abs. 3 EStG (Wirtschaftsjahre 2000 und 2001) wurden hiervon 28.060 EUR abgeschrieben, d.h. als Betriebsausgabe abgesetzt. Dementsprechend ergibt sich zum 31.12.2001 ein Buchwert in Höhe von 42.092 EUR, der in der Eröffnungsbilanz zum 01.01.2002 angesetzt wurde.

Die Roh-, Hilfs- und Betriebsstoffe wurden mit den Anschaffungskosten angesetzt.

Die Bewertung der unfertigen Erzeugnisse und Leistungen erfolgte nach § 6 EStG mit den Herstellkosten.

Die Forderungen aus Lieferungen und Leistungen wurden mit ihren Nennbeträgen zum Ansatz gebracht.

Die sonstigen Vermögensgegenstände betreffen einen Erstattungsanspruch an eine Versicherungsgesellschaft.

Die Schecks stammen ausschließlich von Kunden. Sie wurden bei Erhalt als Betriebseinnahme in Höhe von 250 EUR erfasst.

Als aktive Rechnungsabgrenzungsposten sind in der Eröffnungsbilanz im voraus gezahlte Versicherungsbeiträge ausgewiesen.

Passiva	EUR	EUR
A. Eigenkapital		
I Gezeichnetes Kapital		40.000,00
II. Gewinnrücklagen		2.500,00
B. Rückstellungen		
1. Sonstige Rückstellungen		3.212,00
C. Verbindlichkeiten		
1. Verbindlichkeiten ggü. Kreditinstituten davon mit einer Restlaufzeit bis zu einem Jahr EUR 1.226,37	42.526,37	
2. Verbindlichkeiten aus Lieferungen und Leistungen davon mit einer Restlaufzeit bis zu einem Jahr EUR 28.155,68	28.155,68	
3. Sonstige Verbindlichkeiten davon aus Steuern EUR 5.946,96 davon im Rahmen der sozialen Sicherheit EUR 1.512,68 davon mit einer Restlaufzeit bis zu einem Jahr EUR 7.459,64	7.459,64	78.141,69
D. Rechnungsabgrenzungsposten		-
Summe Passiva		123.853,69

Berlin, den 13. Februar 2002

Die Bilanzposition sonstige Rückstellungen beinhaltet eine Garantierückstellung. Die Höhe entspricht den betriebs- und branchenüblichen Erfahrungssätzen.

Die Verbindlichkeiten gegenüber Kreditinstituten wurden mit dem Nennwert angesetzt.

Die Verbindlichkeiten aus Lieferungen und Leistungen sind mit den Nennbeträgen ausgewiesen.

Bei den sonstigen Verbindlichkeiten handelt es sich um später fällige Aufwendungen, d.h. sie sind bis zum 31.12.2001 wirtschaftlich verursacht, aber erst zu einem späteren Zeitpunkt fällig. Im einzelnen handelt es sich um Umsatzsteuerverbindlichkeiten (Zahllast) aus dem Voranmeldezeitraum 12/2001 und Verbindlichkeiten soziale Sicherheit 12/2001.

Patrick führt weiter aus, dass noch zu prüfen ist, welche Zu- und Abschläge wegen des Wechsels in der Gewinnermittlungsart beim ersten **Bilanzgewinn** zum 31.12.2002 zu berücksichtigen sind. So wie es Patricks Art ist, hat er die Zu- und Abschläge bereits ermittelt. Die erforderlichen Hinzurechnungen und Kürzungen hat er im folgenden Schema dargestellt:

Hinzurechnungen und Kürzungen laut Eröffnungsbilanz

Hinzurechnungen	EUR	EUR
Roh-, Hilf- und Betriebsstoffe	1.500,00	
unfertige Erzeugnisse, unfertige Leistungen	38.000,00	
Forderungen aus Lieferungen und Leistungen	38.369,69	
sonstige Vermögensgegenstände	450,00	
aktive Rechnungsabgrenzung	542,00	78.861,69
Kürzungen		
Sonstige Rückstellungen	3.212,00	
Verbindlichkeiten aus Lieferungen und Leistungen	28.155,68	
sonstige Verbindlichkeiten	7.459,64	38.827,32
Mehrgewinn (auf Antrag verteilbar auf die ersten drei Jahre nach Wechsel der Gewinnermittlungsart)		40.034,37

Abbildung 12: Hinzurechnungen und Kürzungen

Alle Mitgesellschafter sind von Patricks Arbeit begeistert und froh, ihn als Mitglied der Geschäftsführung zu haben. Selbst Patrick, der hohe Ansprüche an sich stellt, ist mit seiner Arbeit voll zufrieden. Er genießt die Anerkennung der anderen Mitgesellschafter und sagt zum Abschluss der Gesellschafterversammlung, auf der nächsten Gesellschafterversammlung sollte die vorläufige Bilanz für das Geschäftsjahr 01.01.-31.12.2002 vorgestellt werden.

6.4.2 Vorläufiger Jahresabschluss 2002

Es ist **jetzt** Ende 2002 und das Geschäftsjahr 2002 ist sehr erfolgreich gelaufen, auch wenn der vorläufige Jahresüberschuss (ohne Hinzurechnungen) etwas unter Planwerten der Tabelle 15: Plan GuV-Rechnung zurückgeblieben ist. Wir werden an dieser Stelle den auf der Grundlage der Eröffnungsbilanz erstellten **Musterjahresabschluss 2002** vorstellen, der uns in den Kapiteln zur Bilanzpolitik dazu dienen wird, die gewinnbezogenen Auswirkungen von bilanzpolitischen Massnahmen darzustellen, wobei die jeweils ‚relevanten' Bilanz- und GuV-Positionen im Musterjahresabschluss wegen der Übersichtlichkeit grau unterlegt werden.

6.4.2.1 Vorläufige Saldenliste der NMA GmbH

Ausgangspunkt für den Musterjahresabschluss (vorläufigen Jahresabschluss) der NMA GmbH ist nicht die komplette Abschlusstabelle zum Ende des Berichtsjahres, sondern vielmehr wird von der vorläufigen Saldenliste ausgegangen. Aus der vorläufigen Saldenliste wird die vorläufige Bilanz und die Gewinn- und Verlustrechnung des Berichtsjahres erstellt.

In den Zahlen der vorläufigen Saldenliste, Bilanz und Gewinn- und Verlustrechnung sind die **Abschlussbuchungen** und **einige laufende Buchungen** noch nicht enthalten. Die Kontennummern und -bezeichnungen werden entsprechend dem oben dargestellten **Spezialkontenrahmen (SKR) 04** angegeben.

Kto-Nr.	Sachkonten-Bezeichnung	Vorläufige Saldenliste		Zuordnung zur Abschluss-position des gesetzlichen Schemas
		Soll	Haben	

Kto-Nr.	Sachkonten-Bezeichnung	Vorläufige Saldenliste		Zuordnung zur Abschlussposition des gesetzlichen Schemas
		Soll	Haben	
0510	Andere Anlagen	2.548,00		Akt., A. II. 3.
0520	Pkw	28.429,00		Akt., A. II. 3
0650	Büroeinrichtung	5.629,00		Akt., A. II. 3.
0670	Geringwertige Wirtschaftsgüter bis 800 DM	1.428,00		Akt., A. II. 3.
0690	Sonstige Betriebs- und Geschäftsausstattung	21.463,00		Akt., A. II. 3.
1000	Roh-, Hilfs- und Betriebsstoffe	2.100,00		Akt., B. I. 1.
1040	Unfertige Erzeugnisse, unfertige Leistungen	161.400,00		Akt., B. I. 1.
1200	Forderungen aus Lieferungen und Leistungen	21.908,95		Akt., B. I. 2.
1350	Kautionen	657,00		Akt., B. II. 4.
1400	Vorsteuer	0		Akt., B. II. 4.
1600	Kasse	357,00		Akt., B. IV. 5.
1800	Bank	6.243,08		Akt., B. IV. 1.
2900	Gezeichnetes Kapital		40.000,00	Pas., A. I.
2960	Freiwillige Rücklagen		2.500,00	Pas., A. III. 4.

Kto-Nr.	Sachkonten-Bezeichnung	Vorläufige Saldenliste		Zuordnung zur Abschluss-position des gesetzlichen Schemas
		Soll	Haben	
2970	Gewinnvortrag vor Verwendung		0	Pas., A. IV.
3090	Rückstellungen für Gewähr-leistungen (Gegenkonto 6790)		7.340,00	Pas., D. 4.
3095	Rückstellungen für Abschluss- und Prüfungskosten		0	Pas., D. 4.
3151	Verbindlichkeiten gegenüber Kreditinstituten mit Restlaufzeit bis 1 Jahr		3.728,15	Pas., E. 2.
3160	Verbindlichkeiten gegenüber Kreditinstituten mit Restlaufzeit von 1-5 Jahre		24.073,11	Pas., E. 2.
3170	Verbindlichkeiten gegenüber Kreditinstituten mit Restlaufzeit grösser 5 Jahre		0	Pas., E. 2.
3280	Erhaltene Anzahlungen - Restlaufzeit bis 1 Jahr		0	Pas., E. 3.

| Kto-Nr. | Sachkonten-Bezeichnung | Vorläufige Saldenliste | | Zuordnung zur Abschluss-position des gesetzlichen Schemas |
		Soll	Haben	
3335	Verbindlichkeiten aus Lieferungen und Leistungen mit Restlaufzeit bis 1 Jahr		22.948,91	Pas., E. 4.
3701	Verbindlichkeiten a. Betriebssteuern und -abgaben Restlaufzeit bis 1 Jahr		0	Pas., E. 8.
3720	Verbindlichkeiten aus Lohn und Gehalt		5.047,00	Pas., E. 8.
3730	Verbindlichkeiten aus Lohn- und Kirchensteuer		6.472,85	Pas., E. 8.
3741	Verbindlichkeiten im Rahmen der sozialen Sicherheit - Restlaufzeit bis 1 Jahr		8.697,23	Pas., E. 8.
3800	Umsatzsteuer		3.257,12	Pas., E. 8.
3900	Passive Rechnungsabgrenzung		0	Pas., F.
4000	Umsatzerlöse		330.131,59	GuV, 1.
4815	Bestandsveränderungen - unfertige Leistungen		0	GuV, 2.

Kto-Nr.	Sachkonten-Bezeichnung	Vorläufige Saldenliste		Zuordnung zur Abschlussposition des gesetzlichen Schemas
		Soll	Haben	
4818	Bestandsveränderungen - in Arbeit befindliche Aufträge		0	GuV, 2.
4820	Andere aktivierte Eigenleistg.		0	GuV, 3.
4830	Sonstige betriebliche Erträge		0	GuV, 4.
4975	Investitionszuschüsse (steuerpflichtig)		0	GuV, 4.
4980	Investitionszulagen (steuerfrei)		847,28	GuV, 4.
5000	Aufwendungen für Roh-, Hilfs- und Betriebsstoffe	19.247,85		GuV, 5. a)
5900	Fremdleistungen	4.627,60		GuV, 5. b)
6010	Löhne	0		GuV, 6. a) a$_1$)
6020	Gehälter	12.451,00		GuV, 6. a) b$_2$)
6027	Geschäftsführergehälter	48.000,00		GuV, 6. a) b$_2$)
6110	Gesetzliche soziale Aufw.	13.446,96		GuV, 6. b)
6120	Beiträge zur Berufsgenossensch.	2.426,30		GuV, 6. b)
6220	Abschreibungen auf Sachanlagen	0		GuV, 7. a) a$_4$)
6260	Sofortabschreibungen geringwertige Wirtschaftsgüter	0		GuV, 7. a) a$_4$)

Kto-Nr.	Sachkonten-Bezeichnung	Vorläufige Saldenliste		Zuordnung zur Abschluss-position des gesetzlichen Schemas
		Soll	Haben	
6262	Abschreibungen auf aktivierte geringwertige Wirtschaftsgüter	0		GuV, 7. a) a$_4$)
6310	Miete	17.475,00		GuV, 8.
6330	Reinigung	1.428,32		GuV, 8.
6335	Instandhaltung betrieblicher Räume	2.129,30		GuV, 8.
6345	Sonstige Raumkosten	623,80		GuV, 8.
6400	Versicherungen	2.486,00		GuV, 8.
6420	Beiträge	427,00		GuV, 8.
6430	Sonstige Abgaben	231,80		GuV, 8.
6460	Reparaturen und Instandhaltung von technischen Anlagen u. Maschinen	3.855,56		GuV, 8.
6470	Reparaturen und Instandhaltung von Betriebs- und Geschäftsausstattung	864,20		GuV, 8.
6490	Sonstige Reparaturen u. Instandhaltung	254,64		GuV, 8.

Kto-Nr.	Sachkonten-Bezeichnung	Vorläufige Saldenliste		Zuordnung zur Abschluss-position des gesetzlichen Schemas
		Soll	Haben	
6520	Kfz-Versicherungen	4.895,60		GuV, 8.
6530	Laufende Kfz-Betriebskosten	10.852,97		GuV, 8.
6540	Kfz-Reparaturen	2.162,40		GuV, 8.
6560	Fremdfahrzeuge	985,00		GuV, 8.
6600	Werbekosten	10.631,50		GuV, 8.
6630	Repräsentationskosten	2.321,00		GuV, 8.
6640	Bewirtungskosten	1.395,20		GuV, 8.
6740	Ausgangsfrachten	453,10		GuV, 8.
6760	Transportversicherungen	364,60		GuV, 8.
6790	Aufwand für Gewährleistung	0		GuV, 8.
6800	Porto	1.365,00		GuV, 8.
6805	Telefon	6.428,68		GuV, 8.
6810	Telefax	456,63		GuV, 8.
6815	Bürobedarf	2.869,40		GuV, 8.
6820	Zeitschriften, Bücher	1.324,80		GuV, 8.
6825	Rechts- und Beratungskosten	2.632,00		GuV, 8.
6827	Abschluß- und Prüfungskosten	2.534,00		GuV, 8.
6830	Buchführungskosten	0		GuV, 8.

Kto-Nr.	Sachkonten-Bezeichnung	Vorläufige Saldenliste		Zuordnung zur Abschluss-position des gesetzlichen Schemas
		Soll	Haben	
6845	Werkzeuge und Kleingeräte	865,00		GuV, 8.
6850	Sonstiger Betriebsbedarf	3.682,62		GuV, 8.
6855	Nebenkosten des Geldverkehrs	428,30		GuV, 8.
7110	Sonstige Zinserträge		507,40	GuV, 11.
7120	Zinsähnliche Erträge		0	GuV, 11.
7310	Zinsaufwendungen für kurzfristige Verbindlichkeiten	1.452,16		GuV, 13.
7320	Zinsaufwendungen für langfristige Verbindlichkeiten	5.358,32		GuV, 13.
7330	Zinsähnliche Aufwendungen	0		GuV, 13.
7400	Außerordentliche Erträge		0	GuV, 15.
7500	Außerordentliche Aufwendungen	0		GuV, 16.
7600	Körperschaftsteuer	8.540,00		GuV, 18.
7610	Gewerbesteuer (Vorauszahlung)	910,00		GuV, 18.
7620	Gewerbeertragsteuer	0		GuV, 18.
7670	Gewerbekapitalsteuer	0		GuV, 19.
7685	Kfz-Steuer	504,00		GuV, 19.
EUR:		455.550,64	455.550,64	

6.4.2.2 Musterjahresabschluss 2002

Nachfolgend ist der Musterjahresabschluss 2002 der NMA GmbH dargestellt, der uns nun begleiten wird. Das vorherige Kapitel hat gezeigt, dass die Gesellschafter zum 01.01.2002 die Rechtsform erfolgreich geändert haben. Damit ist zugleich die Änderung der Gewinnermittlung einhergegangen. Die Eröffnungsbilanz des Jahres 2002 hat gezeigt, dass die NMA GmbH sich sehr gut entwickelt hat.

Der Musterjahresabschluss 2002 (vorläufiger Jahresabschluss 2002) zeigt auf der Aktivseite Betriebs- und Geschäftsausstattung von ca. 59.000 EUR, Roh, -Hilfs,- und Betriebstoffe von 2.100 EUR und mit gut 161.000 EUR unfertigen Leistungen den betragsgrössten Posten der Aktivseite.

Die Forderungen aus Lieferungen und Leistungen betragen knapp 22.000 EUR und zeigen als Bilanzposten das enorme Wachstum der NMA GmbH.

Die ‚liquiden' Mittel (Schecks, Kassenbestand usw.) addieren sich auf gut 6.600 EUR. Alle Aktivposten zusammen ergeben die aktive Bilanzsumme von 252.163,03 EUR.

Mit der Aktivseite wird die Mittelverwendung oder Investitionsseite der NMA GmbH dargestellt, während die Passivseite auf der nächsten Seite die Mittelherkunft bzw. die strukturelle Finanzierung der NMA GmbH zeigt.

Das gezeichnete Kapital (Stammkapital) beträgt nach wie vor 40.000 EUR. Es wurde zum Zeitpunkt der Gründung von allen vier Gesellschaftern in die damalige NMA GbR eingebracht. Die (vorläufigen) Gewinnrücklagen belaufen sich auf 2.500 EUR.

Musterjahresabschluss der NMA GmbH

Aktiva	EUR	EUR
A. Anlagevermögen		
I. Sachanlagen		
1. andere Anlagen, Betriebs- und Geschäftsaus.		59.497,00
B. Umlaufvermögen		
I. Vorräte		
1. Roh-, Hilfs- und Betriebsstoffe	2.100,00	
2. Unfertige Erzeugnisse, unfertige Leistungen	161.400,00	163.500,00
II. Forderungen u. sonst. Vermögensgegenst.		
1. Forderungen aus Lieferungen und Leistungen	21.908,95	
2. Sonstige Vermögensgegenstände	657,00	22.565,95
III. Schecks, Kassenbestand, Bundesbank- und Postbankguthaben, Guthaben bei Kreditinstituten		6.600,08
C. Rechnungsabgrenzungsposten		
Summe Aktiva		252.163,03

Abbildung 13: Aktivseite Musterjahresabschluss

Der (vorläufige) Jahresüberschuss wird zum Zeitpunkt der Erstellung des Musterjahresabschlusses mit 128.098,66 EUR angegeben.

Die sonstigen Rückstellungen belaufen sich auf 7.340 EUR. Sie sind in der vorläufigen Summen und Saldenliste genauer erläutert.

Für den Bereich der strukturellen Finanzierung der NMA GmbH zeigen die Verbindlichkeiten ggü. Kreditinstituten, dass die NMA mit ca. 24.000 EUR mittel- bis langfristig verschuldet ist. Diese Verbindlichkeiten waren im Zusammenhang mit der Anschubfinanzierung der NMA GmbH aufgenommen worden.

Passiva	EUR	EUR
A. Eigenkapital		
I Gezeichnetes Kapital		40.000,00
II. Gewinnrücklagen		2.500,00
III. Jahresüberschuß		128.098,66
B. Rückstellungen		
1. Sonstige Rückstellungen		7.340,00
C. Verbindlichkeiten		
1. Verbindlichkeiten ggü. Kreditinstituten	27.801,26	
davon mit einer Restlaufzeit bis zu einem Jahr EUR 3.728,15		
2. Verbindlichkeiten aus Lieferungen und Leistungen	22.948,91	
davon mit einer Restlaufzeit bis zu einem Jahr EUR 22.948,91		
3. Sonstige Verbindlichkeiten	23.474,20	74.224,37
davon aus Steuern EUR 6.472,85		
davon im Rahmen der sozialen Sicherheit EUR 8.697,23		
davon mit einer Restlaufzeit bis zu einem Jahr EUR 23.474,20		
Summe Passiva		252.163,03

Abbildung 14: Passivseite Musterjahresabschluss

Gegenüber Zulieferern bestehen aus Sicht der NMA Verbindlichkeiten von knapp 23.000 EUR, die z.T. durch Kooperationsverträge mit Design- und Werbeagenturen entstanden, die Leistungen zu kundenbezogenen Aufträgen ‚beistellen'.

Die vorläufige GuV-Rechnung zeigt Umsatzerlöse von gut 330.000 EUR. Damit hat sich das Umsatzwachstum sehr gut entwickelt. Die Aufwendungen für RHB und für bezogene Leistungen addieren sich auf ca. 23.800 EUR.

Insgesamt kann ein vorläufiger Jahresüberschuss von 128.098,66 EUR festgestellt werden, der zwar nicht ganz die Planwerte erreicht, aber von allen Gesellschaftern der NMA als gute Ausgangsbasis für das zukünftige Wachstum gesehen wird. Dieser Musterjahresabschluss wird uns in den **nachfolgenden** Bilanzierungskapiteln dazu dienen, die gewinnbezogenen Konsequenzen von Bilanzwahlrechten darzustellen.

Gewinn- und Verlustrechnung

	EUR	EUR
1.Umsatzerlöse		330.131,59
2. Bestandsveränderungen		
3. Andere aktivierte Eigenleistungen		
4. Sonstige betriebliche Erträge		847,28
5. Materialaufwand		
a) Aufwendungen für RHB und für bezogene Waren	19.247,85	
b) Aufwendungen für bezogene Leistungen	4.627,60	23.875,45
6. Personalaufwand		
a) Löhne und Gehälter	60.451,00	
b) soziale Abgaben und Aufwendungen für die Altersversorgung und Untersützung	15.873,26	76.324,26
davon für Altersversorgung EUR 6.827,69		
7. Abschreibungen		
8. Sonstige betriebliche Aufwendungen		86.423,42
9. Sonstige Zinsen und ähnliche Erträge		507,40
10. Zinsen und ähnliche Aufwendungen		6.810,48
11. Ergebnis der gewöhnlichen Geschäftstätigkeit		138.052,66
12. Steuern vom Einkommen und vom Ertrag	9.450,00	
13. Sonstige Steuern	504,00	9.954,00
14. Jahresüberschuss/ Jahresfehlbetrag		128.098,66

Abbildung 15: Vorläufige GuV-Rechnung des Musterjahresabschlusses

Dabei werden die ‚relevanten' Bilanzpositionen immer grau unterlegt, damit der Leser die bilanz- und gewinnbezogenen Auswirkungen einer Bilanzierungsentscheidung problemlos verfolgen kann. Gleichzeitig kann damit das Verständnis für Zusammenhänge zwischen Finanzbuchhaltung, Bilanzierungsfall und konkreter Bilanzierungauswirkung vertieft werden, weil der Leser durch diese ‚Visualisierungstechnik' die Zuordnung zwischen Bilanzierungsfall und Bilanzposition sofort vornehmen kann.

6.4.2.3 Ceteris-paribus als Analyseprinzip

Bei der nachfolgenden Darstellung der bilanziellen Auswirkungen von Bilanzpolitik gehen wir nach der sogenannten ‚**ceteris-paribus-Klausel**‘ vor, die nichts anderes bedeutet, als dass wir nur den jeweiligen Bilanzierungsfall mit seinen gewinnbezogenen Auswirkungen untersuchen *und alle anderen Daten konstant halten*, also alle anderen Bilanzposten unverändert lassen.

Dieses *Grundprinzip* wirtschaftswissenschaftlicher Analysen ermöglicht in seiner Konstruktion eine vereinfachte Analyse, weil nur die Auswirkung der Änderung eines Parameters untersucht wird.

Dieses Prinzip kann man sich an einem Beispiel klar machen: Der Leser möge sich vorstellen, er/sie habe ein defektes Radio, das durch einen Kurzschluss in einem von drei Kabeln nicht funktioniert. Um jetzt das defekte Kabel herauszubekommen, wird man jedes der in Frage kommenden Kabel *stückweise* auswechseln und dann jeweils schauen, ob die Stromleitung wieder hergestellt ist. Ebenso ist es bei wirtschaftswissenschaftlichen Analysen: Es wird nur ein Parameter verändert, um seine Auswirkung auf das Ergebnis (den Gewinn) besser untersuchen zu können.

Und ‚*ceteris-paribus*‘ bedeutet jetzt etwas Ähnliches: Zur Analyse der Auswirkung einer Maßnahme (Bilanzierungswahlrecht) wird *zunächst* nur *diese eine Bilanzierungsvariante* mit ihren gewinnbezogenen Auswirkungen untersucht. Alle anderen Parameter (Bilanzposten) bleiben unverändert.

7 Entscheidungsorientierte Bilanzpolitik: Aktivseite

Kapitel:	Fälle bzw. Aktivposten	Seite:
7.1	Aufwendungen für die Ingangsetzung und Erweiterung	107
7.2	Euro-Umstellungsaufwand	124
7.3	Bilanzierung und Bewertung des Firmenwertes	126
7.4	Bilanzierung und Bewertung von selbsterstellter Controlling-Software	135
7.5	Bilanzierung und Bewertung von Anlagevermögen	149
7.6	Bilanzierung und Bewertung von GWG	166
7.7	Bilanzierung und Bewertung von unfertigen Leistungen	177
7.8	Bilanzierung und Bewertung von Forderungen	195
7.9	Bilanzierung der aktiven Rechnungsabgrenzung	203

7.1 Aufwendungen für die Ingangsetzung und Erweiterung

Wegen des wachsenden Geschäftsvolumens und der sich daraus ergebenden Risiken haben sich die Gesellschafter der NMA dazu entschlossen, die Personengesellschaft in eine Kapitalgesellschaft umzuwandeln. Diese Umwandlung ist durch einen notariell beurkundeten Gesellschaftsvertrag bereits vollzogen und alle Mitunternehmer (Bezeichnung bei Personengesellschaften) sind nunmehr Mitgesellschafter einer GmbH geworden. Der Übergang von der Gewinnermittlung durch Einnahmen-Überschuss-Rechnung im Sinne des § 4 III EStG auf die Gewinnermittlung durch Vermögensvergleich ist damit einhergehend zusätzlich vollzogen worden. D.h. zukünftig wird die NMA GmbH doppelt buchführen und eine Bilanz sowie eine Gewinn- und Verlustrechnung erstellen.

Die Gesellschafter beschließen, den Geschäftsbetrieb zu erweitern. Die Gründungsplanungen hatten ja schon vorgesehen, einmal das Geschäftsfeld des ‚electronic commerce' zu entwickeln. Um das Geschäftsfeld weiter zu ‚pushen' und zusätzliche Kunden zu gewinnen, will sich die NMA GmbH in diesem Bereich in dem Absatzgebiet Berlin-Brandenburg als Kompetenz-Zentrum für den ‚electronic commerce' positionieren. Diese Entscheidung wird ganz wesentlich durch die Ergebnisse des geschäftsfeldbezogenen Controllings bestimmt. Die Abschlusszahlen zeigen, dass in diesem Bereich die Margen noch erheblich sind und wegen des komplizierteren technischen Know-hows die Gefahr der Imitation durch Mitwettbewerber geringer ist. Daher soll eine groß angelegte Werbekampagne von einer Werbeagentur entwickelt werden, die nur mit *dieser* Erweiterung der Geschäftsfelder um den Bereich des ‚electronic commerce' zu tun hat, und von der laufenden Werbung der NMA GmbH folglich problemlos abgegrenzt werden kann.

7.1.1 Bilanzierung und Bewertung nach HGB und Steuerrecht

7.1.1.1 Umfang der ‚Ingangsetzungs- und Erweiterungsaufwendungen'

Für Kapitalgesellschaften besteht **handelsrechtlich** nach § 269 HGB das *Aktivierungswahlrecht* für die Bilanzierungshilfe **„Aufwendungen für die Ingangsetzung und Erweiterung des Geschäftsbetriebes"**. Sie kann entweder aktiviert und damit abgeschrieben werden oder gleich als Aufwand in voller Höhe in die Gewinn- und Verlustrechnung des Abrechnungsjahres eingehen. Im Kern geht es bei diesem Aktivierungswahlrecht darum, den Aufwand einer abgegrenzten Erweiterung des Geschäftsbetriebes entweder voll im Jahr seiner Entstehung in die GuV-Rechnung einfließen zu lassen und so das Ergebnis mit dem Gesamtbetrag zu belasten oder den Aufwand über mehrere Jahre zu verteilen und so das Ergebnis in geringerem Maße zu belasten.

Nun stellt sich für den Bilanzierenden die Frage, was denn als ‚*Erweiterung des Geschäftsbetriebes*' anzusehen ist. Dies kann „nur für solche Maßnahmen angenommen werden, die zu neuen verkaufsfähigen Produkten, zu neuen Produktionsstätten und ähnlichem führen. Bei der Einrichtung von Zweigniederlassungen oder anderen selbständigen Betriebsstätten dürfte die Abgrenzung einfach sein."[28] Zugleich wird auch die Aktivierbarkeit von Aufwendungen für Marktanalysen oder die Einführungswerbung auf neuen Märkten bejaht.[29]

Es muss also zu einer Kapazitätserweiterung horizontaler oder vertikaler Art kommen, die regelmäßig dann angenommen werden kann, wenn neue Filialen errichtet werden, neue Produkte oder Produktgruppen aufgenommen werden oder neue Märkte erschlossen werden.[30]

---

[28] Glade, 1986, S.1376.
[29] Vgl. Hilke, 2000, S. 110.
[30] Vgl. Küting/Weber, 1990, S. 1298.

In dem Fall der geplanten Werbekampagne handelt es sich um eine vertikale Erweiterung der Kapazität der NMA GmbH, weil mit dem Geschäftsfeld des ‚electronic commerce‘ ein neues Geschäftsfeld entwickelt werden soll, dass zu neuen Umsätzen führt. Einerseits ist die Kapazitätsausweitung als ‚wesentlich‘ anzusehen, weil die NMA von derzeit vier auf dann fünf Geschäftsfelder entwickelt wird. Zusätzlich kann die Werbung für das entstehende neue Geschäftsfeld als Einführungswerbung klassifiziert werden, weil sie sich sowohl zeitlich wie auch sachlich von der ‚laufenden Reklame‘ gut abgrenzen lässt.

Da die spezifische Werbekampagne für das geplante neue Geschäftsfeld damit außerordentlich ist, weil die Aufwendungen nur bei dieser Geschäftsfeldneugründung anfallen *und* von wesentlicher Bedeutung ist *und* zudem zeitlich abgrenzbar ist, kann *diese Werbekampagne* u.E. unter die Gruppe der aktivierbaren „Aufwendungen für die Erschließung neuer Märkte" eingeordnet werden und damit als Erweiterungsaufwand aktiviert werden.[31]

7.1.1.2 Bilanzierungswahlrechte

Neben dem oben dargestellten Bilanzierungswahlrecht, das die Entscheidungsmöglichkeit zu aktivieren oder in die GuV einzustellen beinhaltet, bestehen *zusätzlich zwei Bewertungswahlrechte* in der Praxis.

Das *erste Bewertungswahlrecht* bezieht sich auf die Höhe der anzusetzenden Bilanzierungshilfe. Der ‚Erweiterungsaufwand‘ muss nicht etwa mit dem vollen Betrag in die Bilanzierungshilfe eingestellt werden, sondern es kann „auch irgendein beliebiger Zwischenwert zwischen dem aktivierungsfähigen Höchstbetrag und Null DM bilanziert (aktiviert G.v.S.) werden".[32]

---

[31] Vgl. Küting/Weber, 1990, S. 1303. Die Autoren haben sich mit der Werbekampagne bewusst für einen schwierigeren Bilanzierungsfall entschieden, da der Einsteiger an diesem Fall exemplarisch erfassen soll, dass Einzelfälle der Bilanzierung immer Auslegungsfragen beinhalten, die auch Kommentare mitunter nicht erhellen. Vielmehr zeigt die Sichtung der verschiedenen Kommentare, dass vielfach voneinander abgeschrieben wird und auf diese Weise ‚Zitierzirkel‘ entstehen, die dem hilfesuchenden Bilanzpraktiker nicht weiterhelfen. In diesem Fall kann u.E. die Abgrenzung zu ‚laufender Reklame‘ gut dargestellt werden, die als gewöhnlicher Aufwand im Rahmen des § 269 HGB *nicht aktivierungsfähig* wäre.
[32] Glade, 1986, S. 1378

Das *zweite Bewertungswahlrecht*[33] bezieht sich auf die Höhe der nach der Aktivierung im Abrechnungsjahr anzusetzenden Abschreibung. Auch hier muss man zunächst die Rechtsquelle im HGB suchen. In § 282 HGB steht es explizit: „Für die Ingangsetzung und Erweiterung des Geschäftsbetriebs ausgewiesene Beträge sind in jedem folgenden Geschäftsjahr zu mindestens einem Viertel durch Abschreibungen zu tilgen."

Dem Wortlaut nach handelt es sich zunächst nicht um ein Wahlrecht, denn schließlich kommen die Begriffe ‚sind... zu tilgen' vor, und die deuten auf ein Bewertungsgebot hin. Allerdings ist bei genauer Betrachtung nur die Höhe der ‚Mindestabschreibung' vorgeschrieben. Sie muss bei 25% des Ansatzbetrages der Bilanzierungshilfe liegen. Der Wortlaut lässt uns für *einen höheren* Abschreibungsbetrag allerdings alle Möglichkeiten. Folglich kann in enger Anlehnung an den Wortlaut der Abschreibungsprozentsatz der Bilanzierungshilfe zwischen 25 % und 100 % liegen.

Der Ansatz eines Abschreibungssatzes von 100% für die Abrechnungsperiode, in der die Bilanzierungshilfe gebildet wurde, würde allerdings deren Aktivierung mit ihrem Zweck der Verteilung eines Aufwands über mehrere Jahre konterkarieren, vorausgesetzt, es ist der volle beizumessende Wert aktiviert worden. Man hätte die Aufwendungen gleich in die GuV-Rechnung einstellen können und die gleiche ‚Ergebnisbelastung' erzielt. Nur wäre diese Ergebnisbelastung unter einem anderen Posten in der GuV-Rechnung aufgetaucht.

Jetzt wird auch klar, warum der Gesetzgeber zwar eine Untergrenze, nicht aber eine Obergrenze für die Abschreibungsbezifferung vorgegeben hat. Die Obergrenze ist für den Bilanzierenden, der eine möglichst niedrige Ergebnisbelastung erzielen will, von vorne herein gesetzt. Sie sollte sich deutlich unter 100 % bewegen, da ansonsten die Bilanzierung und Aktivierung keinen Sinn macht.

---

[33] Mit der Wahl des handelsrechtlichen Abschreibungsverfahrens und der Abschreibungsdauer besteht u.E. ein weiteres Bewertungswahlrecht, das sich auf die Höhe des Abschreibungsbetrages bezieht, der aus Abschreibungsdauer und Abschreibungsverfahren resultiert.

Da sich diese Obergrenze also für den Bilanzierenden aus dem Bilanzierungsziel von alleine ergibt, hat der Gesetzgeber lediglich eine Untergrenze als ‚Mindestabschreibungssatz' definiert, um die Aufwendungen nicht zu lange auf die folgenden Abrechnungsperioden zu verteilen, denn immerhin wird ja kein ‚verkehrsfähiger' Vermögensgegenstand aktiviert, sondern ‚nur' Ausgaben, die in den GuV-Rechnungen zu Aufwand werden. Demzufolge soll mit der Vorgabe einer ‚Mindestabschreibung' die Bilanzierungshilfe ‚nicht zu lange' in der Bilanz erscheinen, da die Mindestabschreibung zugleich als zeitliche Beschränkung der maximalen Aktivierungsdauer der Bilanzierungshilfe angesehen werden kann.

7.1.1.3 Abschreibung

Die Bilanzierungshilfe „Ingangsetzung und Erweiterung des Geschäftsbetriebes" ist also *längstens in vier Jahren* abzuschreiben. Eine kürzere Abschreibung kann vom Bilanzierenden gewählt werden. Je kürzer er jedoch die Abschreibungsdauer wählt - je größer er also den Abschreibungsprozentsatz wählt - desto mehr nähert er sich im *ergebnisbelastenden Effekt* an das Bilanzierungswahlrecht der *sofortigen Einstellung* in die GuV-Rechnung an.

Neben diesen Bewertungswahlrechten sieht das HGB noch eine sogenannte Ausschüttungssperre für diese Bilanzierungshilfe vor: „Werden solche Aufwendungen in der Bilanz ausgewiesen, so dürfen Gewinne nur ausgeschüttet werden, wenn die nach der Ausschüttung verbleibenden jederzeit auflösbaren Gewinnrücklagen zuzüglich eines Gewinnvortrags und abzüglich eines Verlustvortrags dem angesetzten Betrag mindestens entsprechen."

Warum hat der Gesetzgeber mit der Bilanzierungshilfe eine Ausschüttungssperre verknüpft? Zunächst suggeriert eine Aktivierung dem Bilanzleser die Schaffung eines Wertes, wenn auch keines Vermögensgegenstandes. Die mit der ‚Ingangsetzung und Erweiterung' verbundenen Aufwendungen werden über die Geldkonten beglichen und wechseln in die Bilanzierungshilfe. Es findet also ein ‚Aktivtausch' statt. Allerdings sind die beiden Tauschpartner aus Sicht des Gesetzgebers nicht vergleichbar und vor allem nicht wertgleich.

Einerseits hilfsweise aktivierter Aufwand und andererseits Giralgeld, für das Vermögensgegenstände erworben und bilanziert werden könnten. Ein jetzt ausgewiesener Gewinn - z.B. genau in Höhe der Bilanzierungshilfe - würde über die in die Bilanzsumme eingehende Bilanzierungshilfe „Ingangsetzung und Erweiterung des Geschäftsbetriebs" Aufwand enthalten, der dann auch noch als Gewinn ausgeschüttet würde, also wieder als Giralgeld den Wertkreislauf der Unternehmung verliesse. Es wäre *kein echter operativer Gewinn* entstanden. Hier muss der Gesetzgeber den ‚ungleichen' Aktivtausch von Giralgeld gegen Bilanzierungshilfe berücksichtigen und darf Ausschüttungen nur zulassen, wenn Gewinnrücklagen und Gewinnvorträge den Betrag der Bilanzierungshilfe mindestens erreichen. Mit der Verknüpfung der Gewinnausschüttung an eine mindestens betragsgleiche Gewinnrücklage und Gewinnvorträge ist in vorherigen Abrechnungsperioden das vor einer Ausschüttung thesauriert worden, was jetzt - wegen der Bilanzierungshilfe - ‚zuviel' ausgeschüttet (ausgezahlt!) wird. Der befürchtete Substanzverlust ist durch die dargestellten Thesaurierungen in Vorperioden kompensiert.

Nun soll zum Abschluss der Erörterung des § 269 HGB noch das dazugehörige Prüfschema zur Bilanzierungshilfe auf den folgenden Seiten dargestellt werden.

Wenn man sich das speziell für die Bilanzierungshilfe entwickelte Prüfschema der Bilanzierung anschaut, dann ist eigentlich schon bei der Bilanzierungsfähigkeit von Aufwendungen Schluss. Sie sind eben ihrer Definition nach keine Vermögensgegenstände bzw. im Steuerrecht Wirtschaftsgüter, sondern gehören als Aufwand *eigentlich* in die GuV-Rechnung. Sie sind also - ex definitione - *nicht bilanzierungsfähig*.

Allerdings hat der Gesetzgeber mit der **Bilanzierungshilfe** des § 269 HGB ausdrücklich in das Handelsgesetzbuch für bestimmte, in diesem Paragraphen genau benannte Aufwendungen, eine Ausnahme zugelassen. Daher können diese oben detailliert erläuterten Aufwendungen *doch* bilanziert werden, obwohl sie keine Vermögensgegenstände sind und strenggenommen damit nicht ‚bilanzierungsfähig' sind.

Im unteren Teil des Prüfschemas werden auch die beiden zusätzlichen Bewertungswahlrechte ersichtlich, die nach § 269 HGB bestehen. Zunächst besteht das *erste* Bewertungswahlrecht in der Ansatzhöhe bei den ‚Ingangsetzungs- und Erweiterungsaufwendungen'. Das zweite Wahlrecht besteht bei der Wahl des Abschreibungsprozentsatzes, wobei hier vom Gesetzgeber eine Untergrenze (Mindestabschreibung) von 25% vorgeschrieben ist.

Jetzt sind in den Augen der Gesellschafter der NMA GmbH alle Unklarheiten bezüglich der Bilanzierungshilfe geklärt und Patrick erläutert mit Irina und Christiane die Bezifferung und bilanziellen Auswirkungen des bilanzpolitischen Instruments der Bilanzierungshilfe.

Nachdem sich die Gesellschafter unter Projektleitung von Christiane mehr als zehn Angebote sowohl von jungen, aber auch von gut eingeführten Werbeagenturen haben kommen lassen und sich das Werbekonzept für die Einführungswerbung zum neuen Geschäftsfeld haben erläutern lassen, entscheiden sich die vier in einem informellen Business-Meeting für den Anbieter ‚direct solutions', der in ihren Augen das überzeugendste Konzept zu einem akzeptablen Preis zu bieten hat.

Nach der Beauftragung und der Durchführung der ersten Stufe der Werbekampagne kommt vereinbarungsgemäß die Rechnung von ‚direct solutions'.

Steuerrechtlich sind Ingangsetzungs- und Erweiterungsaufwendungen in dem Urteilstenor von mehreren BFH-Urteilen als Betriebsausgaben anzusetzen, weil sie kein aktivierungsfähiges *Wirtschaftsgut* darstellen. Insoweit besteht das Bilanzierungswahlrecht des § 269 HGB nicht im Steuerrecht, sodass in der Anlaufphase ein steuerrechtlich abzugsfähige Verlust im Sinne des 10 d EStG entsteht, bzw. im Fall des Erweiterungsaufwands das steuerliche Ergebnis herabgesetzt wird, wodurch die ertragsteuerliche Belastung sinkt.[34]

---

[34] Vgl. Wöhe, 1997, S. 711.

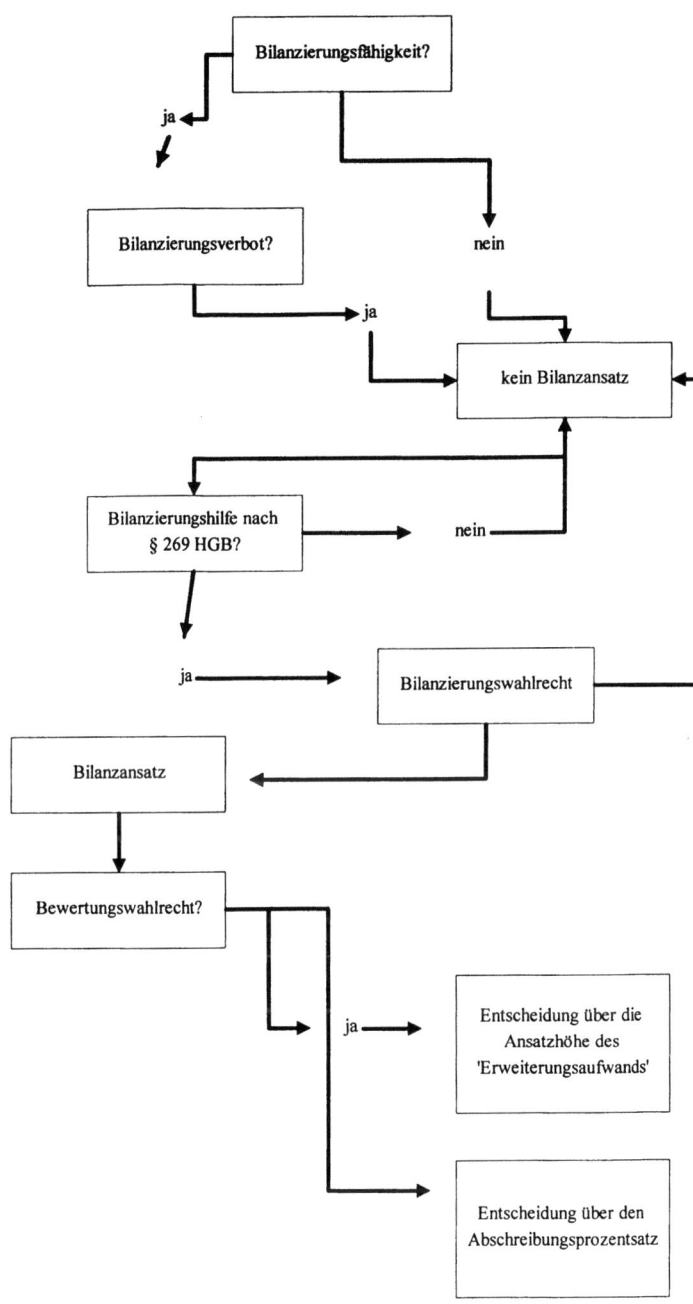

Abbildung 16: Bilanzierungsentscheidung bei der Bilanzierungshilfe

Dies scheint im Vergleich zur handelsrechtlichen Bilanzierung zunächst ein Nachteil zu sein. Allerdings ist zu berücksichtigen, dass der handelsrechtliche Jahresabschluss mehr Publizität hat (Banken, Mitarbeiter, Lieferanten, Kunden usw.) als die Steuerbilanz (Geschäftsführung und Finanzamt). Daher möchte man dem handelsrechtlich Bilanzierenden für die Fälle der Bilanzhilfen die Möglichkeit der Ergebnisausweis-Steuerung einräumen.

Anders in der Steuerbilanz. Mit der - systematisch konsequenten - GuV-Klassifizierung wird aus Sicht des steuerpflichtigen Betriebes ein ähnlich positives Ergebnis erzielt: Mit der ergebnisbelastenden Betriebsausgaben-Verrechnung wird c.p. die ertragsteuerliche Belastung des Betriebes gesenkt. Es kommt zu niedrigeren Steuerzahlungen bzw. herabgesetzten Vorauszahlungen in dem nächsten Veranlagungszeitraum.

Direct-Solutions

Rechnung

Kunde:
Name: NMA GmbH
Adresse: Berlinische Str.
PLZ: 12345
Land: Berlin
Telefon   030/ 1234567

Anzahl:	Beschreibung	Einheit/EUR	Total
	Konzept für electronic commerce	7.500,00	7.500,00
	Design Werbeträger Print	5.500,00	5.500,00
	Design Werbeträger Radio	5.500,00	5.500,00

		Zwischensumme	18.500,00
Zahlung:	14 Tage 2%	16% USt	2.960,00
	30 Tage netto	**Summe:**	**21.460,00**
Bank:	Berliner Geschäftsbank e.G.		
	Kto: 12345678		
	BLZ: 100 555 999		

Abbildung 17: Eingangsrechnung von direct solution

7.1.2 Bilanzierung und Bewertung nach IAS

Zunächst: Die Bilanzierungshilfe „Aufwendungen für die Ingangsetzung und Erweiterung des Geschäftsbetriebs" gibt es in den IAS nicht. Dies liegt an der Definition der Posten, die prinzipiell in die Bilanz aufgenommen werden dürfen, also die die **Ansatzbedingungen** (*recognition criteria*) erfüllen. Dies sind Vermögenswerte (assets), Schulden (liabilities) und als Residualgröße das Eigenkapital (equity).[35]

Schon eine erste Prüfung macht deutlich, dass ‚Ingangsetzungsaufwendungen' keiner der drei grundsätzlichen Ansatzkategorien zuzuordnen sind. Auch das deutsche Bilanzrecht, dass den Vermögensgegenstand sowie Schulden definiert, geht ja bei den ‚Ingangsetzungsaufwendungen' weder vom Vorliegen eines Vermögensgegenstands noch von einer Schuldposition aus; vielmehr finden ja diese abstrakt und konkret nicht bilanzierungsfähigen Aufwendungen über die Ausnahme der Bilanzierungshilfe erst Eingang in die Bilanz.

Als **Ansatzbedingungen** für *assets* (Vermögenswerte) nennen die IAS

einen zukünftigen, wahrscheinlichen wirtschaftlichen Nutzen, der von dem Posten ausgehen und dem bilanzierenden Unternehmen über die aktuelle Abrechnungsperiode hinaus zufließen/abfließen muss,

der Wert des Postens muss sich ‚hinreichend sicher' (*with reliability*) angeben lassen.[36]

Als *asset* ist ein Posten zu werten, wenn das bilanzierende Unternehmen über eine *Ressource* verfügt, die ein *zukünftiges, wahrscheinliches* Zufließen eines *wirtschaftlichen Nutzens* bedeutet, und sich die Anschaffungs- oder Herstellungskosten *zuverlässig* angeben lassen.[37]

Schulden (*liabilities*) sind dann anzusetzen, wenn der Abfluss von wirtschaftlichem Nutzen zur Erfüllung einer gegebenen *gegenwärtigen Verpflichtung* hinreichend sicher ist und sich der geschuldete Betrag ‚verlässlich' schätzen lässt.[38]

---

[35] Vgl. KPMG, 1999, S. 28.
[36] Vgl. KPMG, 1999, S. 30.
[37] Vgl. KPMG, 1999. S. 28.
[38] Vgl. KPMG, 1999. S. 28 f.

Die Abprüfung der Kategorie *asset* ergibt, dass ,Ingangsetzungsaufwendungen' keine abgrenzbare *Ressource* darstellen, aus der über die jetzige Abrechnungsperiode hinaus *zukünftig ein wirtschaftlicher Nutzen zufliesst.* Gerade ,Ingangsetzungsaufwendungen' sind Aufwendungen, die in engem zeitlichen und sachlichen Zusammenhang mit der Unternehmensgründung stehen müssen. Daraus ist abzuleiten, dass sie über die aktuelle Abrechnungsperiode der Gründung und Ingangsetzung hinaus keine Bevorratung eines wirtschaftlichen Nutzens darstellen; sie sind also keine Ressource im Sinne der IAS.

Abgesehen von der Nichterfüllung dieses Prüfkriteriums eines *assets* sind die ,Anschaffungs- oder Herstellungskosten' nicht anzugeben, da den ,Ingangsetzungsaufwendungen' keine wirtschaftliche Transaktion zugrunde liegt, die eine *abgrenzbare Ressource* in das wirtschaftliche Vermögen eines Betriebes überführt oder einen solchen Gegenstand entstehen lässt. Somit haben die ,Ingangsetzungsaufwendungen' aus ihrer Art heraus gar keine Anschaffungs- oder Herstellungskosten', die mithin auch nicht zuverlässig angegeben werden können. Mit den nicht bezifferbaren Anschaffungs- oder Herstellungskosten ist u.E. das zweite und dritte Kriterium zur Erfüllung der Voraussetzungen der Klassifizierung als *asset* nicht erfüllt. Damit sind ,Ingangsetzungsaufwendungen' nicht als *assets* im Sinne der IAS anzusehen.

Nun verbliebe noch die Abprüfung von ,Ingangsetzungsaufwendungen' als liability. Dazu müsste eine gegenwärtige Verpflichtung bestehen, die zu einem zukünftigen, wahrscheinlichen Abfluss von Ressourcen führt. Zwar könnte man bei ,Ingangsetzungsaufwendungen' die zugrundeliegenden Eingangsrechnungen als Zahlungsverpflichtungen ansehen und würde insoweit das Kriterium als erfüllt ansehen. Bei *liabilities* sind aber Schuldverhältnisse gemeint, die sich einer Verpflichtung zuordnen lassen, die *einem* Gläubiger zuzuordnen sind und über die jetzige Abrechnungsperiode hinaus eine Verpflichtung darstellen. Dies ist aber aus den oben zum asset genannten Gründen bei ,Ingangsetzungsaufwendungen' gerade nicht der Fall. Insoweit sind ,Ingangsetzungsaufwendungen' auch nicht als *liabilities* zu qualifizieren.

Da die Residualgröße Eigenkapital ausscheidet, und Ingangsetzungsaufwendungen' keiner der beiden übrigen Kategorien zuzuordnen sind, hat ein Ansatz in der Bilanz zu unterbleiben. Damit sind die ‚Ingangsetzungsaufwendungen' weder als *asset* noch *liability* oder *equity* einzustufen und damit - mangels Ausnahmeregelung wie im deutschen Bilanzrecht - nicht bilanzierungsfähig. Damit fallen sie aber natürlich nicht gänzlich aus dem IAS-Jahresabschluss. Sie tauchen nur nicht in der *balance sheet* (Bilanz) auf. Vielmehr stellen sie, ohne hier weiter auf die Prüfung einzugehen, Aufwendungen im Sinne der IAS dar, die in der Ingangsetzungs- und Erweiterungsperiode als solche in das *income statement* (Gewinn- und Verlustrechnung) aufzunehmen sind.

Im Vergleich mit der deutschen Bilanzierungspraxis ist die IAS-konforme Bilanzierung also am ehesten mit der steuerbilanziellen Behandlung zu vergleichen, die eine Aktivierung untersagt, weil die Bilanzierungshilfe nicht die Ansatzbedingungen des Wirtschaftsgutes erfüllt.

7.1.3 Entscheidungsorientierte Bilanzpolitik

7.1.3.1 Bilanzierungsziel: Steuerbelastungsminimierung

Ziel des Bilanzierungsziels ‚Steuerminimierung' ist ein möglichst geringer Gewinnausweis für die Abrechnungsperiode. Für den ‚Erweiterungsaufwand' wird sich Patrick daher dafür entscheiden, den gesamten Erweiterungsaufwand in das Konto 6600 einzubuchen und über ein Geldkonto zu bezahlen. Der Erweiterungsaufwand geht als Aufwand voll in die GuV-Rechnung ein und mindert somit das Jahresergebnis mit dem gesamten Betrag.

Die Aufwandsbuchung (1) (links bzw. rechts außen an der Kontoseite neben dem Buchungsbetrag) bucht den Werbeaufwand auf das Konto 6600 „Werbekosten" im Soll (Aufwandsbuchung immer im Soll, es sei denn, es handelt sich um eine Stornobuchung auf der Habenseite) und zahlt die Bruttoeingangsrechnung über das Bankkonto unter Ausnutzung der Zahlungsfrist 30 Tage netto, wobei auf dem Vorsteuerkonto 1400 ein Betrag von 2.960 EUR anfällt, der mit der zu entrichtenden Umsatzsteuer verrechnet wird und als Zahllast an das Finanzamt abgeführt werden muss.

S	6600 Werbekosten	H	S	1800 Bank	H
1	18.500,00			21.460,00	1
	18.500,00			-	21.460,00

S	1400 Vorsteuer	H	S		H
1	2.960,00				
	2.960,00			-	-

Abbildung 18: Buchung 1 des 'Erweiterungsaufwands'

7.1.3.2 Bilanzierungsziel: Kreditwürdigkeit

Die zweite Bilanzierungsalternative würde man wählen, wenn man im Sinne der Kreditwürdigkeit ein möglichst hohes Jahresergebnis ausweisen möchte. Dann würde man sich für die Aktivierung der ‚Erweiterungsaufwendungen' im Sinne der Bilanzierungshilfe des § 269 HGB entscheiden und bei den *Bewertungswahlrechten* den niedrigsten Abschreibungssatz von 25 % wählen. Diesen Zusammenhang zeigt die nachfolgende Abbildung.

S	0095: Ingangs u. Erw.	H	S	1800: Bank	H
1	18.500,00	4.625,00	2		21.460,00	1

| | 18.500,00 | | | - | 21.460,00 | |

S	1400 Vorsteuer	H	S	6268: Abschr auf Ing.	H
1	2.960,00		2	4.625,00	

| | 2.960,00 | | | 4.625,00 | - |

Abbildung 19: Buchung 2 'Erweiterungsaufwand'

Die Buchung Nr. 1 (links bzw. rechts außen an der Kontoseite neben dem Buchungsbetrag) bucht die Bilanzierungshilfe in das entsprechende Bestandskonto 0095 „Ingangsetzung und Erweiterung des Geschäftsbetriebs" und zahlt zugleich die Rechnung
unter Berücksichtigung der Vorsteuer über Bank (Konto 2200). Die Buchung Nr. 2
würde eigentlich erst am Jahresende gebucht. Es ist die geplante jährliche Mindestabschreibung von 25 % auf den aktivierten Bilanzierungshilfe-Betrag.

7.1.4 Auswirkung auf die Bilanz

Im Fall der Steuerbelastungsminimierung wird der Erweiterungsaufwand voll in die
GuV-Rechnung übernommen und das Ergebnis sinkt demzufolge um 18.500,- EUR.

Diesen Zusammenhang zeigt die nachfolgende Muster-GuV-Rechnung.

Gewinn- und Verlustrechnung

	EUR	EUR
1.Umsatzerlöse		330.131,59
2. Bestandsveränderungen		
3. Andere aktivierte Eigenleistungen		
4. Sonstige betriebliche Erträge		847,28
5. Materialaufwand		
a) Aufwendungen für RHB und für bezogene Waren	19.247,85	
b) Aufwendungen für bezogene Leistungen	23.127,60	42.375,45
6. Personalaufwand		
a) Löhne und Gehälter	60.451,00	
b) soziale Abgaben und Aufwendungen für die Altersversorgung und Untersützung	15.873,26	76.324,26
davon für Altersversorgung EUR 6.827,69		
7. Abschreibungen		
8. Sonstige betriebliche Aufwendungen		86.423,42
9. Sonstige Zinsen und ähnliche Erträge		507,40
10. Zinsen und ähnliche Aufwendungen		6.810,48
11. Ergebnis der gewöhnlichen Geschäftstätigkeit		119.552,66
12. Steuern vom Einkommen und vom Ertrag	9.450,00	
13. Sonstige Steuern	504,00	9.954,00
14. Jahresüberschuss/ Jahresfehlbetrag		109.598,66

Im Fall der Kreditwürdigkeit wird der ‚Erweiterungsaufwand' als Bilanzierungshilfe aktiviert und mit dem niedrigsten, möglichen Abschreibungssatz von 25 % p.a. abgeschrieben. Dies zeigen die nachfolgenden Abbildungen.

Die Abbildung zur Aktivseite der Musterbilanz zeigt, dass der Erweiterungsaufwand vor dem Anlagevermögen ausgewiesen werden muss, wie es der § 269 HGB vorsieht. Da wir bei der Buchung schon die Jahresabschreibung berücksichtigt haben, wird der ‚Erweiterungsaufwand' mit 13.875,- EUR auf der Aktivseite berücksichtigt.

Die Aktivierung unter der Postenbezeichnung „Aufwendungen für die Ingangsetzung und Erweiterung des Geschäftsbetriebes" zeigt dem externen Bilanzleser, dass in diesem Fall von der Aufwandsaktivierung Gebrauch gemacht wurde. Es ist also eine Bilanzierungshilfe aktiviert worden, für die bezüglich der Gewinnausschüttung die schon dargestellte Ausschüttungsperre gilt.

Musterjahresabschluss der NMA GmbH

Aktiva	EUR	EUR
Aufw. für die Ingangsetzung und Erw. d. Gb.		13.875,00

A. Anlagevermögen

I. Sachanlagen
1. andere Anlagen, Betriebs- und Geschäftsaus.   59.497,00

B. Umlaufvermögen

I. Vorräte		
1. Roh-, Hilfs- und Betriebsstoffe	2.100,00	
2. Unfertige Erzeugnisse, unfertige Leistungen	161.400,00	163.500,00
II. Forderungen u. sonst. Vermögensgegenst.		
1. Forderungen aus Lieferungen und Leistungen	21.908,95	
2. Sonstige Vermögensgegenstände	657,00	22.565,95

III. Schecks, Kassenbestand, Bundesbank- und
Postbankguthaben, Guthaben bei Kreditinstituten   6.600,08

C. Rechnungsabgrenzungsposten

Summe Aktiva		266.038,03

Entsprechend ist unten die korrespondierende GuV-Rechnung dargestellt. Sie zeigt, dass die Abschreibung als Abschreibungsaufwand in den Jahresaufwand eingeht und demzufolge den Jahresüberschuss der Musterbilanz von vorher 128.098,66 EUR um den Abschreibungsaufwand von 4.625 EUR auf 123.473,66 EUR mindert.

Der *direkte Vergleich* der GuV-Rechnungen zeigt für beide Bilanzierungsalternativen einen Unterschied beim ausgewiesenen Jahresüberschuss von immerhin 13.875,00 EUR. Dies entspricht aber genau dem Differenzbetrag zwischen voller Aufwandsverrechnung und Aktivierung mit nachfolgender Jahresabschreibung. Anders ausgedrückt ist der Jahresüberschuss im Fall der Kreditwürdigkeit/Aktivierung um den Aktivierungsbetrag von 13.875,00 EUR höher, der ja nicht als voller Aufwand von 18.500,00 EUR minus 4.625,00 EUR Abschreibung in die GuV-Rechnung eingegangen ist.

Gewinn- und Verlustrechnung

	EUR	EUR
1.Umsatzerlöse		330.131,59
2. Bestandsveränderungen		
3. Andere aktivierte Eigenleistungen		
4. Sonstige betriebliche Erträge		847,28
5. Materialaufwand		
a) Aufwendungen für RHB und für bezogene Waren	19.247,85	
b) Aufwendungen für bezogene Leistungen	4.627,60	23.875,45
6. Personalaufwand		
a) Löhne und Gehälter	60.451,00	
b) soziale Abgaben und Aufwendungen für die		
Altersversorgung und Untersützung	15.873,26	76.324,26
davon für Altersversorgung EUR 6.827,69		
7. Abschreibungen		4.625,00
8. Sonstige betriebliche Aufwendungen		86.423,42
9. Sonstige Zinsen und ähnliche Erträge		507,40
10. Zinsen und ähnliche Aufwendungen		6.810,48
11. Ergebnis der gewöhnlichen Geschäftstätigkeit		133.427,66
12. Steuern vom Einkommen und vom Ertrag	9.450,00	
13. Sonstige Steuern	504,00	9.954,00
14. Jahresüberschuss/ Jahresfehlbetrag		123.473,66

7.2 Euro-Umstellungsaufwand

7.2.1 Bilanzierung und Bewertung nach HGB und Steuerrecht

Die Gesellschafter hatten sich dazu entschlossen, die Fristen des A 42 EGHGB vom 09.06.1998 voll auszunutzen. In dem angesprochenen Artikel des Einführungsgesetzes zum Handelsgesetzbuch (EGHGB) heisst es: „Der Jahres- und Konzernabschluß darf auch in Deutscher Mark aufgestellt werden, letztmals für das im Jahre 2001 endende Geschäftsjahr." Damit hat der Gesetzgeber in den Übergangsvorschriften zur Einführung des Euro eine Frist zur Beibehaltung der Bilanzierung in DM bis zum Geschäftsjahr 2001 eingeräumt. Mit dem A 44 EGHGB räumt der Gesetzgeber die Möglichkeit ein, „die Aufwendungen für die Währungsumstellung auf den Euro als Bilanzierungshilfe „zu aktivieren ..."soweit es sich um selbstgeschaffene immaterielle Vermögensgegenstände des Anlagevermögens handelt."

Für die Umstellung auf den Euro musste die selbsterstellte Buchungs- und Fakturie-rungssoftware im Januar 2002 in wesentlichen Teilen umgeschrieben werden, sodass die Software praktisch neu entstand. Den Aufwand für diese Umstellung, der in der neuen Buchungs- und Fakturierungssoftware mündete, berechnet sich nach der folgen-den Projektkostenaufstellung:

Projektkosten 'Euro Umstellung'		EUR
Zahl der Frau-Mann-Programmier-Stunden	320	15.801,60
Ist-Materialkosten		2.500,00
Ist- Sonstige Kosten		3.500,00
Gesamtkosten des EURO-Projekts:		**21.801,60**

Tabelle 20: Projektkosten Euro-Umstellung

Demnach betragen die Umstellungskosten, die durch die Umprogrammierung der praktisch neuwertigen Buchungs- und Fakturierungssoftware im Januar entstanden, immerhin 21.801,60 EUR.

Nach A 44 EGHGB können die Kosten der Neuprogrammierung als selbsterstellter immaterieller Vermögensgegenstand angesehen werden und entweder als Bilanzie-rungshilfe unter dem Posten „ Aufwendungen für die Währungsumstellung auf den Euro" vor dem Anlagevermögen aktiviert werden und in den folgenden Jahren zu mindestens 25 % abgeschrieben werden, oder der Euro-Umstellungsaufwand kann im Jahr der Entstehung (hier: 2002) sofort in die Gewinn- und Verlustrechnung als Auf-wand übernommen werden. Für den Fall der Aktivierung besteht eine zum ‚Ingangset-zungs- und Erweiterungsaufwand' analoge Ausschüttungssperre.

Die Buchung und Bilanzierung ist dem ‚Ingangssetzungs- und Erweiterungsaufwand' absolut vergleichbar und wir verweisen den Leser auf das entsprechende Kapitel 7.1 und da insbesondere 7.1.3. Vergleichbare Bilanzierungshilfen zur Euroumstellung gibt es im Rahmen der IAS verständlicherweise nicht, weil die Euroumstellung ein regio-nales Rechnungslegungsproblem ist und den IAS internationale Bedeutung zukommt.

7.3 Bilanzierung und Bewertung des Firmenwertes

7.3.1 Bilanzierung und Bewertung nach HGB und Steuerrecht

Wenn ein am Markt gut eingeführtes Unternehmen von einem anderen Unternehmen aufgekauft wird, dann entspricht der zu zahlende Kaufpreis in der Regel nicht der Summe der Aktivseite abzüglich der Verbindlichkeiten. Dies wäre eine Unternehmensbewertung nach einem reinen *Substanzwertverfahren*, das deshalb nicht in Betracht kommt, weil das zu kaufende Unternehmen neben einem Kundenstamm, einen festen Lieferantenkreis und einer gut eingeführten Ablauf- und Aufbauorganisation auch über *nicht bilanzierungsfähige* immaterielle Vermögensgegenstände wie originäre Marken, Patente, Gebrauchsmuster, aber auch Verlagsrechte und stille Reserven usw. verfügt, die vom Markt vergütet werden und dem übernehmenden Unternehmen *zukünftig* Geldzuflüsse bescheren, die sich auf den Kaufpreis der Unternehmung im Sinne eines *zukünftigen Ertragswertes* auswirken sollten.

Mit dem Kauf eines Unternehmens bezahlt also der Erwerber des Betriebes einerseits die vorhandene Substanz, wobei stille Reserven bei dem Bewertungsgutachten zu berücksichtigen sind, und andererseits den Barwert der erwarteten zukünftigen Geldzuflüsse. Diesen Gesamtwert aus originären Marken, Organisationsabläufen, aber insbesondere dem Kundenstamm u.ä., bezeichnet man als Geschäfts- oder Firmenwert, der nach § 255 IV HGB als „Unterschiedsbetrag angesetzt (wird), um den die für die Übernahme eines Unternehmens bewirkte Gegenleistung den Wert der einzelnen Vermögensgegenstände abzüglich der Schulden im Zeitpunkt der Übernahme übersteigt."

Dieser Geschäfts- oder Firmenwert darf im Rahmen des § 248 II HGB von dem Unternehmen, das den Firmenwert aufgebaut hat, nicht bilanziert werden, weil mit dem genannten Paragraphen ein explizites Bilanzierungsverbot besteht. In der Praxis wäre ohne dieses Bilanzierungsverbot die Marktobjektivierung durch einen mit dem Unternehmenskauf verbundenen Verhandlungsprozess nicht gegeben, weil bei einer *Eigenbilanzierung* und *Eigenbewertung* keine widerstrebenden Interessen (Käufer ./. Verkäufer) ausgeglichen werden müssten.

7.3.1.1 Berechnung des Firmenwertes

In der Praxis werden bei Unternehmensübernahmen regelmäßig Bewertungsgutachten sowohl von Erwerber als auch von der Verkäuferseite vorgelegt, die unter Ausnutzung des ‚gutachterlichen Spielraumes‘ bei der Kaufpreisbezifferung in der Regel erheblich voneinander abweichen. Der tatsächlich gefundene Kaufpreis wird dann regelmäßig durch Verhandlungen bestimmt, wobei jede Verhandlungspartei die Argumente vorstellt, die ihres Erachtens als besonders wertbeeinflussend zu betrachten sind.

7.3.1.2 Bilanzierungswahlrechte

Nach § 255 IV HGB besteht für den Geschäfts- oder Firmenwert, der von einem anderen Unternehmen im Rahmen des Unternehmenskaufs entgeltlich erworben wird (derivativer Geschäfts- oder Firmenwert), ein handelsrechtliches *Aktivierungswahlrecht* (Ansatzwahlrecht), denn der Geschäfts- oder Firmenwert „darf ...angesetzt werden“. Neben diesem Aktivierungswahlrecht des derivativen Geschäfts- oder Firmenwertes formuliert das Handelsrecht zusätzlich ein *Bewertungswahlrecht* bei der Abschreibung.

7.3.1.3 Abschreibung

Demnach kann der derivative Geschäfts- oder Firmenwert entweder „zu mindestens einem Viertel“, also zu mindestens 25 % abgeschrieben werden, wobei damit die Dauer der Abschreibung auf einen Zeitraum von längstens vier Jahren festgesetzt ist, oder der derivative Geschäfts- oder Firmenwert „kann aber auch planmäßig auf die Geschäftsjahre verteilt werden, in denen er voraussichtlich genutzt wird.“

Somit bestehen **handelsrechtlich** zwei Wahlrechte: Einerseits besteht das Aktivierungswahlrecht und andererseits besteht mit der Auswahl des Abschreibungsverfahrens ein Bewertungswahlrecht.

Steuerrechtlich besteht weder das Ansatzwahlrecht, weil nach § 5 II EStG in der Rechtskonsequenz für entgeltlich erworbene immaterielle Wirtschaftsgüter „ein Aktivposten ... anzusetzen (ist)“, noch besteht ein Wahlrecht bei dem Abschreibungsverfahren, weil der entgeltlich (derivativ) erworbene Geschäfts- oder Firmenwert nach § 7 I S. 3 EStG über 15 Jahre abzuschreiben ist: „Als betriebsgewöhnliche Nutzungsdauer des Geschäfts- oder Firmenwertes eines Gewerbebetriebs oder eines Betriebs der Land- und Forstwirtschaft gilt ein Zeitraum von 15 Jahren.“

Damit besteht hier ein Paradebeispiel für die unterschiedliche Behandlung gleicher Sachverhalte in Handels- und Steuerbilanz, die zu unterschiedlichen Bilanzen führen kann. Praktisch bedeutet dies, dass ein Erwerber eines Betriebs das Ansatzwahlrecht der **Handelsbilanz** nutzen kann und die Aktivierung des Geschäfts- oder Firmenwertes unterlassen kann, wobei sich damit die Frage nach der Wahl des Abschreibungsverfahrens **handelsrechtlich** nicht stellt, wohingegen in der **Steuerbilanz** des gleichen Geschäftsjahres (steuerlich: ‚Veranlagungszeitraums‘) der derivative Geschäfts oder Firmenwert als immaterielles Wirtschaftsgut angesehen wird[39] und *anzusetzen ist* und *zugleich* mit der *betriebsgewöhnlichen Nutzungsdauer* (Abschreibungszeitraum) der Abschreibungsbetrag faktisch vorgeschrieben ist.

7.3.2 Bilanzierung und Bewertung nach IAS

Dem deutschen Handels- und Steuerrecht vergleichbar kennt das internationale Rechnungslegungsrecht mit dem IAS 22 (Business Combinations) eine gesonderte Regelung zum derivativen (erworbenen) Geschäfts- oder Firmenwert.

Nach IAS 22.40 muss der erworbene Geschäfts- oder Firmenwert aktiviert werden, es besteht also *kein Aktivierungswahlrecht*. Bezüglich der Frage des Abschreibungsverfahrens, die sich wegen der Ansatzpflicht zwangsläufig stellt, besteht grundsätzlich nach IAS 22.42 die Pflicht, den Geschäfts- oder Firmenwert über den Zeitraum seiner Nutzung abzuschreiben, wobei grundsätzlich das lineare Abschreibungsverfahren zu wählen ist. Nach IAS 38.79 wird als ‚betriebsgewöhnliche Nutzungsdauer‘ (*useful life*) des immateriellen Vermögensgegenstandes eine Dauer von 20 Jahren angenommen, wobei die Wahl der Abschreibungsmethode frei ist, jedoch dem tatsächlichen Wertverlauf entsprechen soll.

---

[39] Das Steuerrecht definiert mit ‚hoheitlicher Gewalt‘ den Geschäfts- und Firmenwert einfach als Wirtschaftsgut. Dabei sind die Kommentare zum Geschäfts- und Firmenwert eindeutig: Er ist *kein* Wirtschaftsgut. Offenbar hatte der steuerrechtliche Gesetzgeber keine Lust, etwas Analoges zur handelsrechtlichen Bilanzierungshilfe zu schaffen und hat wieder mal einen Systematikbruch in Kauf genommen: Im Steuerrecht nichts Unübliches.

Kann dieser nicht zweifelsfrei vorausgesehen werden, dann ist nach IAS 38.88 die lineare Abschreibungsmethode zu wählen, und die Abschreibungsbeträge sind - unabhängig von dem gewählten Abschreibungsverfahren - als Aufwand in die GuV-Rechnung einzustellen.[40] Im Rahmen des im internationalen Bilanzierungsrecht im IAS 36 festgelegten *Niederstwerttests* ist der Wertansatz zu jedem Bilanzstichtag grundsätzlich zu überprüfen, wobei gegebenenfalls ausserplanmäßige Abschreibungen bzw. Wertaufholungen vorzunehmen sind.[41]

7.3.3 Entscheidungsorientierte Bilanzpolitik

7.3.3.1 Bilanzierungsziel Steuerbelastungsminimierung

Bei diesem Bilanzierungsziel geht es um einen möglichst geringen Erfolgsausweis. Daher sollte bei dem bestehenden Bilanzierungswahlrecht die Option gewählt werden, bei der der Geschäfts- oder Firmenwert nicht aktiviert, sondern aufwandswirksam verrechnet wird.

7.3.3.2 Bilanzierungsziel Kreditwürdigkeit

Bei dem Bilanzierungsziel der Kreditwürdigkeit geht es im Rahmen des bilanzpolitisch Möglichen um einen möglichst hohen Erfolgsausweis, der durch die Aktivierung des Geschäfts- und Firmenwertes und einen möglichst langen Abschreibungszeitraum erreicht werden kann. Da das Steuerrecht mit der betriebsgewöhnlichen Nutzungsdauer von 15 Jahren einen Abschreibungszeitraum nennt, der deutlich höher ist als der handelsrechtliche von längstens vier Jahren, könnte man sich der steuerrechtlichen Sichtweise annähern, und mit dem Bilanzierungsziel der Kreditwürdigkeit den AFA-Tabellenwert aus dem Steuerrecht in das Handelsrecht übernehmen.

---

[40] Vgl. KPMG, 1999, S. 68.
[41] Vgl. KMPG, 1999, S. 214.

Dies geschähe mit der Argumentation, dass mangels konkreter Angaben vielfach handelsrechtlich auf die AfA-Tabellen des Steuerrechts zurückgegriffen wird. Auch in diesem Fall würde man einen konkreten Abschreibungszeitraum aus dem Steuerrecht übernehmen, für den der Gesetzgeber sicher gute Gründe nennen kann, und somit den Geschäfts- oder Firmenwert *auch handelsrechtlich* über 15 Jahre abschreiben. Damit würden sich die mit Firmenwert-Kauf verbundenen Ausgaben auf einen Zeitraum von 15 Jahren verteilen und der Abschreibungsaufwand der entsprechenden zukünftigen Geschäftsjahre wäre ‚so niedrig wie handelsrechtlich möglich'.

7.3.3.3 Buchung des Geschäftsfalls auf Konten

Im konkreten Fall der NMA GmbH gehen wir davon aus, dass zur Erweiterung des Geschäftsvolumens, aber auch im Sinne der Erweiterung der betrieblichen Wissensbasis, 100 % des Stammkapitals von 25.000 EUR (zugleich Gesellschafteranteile) der Multimedia-Visions-GmbH erworben wurden, und der bezahlte Geschäfts- oder Firmenwert nach Verhandlungen über die jeweils eingereichten Bewertungsgutachten von den Verhandlungsparteien auf 108.500 EUR festgesetzt wurde. Der Unternehmenskauf soll als *Beteiligung an verbundenen Unternehmen* in der Bilanz der NMA GmbH erscheinen und die Multimedia-Visions-GmbH soll weiterhin rechtlich selbständig bleiben. Es fand mit dem Kauf also lediglich ein notariell beurkundeter Wechsel der Gesellschafter statt.

Der Kaufpreis des Unternehmens wurde über die Geschäftsgirokonten auf ein Notaranderkonto überwiesen und damit bezahlt, wobei ein Unternehmenskauf *generell nicht umsatzsteuerpflichtig* ist.

7.3.3.4 Bilanzierungsziel: Steuerbelastungsminimierung

Alternativ kann der derivative Geschäfts- und Firmenwert auch als Aufwand direkt im Jahr des Unternehmenskaufs angesetzt werden. Leider finden sich zu dieser handelsrechtlichen Bilanzierungsalternative keinerlei Literaturhinweise. Auch finden sich im Standardkontenrahmen SKR 04 in der uns vorliegenden Version von 1998 keinerlei Kontohinweise zum Thema der Aufwandsbuchung im Jahr des Unternehmenskaufs.

Die Autoren gehen davon aus, dass aus buchungssystematischen Gründen ein außerordentlicher Aufwand gebucht werden müsste und richten im SKR 04 das entsprechenden Konto mit der Nummer 7510 „Außerordentliche Aufwendungen aus Geschäfts- und Firmenwertkauf" ein.

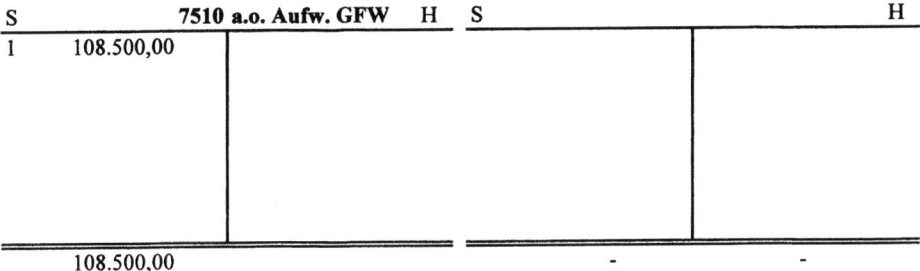

7.3.3.5 Bilanzierungsziel: Kreditwürdigkeit

Für den Fall der Verfolgung des bilanzpolitischen Ziels der Kreditwürdigkeit würde der derivative Geschäfts- oder Firmenwert auf dem Konto 0150 „Geschäfts- oder Firmenwert" gebucht und über die Dauer von 15 Jahren abgeschrieben, wobei sich ein jährlicher Abschreibungsbetrag von ca. 7.233 EUR ergäbe.

Der derivative Geschäfts- und Firmenwert wird auf das aktive Bestandskonto 0150 im Soll gebucht und die jährliche Abschreibung wird auf dem Konto 6205 ebenfalls im Soll gebucht, wie die Buchung 2 in der unteren Abbildung zeigt. Der Kaufpreis von 108.500 EUR wird über Bank/einen Bankkredit und das Konto 1800 netto beglichen, da Unternehmenskäufe umsatzsteuerfrei sind.

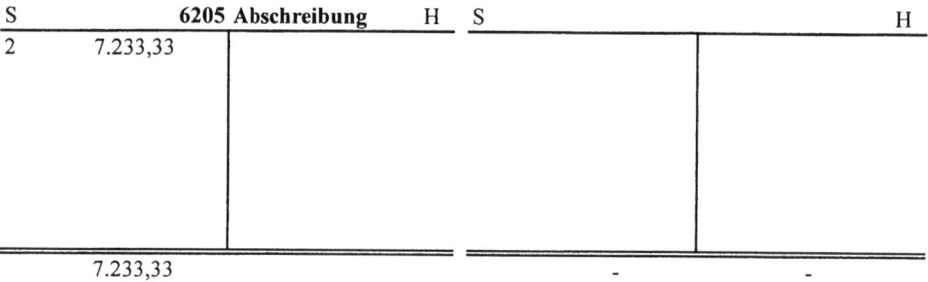

Abbildung 20: Buchung des Geschäfts- und Firmenwerts

7.3.3.6 Auswirkung auf die Bilanz

Dieser Fall ist für die Autoren deshalb so interessant, weil es zur konkreten Frage der Buchung und Behandlung bei Nichtaktivierung kein uns bekannt gewordenes Fachbuch gibt, das den Fall überhaupt nur ansatzweise beschreibt. Offenbar gehen die Autoren trotz des bestehenden handelsrechtlichen Wahlrechts davon aus, das ein derivativer Firmenwert immer aktiviert und abgeschrieben wird.

Für das Bilanzierungsziel der Steuerbelastungsminimierung ergibt sich die volle Aufwandsverbuchung im Jahr des Unternehmenskaufs, die u.E. als außerordentlicher Aufwand zu buchen wäre. Demzufolge ergäbe sich die unten dargestellte Muster-GuV-Rechnung:

Gewinn- und Verlustrechnung

	EUR	EUR
1.Umsatzerlöse		330.131,59
2. Bestandsveränderungen		
3. Andere aktivierte Eigenleistungen		
4. Sonstige betriebliche Erträge		847,28
5. Materialaufwand		
a) Aufwendungen für RHB und für bezogene Waren	19.247,85	
b) Aufwendungen für bezogene Leistungen	4.627,60	23.875,45
6. Personalaufwand		
a) Löhne und Gehälter	60.451,00	
b) soziale Abgaben und Aufwendungen für die Altersversorgung und Untersützung	15.873,26	76.324,26
davon für Altersversorgung EUR 6.827,69		
7. Abschreibungen		
8. Sonstige betriebliche Aufwendungen		86.423,42
9. Sonstige Zinsen und ähnliche Erträge		507,40
10. Zinsen und ähnliche Aufwendungen		6.810,48
11. Ergebnis der gewöhnlichen Geschäftstätigkeit		138.052,66
12. außerordentliche Aufwendungen	108.500,00	
13. Steuern vom Einkommen und vom Ertrag	9.450,00	
14. Sonstige Steuern	504,00	118.454,00
15. Jahresüberschuss/ Jahresfehlbetrag		19.598,66

Infolge des außerordentlichen Aufwands (derivativer Geschäfts- und Firmenwert) sinkt der Jahresüberschuss auf 19.598,66 EUR. Diese Senkung ist ganz wesentlich durch die hohen außerordentlichen Aufwendungen von 108.500 EUR bestimmt, denn u.E. sind die Aufwendungen für den Erwerb des Firmenwertes des zugekauften Unternehmens als aperiodisch anzusehen und sind damit nicht als betriebsgewöhnlicher Aufwand der Abrechnungsperiode zu klassifizieren.

Gänzlich anders verhält es sich, wenn man im Rahmen des bilanzpolitischen Ziels der Kreditwürdigkeit für die Aktivierung i.S.d. § 255 IV HGB optiert und den derivativen Geschäfts- und Firmenwert auf 15 Jahre abschreibt. Dabei nutzt man die Möglichkeit, dass das Handelsrecht zwar eine Abschreibungsdauer von vier Jahren vorsieht, aber zugleich eine ‚Öffnungsklausel' für die steuerrechtliche Abschreibungsdauer von 15 Jahren vorgesehen ist.

Musterjahresabschluss der NMA GmbH

Aktiva	EUR	EUR
Geschäfts- und Firmenwert		101.266,67

A. Anlagevermögen

I. Sachanlagen
1. andere Anlagen, Betriebs- und Geschäftsaus.   59.497,00

B. Umlaufvermögen

I. Vorräte
1. Roh-, Hilfs- und Betriebsstoffe   2.100,00
2. Unfertige Erzeugnisse, unfertige Leistungen   161.400,00   163.500,00

II. Forderungen u. sonst. Vermögensgegenst.
1. Forderungen aus Lieferungen und Leistungen   21.908,95
2. Sonstige Vermögensgegenstände   657,00   22.565,95

III. Schecks, Kassenbestand, Bundesbank- und
Postbankguthaben, Guthaben bei Kreditinstituten   6.600,08

C. Rechnungsabgrenzungsposten

Summe Aktiva   353.429,70

Dementsprechend wird der derivative Geschäfts- und Firmenwert vor dem Anlagevermögen ausgewiesen und mit 101.266,67 EUR aktiviert, wobei dieser Wertansatz schon die Jahresabschreibung i.H.v. 7.233,33 EUR berücksichtigt.

Die zu diesem Bilanzierungswahlrecht korrespondierende GuV-Rechnung auf der nächsten Seite zeigt, dass lediglich der Abschreibungsaufwand (grau unterlegtes Feld) das Ergebnis des Geschäftsjahres zusätzlich minderte. Damit sinkt der Jahresüberschuss im Vergleich zur vollen außerordentlichen Aufwandsverrechnung lediglich um 7.233,33 EUR auf 120.865,33 EUR.

Damit beträgt der Unterschied beim Gewinnausweis zwischen beiden Bilanzierungs- und Buchungsalternativen *für denselben Geschäftsfall* immerhin 101.266,67 EUR.

Gewinn- und Verlustrechnung

	EUR	EUR
1. Umsatzerlöse		330.131,59
2. Bestandsveränderungen		
3. Andere aktivierte Eigenleistungen		
4. Sonstige betriebliche Erträge		847,28
5. Materialaufwand		
a) Aufwendungen für RHB und für bezogene Waren	19.247,85	
b) Aufwendungen für bezogene Leistungen	4.627,60	23.875,45
6. Personalaufwand		
a) Löhne und Gehälter	60.451,00	
b) soziale Abgaben und Aufwendungen für die Altersversorgung und Untersützung	15.873,26	76.324,26
davon für Altersversorgung EUR 6.827,69		
7. Abschreibungen		7.233,33
8. Sonstige betriebliche Aufwendungen		86.423,42
9. Sonstige Zinsen und ähnliche Erträge		507,40
10. Zinsen und ähnliche Aufwendungen		6.810,48
11. Ergebnis der gewöhnlichen Geschäftstätigkeit		130.819,33
12. Steuern vom Einkommen und vom Ertrag	9.450,00	
13. Sonstige Steuern	504,00	9.954,00
14. Jahresüberschuss/ Jahresfehlbetrag		120.865,33

7.4 Bilanzierung und Bewertung von selbsterstellter Controlling-Software

Aufgrund des wachsenden Geschäftsvolumens beschließen die Gesellschafter der NMA GmbH eine *professionelle* Controlling-Software für den Gesamtbetrieb sowie für die einzelnen Geschäftsfelder zu erstellen. Dadurch soll verhindert werden, dass Aufträge angenommen werden, die lediglich ein Umsatzwachstum, aber kein ‚qualitatives' Wachstum bedeuten. Patrick, der die Erstellung als Projektleiter begleiten soll, möchte durch eine ‚selektive Auftragsannahme' die hohe Umsatz- und Eigenkapitalrentabilität der NMA GmbH auch für die kommenden Geschäftsjahre sichern.

7.4.1 Bilanzierung und Bewertung nach HGB und Steuerrecht

7.4.1.1 Prüfung der Bilanzierungsfähigkeit

In der nächsten Gesellschafterversammlung setzt Patrick das Thema der selbsterstellten Controlling-Software auf die Tagesordnung und diskutiert mit den anderen Gesellschaftern zunächst die **handelsrechtliche** Bilanzierung dieses Falles. Patrick stellt den Gesellschaftern zunächst ein ‚Bilanzierungsschema' vor, an dem sich jeder Bilanzierungsfall systematisch prüfen lässt.

Die Abbildung, die Patrick den Gesellschaftern vorlegt, zeigt das allgemeine Ablaufschema bei einer Bilanzierungsentscheidung.[42] Der erste Kasten im oberen Teil der Abbildung zeigt, dass zunächst die ‚Bilanzierungsfähigkeit' eines ‚Gegenstandes' geprüft werden muss. Leider gibt es im Handelsrecht keine Legaldefinition des Begriffs ‚Vermögensgegenstand'. Vielmehr handelt es sich um einen sogenannten unbestimmten Rechtsbegriff, der durch die Meinung der Kommentatoren zum HGB aufgeklärt (‚erhellt') werden muss. Hier die Kriterien, nach denen sich entscheidet, ob ein ‚Gegenstand' als Vermögensgegenstand anzusehen ist und damit - prinzipiell - bilanzierungsfähig ist:[43]

- der ‚Gegenstand' muss selbständig verkehrsfähig sein, sich also auf andere Wirtschaftssubjekte (Käufer) übertragen lassen (‚verkaufen' lassen),[44]

- es ist ein wirtschaftlicher Nutzen für das Unternehmen vorhanden, der mit dem ‚Gegenstand' verbunden ist und sich in einem vorhandenen ‚Marktpreis' ausdrücken kann,

- der ‚Gegenstand' ist einzeln bewertbar und bildet eine ‚abgeschlossene Sachgesamtheit', die im Betrieb eine definierbare Funktion erfüllen oder ermöglichen kann,[45]

- der ‚Gegenstand' muss sich auf den Gesamtwert des Betriebes auswirken,

---

[42] In Anlehnung an Hilke, 1995, S. 226.
[43] Vgl. Küting/ Weber, 1990, II 180 ff. Am Beispiel des unbestimmten Rechtsbegriffs des Vermögensgegenstands ist gut zu veranschaulichen, dass auch erfahrene Bilanzfachleute für konkrete Bilanzierungsfälle immer wieder in Kommentaren nachlesen müssen.

- über den ‚Gegenstand' besteht die tatsächliche Verfügungsgewalt, die nicht das juristische Eigentum voraussetzt,

- der ‚Gegenstand' kann auch immateriell sein, wie z.B. Patente, also ein Recht verbriefen oder begründen.[46]

Diese Ausführungen, die als Kriterien des ‚Vermögensgegenstands' entwickelt wurden, kommen den Mitgesellschaftern zu Recht sehr abstrakt vor. Daher erläutert Patrick seinen Geschäftspartnern und Mitgesellschaftern die Kriterien. Er führt dazu aus: „Das wohl bedeutungsschwerste Kriterium ist die Verkehrsfähigkeit eines Gegenstandes, von dem sich andere Kriterien ableiten.

Danach muss sich ein Gegenstand übertragen lassen und einen wirtschaftlichen Nutzen haben, der sich in einem Marktpreis ausdrücken kann. Das Kriterium ‚Marktpreis' impliziert aber schon die ‚Einzelbewertbarkeit', d.h. also die mögliche Trennungen von anderen Gegenständen des Betriebs. Marktpreis und Einzelbewertbarkeit sind nun ihrerseits Voraussetzungen dafür, dass sich der Gegenstand auf den Gesamtwert des Betriebes auswirkt. Ferner sollte die tatsächliche Verfügungsgewalt ausgeübt werden und ein ‚immaterieller Status' eines Gegenstands ändert nichts an der grundsätzlichen Qualifizierung als Vermögensgegenstand.

Angewandt auf den Fall der Controlling-Software hat Software einen wirtschaftlichen Nutzen und sie wird daher gekauft oder selbst programmiert (Verkehrsfähigkeit und Preis). Damit einhergehend ist sie einzeln bewertbar (Preis) und kann von den übrigen Vermögensgegenständen des Betriebs separiert werden, z.B. auf einer CD-ROM. Sie hat, wenn sie gekauft wurde, eine Auswirkung auf den Gesamtwert des Betriebs, denn sie geht *im Fall des Fremdbezugs* in die Aktivseite ein. Der immaterielle Status, den Software hat, ist unschädlich für ihre Qualifizierung als Vermögensgegenstand.

---

[44] Während ein Teil der Kommentatoren auf die konkrete Veräußerbarkeit abstellt, sehen andere Kommentatoren die abstrakte Veräußerbarkeit als hinreichend an.
[45] Auch: selbständige Bewertbarkeit.
[46] Vgl. Heymann, 1989, § 247 Rn 8 ff.

Damit ist die - zugegeben etwas trockene - Prüfung der Bilanzierungsfähigkeit von selbsterstellter Controlling-Software abgeschlossen. Ohne die Fantasie über Gebühr zu strapazieren, kann man sagen, dass selbsterstellte Controlling-Software einen Vermögensgegenstand darstellt und *daher prinzipiell* bilanzierungsfähig ist. Nun stellt sich die Frage, ob dieser Vermögensgegenstand zum Umlauf- oder Anlagevermögen zuzuordnen ist. Da seine Nutzung mit Sicherheit die Dauer eines Jahres überschreiten soll, kann die Frage dahingehend beantwortet werden, dass von einem Vermögensgegenstand des Anlagevermögens auszugehen ist.

Da die Software selbsterstellt werden soll und damit einhergehend *nicht entgeltlich erworben wird* - also ‚originär' ist wie Bilanzierungsfachleute sagen - ist nun das eventuelle Vorliegen eines Bilanzierungsverbotes zu prüfen, wie es auch das oben dargestellte Prüfschema darstellt. Im § 248 II HGB steht: "Für immaterielle Vermögensgegenstände des Anlagevermögens, die nicht entgeltlich erworben wurden, darf ein Aktivposten nicht angesetzt werden."

Damit ist die Prüfung an dieser Stelle beendet, denn die selbsterstellte Controlling-Software fällt mit der vorangehenden Prüfung ihrer Bilanzierungsfähigkeit unter das Bilanzierungsverbot des 248 II HGB. Da ein ‚explizites' Bilanzierungsverbot vorliegt, erfolgt ‚kein Bilanzansatz', wie das Prüfschema von Patrick richtig zeigt.

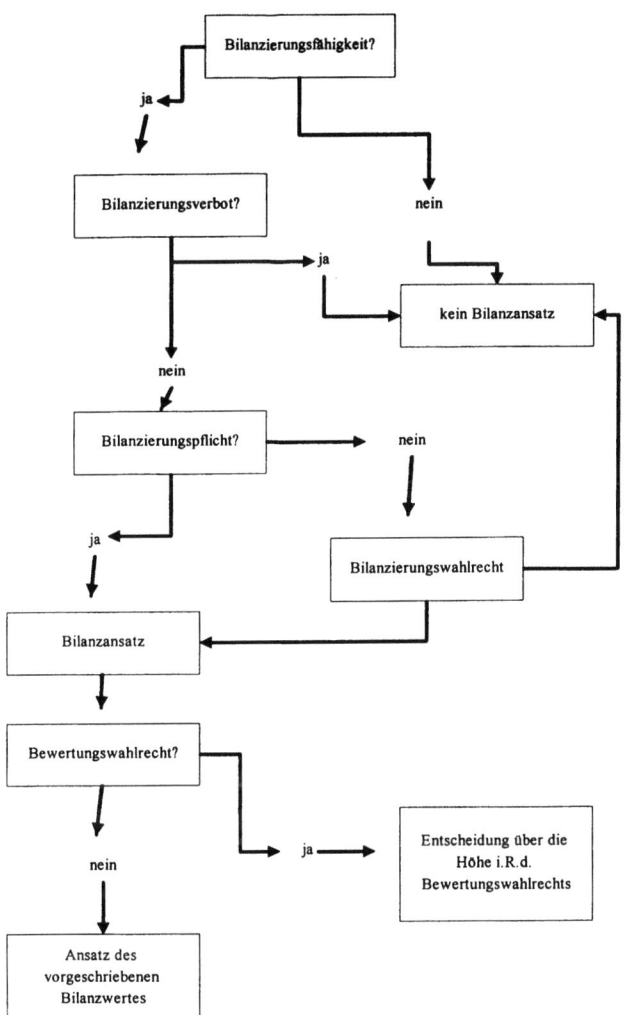

Abbildung 21: Bilanzierungsentscheidung

Nun hat das Prüfschema zur Bilanzierung also ergeben, dass die selbsterstellte Controlling-Software nicht bilanziert werden darf. Gleichwohl lässt sich das Projekt berechnen und bewerten. Die Gesellschafter sind bei dieser Bezifferung - unbenommen von der Bilanzierungsfähigkeit - dann über die voraussichtlichen Kosten des Projektes informiert, die als Aufwand das Ergebnis des Geschäftsjahres in vollem Umfang belasten wird. Daher erstellt Patrick in Zusammenarbeit mit den anderen Gesellschaftern eine Übersicht zu den Plankosten des Projektes.

Dazu werden, vor dem Hintergrund der gegebenen Daten bei der NMA GmbH, die gesamten produktiven Stunden pro Mitarbeiter und Monat berechnet:

Anzahl der Tage pro Jahr:	365
- abzüglich Samstage:	52
- abzüglich Sonntage:	52
- abzüglich Lohnausgleichstage:	0
= zu bezahlende Tage	**261**
- abzüglich Feiertage:	11
- abzüglich Urlaubstage:	30
- abzüglich sonstige tarifliche Ausfalltage:	1
- abzüglich Krankheitstage:	10
= Anwesenheitstage	**209**
+ Überstunden in Tagen	8,6
=Anwesenheitstage incl. Überstd.	**217,6**
- abzüglich nicht direkt verrechenbaren Arbeitsstd.:	9,6
=produktive Tage:	**208,0**
* durchschnittliche Std. pro Tag (laut Arbeitsvertrag)	7,8
=produktive Std. pro Jahr und MA:	**1.622**
*Anzahl der MA:	1
=gesamte produktive Std.pro Jahr:	**1.622**
Umrechnungsfaktor auf Oktober *(31/365):	1,00000
=gesamte produktive Stunden im Jahr:	**1.622**
=gesamte verrechenbare Std.im Monat:	**135**

Tabelle 21: Berechnung der produktiven Stunden

Anschließend werden die Personalkosten berechnet, indem die Personalbasis- und Personalzusatzkosten (Bruttogehalt und Abgaben) durch die oben berechneten verrechenbaren Stunden je Mitarbeiter/Monat dividiert werden:

		EUR
Bruttogehalt (Personalbasiskosten)		2.750,00
Abgaben (22% von Bruttogehalt):		605,00
gesamte verrechenbare Stunden:		135,00
Personalkostenstundensatz:		24,85

Tabelle 22: Bezifferung der Personalkosten in EUR

Die Bezifferung, die Patrick als Datenbasis für die Berechnung der Projektkosten benutzt, zeigt, dass bei der zur Zeit gegebenen Datenlage eine ‚Progammierstunde' zur Erstellung der Controlling-Software 24,85 EUR (ca. 50 DM) kostet. Dabei sind an dieser Stelle nur die reinen Personalbasis- und Personalzusatzkosten berechnet.

Projektkosten Controlling-Software		EUR
Programmierstunden	300	7.455,56
geschätzte Materialkosten		3.500,00
geschätzte sonstige Kosten		2.500,00
Gesamtkosten:		13.455,56

Der größte Kostenblock in EUR entsteht sicherlich durch den größten Kostentreiber in dem Dienstleistungsunternehmen, die Personalkosten. Die geschätzte Stundenzahl multipliziert mit dem oben berechneten Stundensatz von 24,85 EUR führt zu geschätzten Programmierkosten von knapp 7.500 EUR. Zusätzlich setzt Patrick noch Materialkosten und sonstige Kosten an. Dadurch ergeben sie Projektgesamtkosten von 13.455,56 EUR.

Wir hatten weiter oben im Zusammenhang mit der Bilanzierungsfähigkeit der selbsterstellten Controlling-Software das Bilanzierungsverbot festgestellt. Die Frage lautet jetzt, ob diese Aufwendungen der Selbsterstellung ‚irgendwie' berücksichtigt werden. Sicherlich, denn schließlich gibt es nur die Alternativen Bilanzierung (Aktivierung oder Passivierung) oder Ausweis in der GuV-Rechnung. Diese projektbezogenen Aufwendungen werden also in der GuV-Rechnung des Jahres erscheinen, in dem das Projekt durchgeführt wird und in Folge dessen das Ergebnis entsprechend belasten.

Steuerrechtlich sind die Aufwendungen als Betriebsausgaben zu klassifizieren und mindern so den steuerrechtlichen Gewinn in gleicher Höhe wie die handelsrechtlichen Aufwendungen. In diesem Fall sind handelsrechtliche Aufwendungen und steuerrechtliche Betriebsausgaben *identisch* und wirken sich c.p. auf das Ergebnis gleich aus.

7.4.2 Bilanzierung und Bewertung nach IAS

Mit dem IAS 38, der ab dem 01. 07. 1999 verbindlich anzuwenden ist und den IAS 9 ersetzt, wurden erstmals im Jahr 1998 die immateriellen Vermögensgegenstände (*intangible assets*) als Oberbegriff in das Regelwerk der IAS aufgenommen, wobei, dem kasuistischen Aufbauprinzip der IAS folgend, vorher schon einzelne Regelungen zu Entwicklungskosten und zum Geschäfts- oder Firmenwert bestanden.[47]

Dabei wird der immaterielle Vermögensgegenstand nach IAS durch das Vorliegen von folgenden Kriterien definiert (IAS 38.9/ 38.13/ 38.17/38.20):

Der immaterielle Vermögensgegenstand bedeutet für das bilanzierende Unternehmen einen *Zufluss an zukünftigem ökonomischen Nutzen*, der sich durch die Veräußerung von Produkten und Dienstleistungen, aber ebenso durch vernünftige und nachprüfbare Angaben zu Kosteneinsparungen zeigen kann.

Zusätzlich muss der immaterielle Vermögensgegenstand von anderen Vermögensgegenständen bzw. von der Unternehmung als Ganzes im Sinne des IAS 38.11 *separierbar* (*identifiability*) sein.

Der immaterielle Vermögensgegenstand lässt sich nach IAS 38.13 für das bilanzierende Unternehmen *kontrollieren*, wobei diese Kontrolle für die Ausbildung und das erworbene Prozesswissen von Mitarbeitern nach IAS 38.15 verneint wird und dieser Tatbestand mithin genauso wenig als immaterieller Vermögensgegenstand anzusetzen ist wie selbsterstellte Marken, Publikationstitel, Kundenverzeichnisse und Lieferbeziehungen u.ä. (IAS 38.52).[48] Diese Tatbestände sind u.E. eher dem Geschäfts- und Firmenwert zuzurechnen, für den, wie oben ausgeführt, separate Regelungen bestehen.

Zusätzlich zu diesen allgemein zu erfüllenden Kriterien für immaterielle Vermögensgegenstände bestehen, wegen der gegebenen Manipulationsmöglichkeiten bei *selbsterstellten immateriellen Vermögensgegenständen*, nach IAS 38.45 die nachfolgend aufgeführten Prüfkriterien. Das bilanzierende Unternehmen hat darzulegen, dass der immaterielle Vermögensgegenstand

---

[47] Vgl. KPMG, 1999, S. 64.
[48] Vgl. KPMG, 1999, S. 64 f.

weiterentwickelt werden soll, damit er im wirtschaftlichen Verkehr genutzt und entsprechend vermarktet werden kann,

sich zuverlässig den mit ihm verbundenen Aufwendungen zurechnen lässt und diese Aufwendungen auch vom bilanzierenden Unternehmen bis zum Abschluss des Projektes aufgebracht werden können.[49]

Für unseren konkreten Bilanzierungsfall der **selbsterstellten Controlling-Software** müssen die Bilanzierungskriterien im Sinne der IAS nun abgeprüft werden, wobei eine Entscheidung im Einzelfall schwierig sein kann. Wir werden an dieser Stelle in Analogie zu den IAS die Prüfung zweigeteilt vornehmen. Zunächst werden die ‚allgemeinen' Kriterien zu den immateriellen Vermögensgegenständen geprüft, um dann zu den ‚speziellen' Kriterien für *selbsterstellte* immaterielle Vermögensgegenstände überzuleiten.

Der bilanzierenden NMA müsste aus der entwickelten Controlling-Software ein bewertbarer, zukünftiger ökonomischer Nutzen in Geld oder geldwerten Vorteilen zufließen, wobei auch nachweisbare Kosteneinsparungen als gleichwertiges ‚Gut' anzusehen sind. Aus der **Eigenverwendung** einer selbsterstellten Controlling-Software, die der Entwicklung des Geschäftsbetriebs als Ganzes dient (IAS 38.52), sind u.E. keine unmittelbaren Geldzuflüsse in der Zukunft zu erwarten, weil eine Controlling-Software als Teil der Ablauforganisation eher zu einem Bestandteil der operativen Organisationsstruktur wird. Gleichwohl könnten durch die Einführung einer selbsterstellten Controlling-Software und dem damit verbundenen Datenbanksystem Kosteneinsparungen durch die Vermeidung von Doppelarbeit und die Rationalisierung der Abrechnungen qualitativ nachgewiesen werden. Eine genaue Bezifferung würde aber als Abgrenzungsfall schwierig und würde mit der **Prozesskostenrechnung** als prozessbezogenem Controlling ein Erfassungs- und Abrechnungsschema schon voraussetzen, dass mit der Controlling-Software erst geschaffen werden soll.

Daher ist unseres Erachtens das erste Kriterium im Sinne der IAS *nicht* erfüllt. Obgleich man *in der Praxis* die Prüfung an dieser Stelle abbricht, werden wir aus Darstellungsgründen an dieser Stelle weiter prüfen.

---

[49] Vgl. KPMG, 1999, S. 66.

Mit der Controlling-Software, die sich auf Datenträgern speichern lässt (z.B. ZIP oder CD-ROM), ist der Vermögensgegenstand eindeutig im Sinne des zweiten Kriteriums abgrenzbar, also *separierbar*. Beweisanzeichen für die Behauptung ist nicht nur die getrennte Speicherfähigkeit, die sich von der übrigen EDV der NMA GmbH trennen lässt, sondern auch die eindeutig abgrenzbaren *Anwendungsgebiete* und *Anwendungsfälle* der selbsterstellten Controlling-Software (Projektkalkulation, Bezifferung von teilfertigen Projekten, KER (Geschäftsfeldrechnung) usw.). Damit ist u.E. das zweite Prüfkriterium erfüllt.

Auch die auf die rechtliche Herrschaft abzielende *Kontrollierbarkeit* der selbsterstellten Controlling-Software scheint aus unserer Sicht eher unproblematisch. Selbstverständlich könnte die NMA GmbH die Software, weil auf einem Datenträger *separierbar (speicherbar)*, auch als gängigen Vermögensgegenstand im Geschäftsverkehr veräußern. Vor der Veräußerung wären nur die notwendigen patent- und warenschutzrechtlichen Anträge zu stellen, um die Software als *registriertes geistiges Eigentum* unter die patent- und warenschutzrechtlichen Bestimmungen fallen zu lassen. Insofern ist die Ausübung der *rechtlichen Kontrolle* natürlich möglich. Damit wäre das dritte Prüfkriterium erfüllt.

Nun zur Prüfung der zusätzlichen Kriterien für *selbsterstellte* immaterielle Vermögensgegenstände.

Den Nachweis zu erbringen, dass eine selbsterstellte Controlling-Software weiterentwickelt werden soll, um sie zu vermarkten, dürfte bei diesem gut abgrenzbaren Vermögensgegenstand nicht allzu schwer fallen. Man kann davon ausgehen, dass auch selbsterstellte Software *überarbeitet* wird, was sich in verschiedenen Versionen ausdrückt und prinzipiell, wie oben schon ausgeführt, auch vermarktet werden kann. Insofern ist u.E. das *erste zusätzliche* Prüfkriterium für *selbsterstellte* immaterielle Vermögensgegenstände erfüllt.

Auch die Bezifferung der Projektkosten ist, wie dieses Beispiel zeigt, aus einer bestehenden Kostenrechnung heraus gut möglich. Wenn Stundenverrechnungssätze bestehen und die Ist-Stundenzahl bei der Programmierung der Software festgehalten wird, dann ist eine Berechnung der projektbezogenen Entwicklungskosten durchführbar. Zusätzlich gehen wir davon aus, dass dieses Projekt bei der NMA GmbH *vorkalkuliert* wurde und die Projektkosten von der NMA GmbH auch getragen werden können, sonst wäre eine positive Projektentscheidung nicht gefällt worden. Auch insoweit ist u.E. das *zweite zusätzliche* Prüfkriterium erfüllt.

Zusammenfassend sind u.E. alle Kriterien, die die IAS an *selbsterstellte* immaterielle Vermögensgegenstände knüpfen, erfüllt, nur der eindeutige Nachweis des zukünftigen Zuflusses eines wirtschaftlichen Nutzens kann für den Fall der reinen ‚Selbstverwendung' der Software nicht zweifelsfrei geführt werden, weil die selbsterstellte Controlling-Software von der Entwicklung des Geschäftsbetriebs als Ganzes (IAS 38.52) nicht sinnvoll abgegrenzt werden kann. Damit hätte der Ansatz zu unterbleiben. Die Controlling-Software würde mit ihren Ist-Herstellungskosten als Aufwand in die GuV-Rechnung eingehen und das Ergebnis des betreffenden Geschäftsjahres belasten.

U.E. wäre der Bilanzierungsfall dann zu bejahen, wenn die selbsterstellte Controlling-Software mit einem zusätzlichen Geschäftsfeld *extern vermarktet* werden würde. Dann ist der zukünftige wirtschaftliche Nutzen über Umsatzschätzungen eindeutig anzugeben und das erste Kriterium wäre erfüllt.

Nun ist die Bilanzierungsfrage *für diesen Bilanzierungsfall* hinreichend geklärt. Anschließend wird die **Bewertungsfrage** für *andere immaterielle* Bilanzierungsfälle dargestellt.

Immaterielle Vermögensgegenstände, die nach der oben dargestellten Prüfung aktivierungsfähig sind, sind zugleich auch *aktivierungspflichtig*. Sie können bei der Einbuchung nach zwei alternativen Methoden bewertet werden: der *benchmark-Methode* oder nach der *Neubewertungsmethode*. Nach der *benchmark-Methode*, die der deutschen Bewertung wohl am nächsten kommt, ist der immaterielle Vermögensgegenstand nach IAS 38.22 mit den fortgeführten Anschaffungs- oder Herstellungskosten zu bewerten.

Alternativ kann auch die *Neubewertungsmethode* (*revalued amount*) Verwendung finden, wobei diese Methode auf den beizulegenden Wert des immateriellen Vermögensgegenstandes abstellt, einen bestehenden Markt für den zu bewertenden Vermögensgegenstand voraussetzt, und die bis zum Bilanzstichtag aufgelaufenen Abschreibungen von dem Neubewertungsansatz abzieht.[50]

Nach IAS 38.79 wird als ‚betriebsgewöhnliche Nutzungsdauer' (*useful life*) des immateriellen Vermögensgegenstandes eine Dauer von 20 Jahren angenommen, wobei die Wahl der Abschreibungsmethode frei ist, jedoch dem tatsächlichen Wertverlauf entsprechen soll. Kann dieser nicht zweifelsfrei vorausgesehen werden, dann ist nach IAS 38.88 die lineare Abschreibungsmethode zu wählen, und die Abschreibungsbeträge sind - unabhängig von dem gewählten Abschreibungsverfahren - als Aufwand in die GuV-Rechnung einzustellen.[51]

7.4.3 Entscheidungsorientierte Bilanzpolitik

Da die Prüfung der Bilanzierungsfähigkeit bei der *selbsterstellten* Controlling-Software ergeben hat, dass diese nicht bilanzierungsfähig ist, besteht kein bilanzpolitischer Spielraum. Daher wird an dieser Stelle die Buchung der gesamten Projektkosten als Aufwand/Betriebsausgabe skizziert. Für die projektbezogenen Aufwandsarten *Personalkosten, Materialkosten und sonstige Kosten* werden die Auswirkungen auf die GuV-Rechnung am Beispiel des Musterjahresabschlusses dargestellt.

---

[50] Vgl. KPMG, 1999, S. 67.
[51] Vgl. KPMG, 1999, S. 68.

7.4.3.1 Verbuchung des Geschäftsfalls auf Konten

S	5000 Materialaufwand	H	S	6020 Gehälter	H
1	3.500,00		1	2.500,00	
			2	2.500,00	
			3	2.500,00	
	3.500,00			**7.500,00**	**-**

S	6805 Telefon	H	S		H
1	2.500,00				
	2.500,00			**-**	**-**

Wir nehmen an, dass die Plankosten bis auf die Personalkosten genau den Istkosten entsprechen. Die Projektkosten werden in die laufenden Aufwandsbuchungen der NMA GmbH aufgenommen, da sie ja nicht bilanziert werden dürfen. Demzufolge wird der Materialaufwand in das Konto 5000 eingebucht und als sonstige Kosten sind Telefonkosten von 2.500 EUR im Konto 6805 angefallen. Zugleich zeigt die Verbuchung der Personalkosten nur die Bruttogehälter für drei Monate auf dem Konto 6020. In der Buchungspraxis besteht ein Gehaltsbuchungssatz als *zusammengesetzter Buchungssatz* aus einer Vielzahl von angesprochenen Konten, auf deren Darstellung wir aber an dieser Stelle verzichten wollen.

Auf die GuV-Rechnung des Musterjahresabschlusses wirken sich die Material- und sonstigen Kosten und die Personalkosten des Projektes wie folgt aus:

Gewinn- und Verlustrechnung

	EUR	EUR
1.Umsatzerlöse		330.131,59
2. Bestandsveränderungen		
3. Andere aktivierte Eigenleistungen		
4. Sonstige betriebliche Erträge		847,28
5. Materialaufwand		
a) Aufwendungen für RHB und für bezogene Waren	22.747,85	(+ 3.500)
b) Aufwendungen für bezogene Leistungen	4.627,60	27.375,45
6. Personalaufwand		
a) Löhne und Gehälter	66.562,11	(+ 6.111,11)
b) soziale Abgaben und Aufwendungen für die		
Altersversorgung und Unterstützung (+ 1.344,44)	17.217,70	83.779,81
davon für Altersversorgung EUR 6.827,69		
7. Abschreibungen		
8. Sonstige betriebliche Aufwendungen	(+ 2.500)	88.923,42
9. Sonstige Zinsen und ähnliche Erträge		507,40
10. Zinsen und ähnliche Aufwendungen		6.810,48
11. Ergebnis der gewöhnlichen Geschäftstätigkeit		124.597,11
12. Steuern vom Einkommen und vom Ertrag	9.450,00	
13. Sonstige Steuern	504,00	9.954,00
14. Jahresüberschuss/ Jahresfehlbetrag		114.643,11

Insgesamt zeigt die Berücksichtigung der Projektkosten in der GuV-Rechnung des Musterjahresabschlusses das erwartete Ergebnis. Da die Projektkosten als ‚originärer immaterieller Vermögensgegenstand' nicht bilanzierungsfähig (hier: aktivierungsfähig) sind, müssen sie in der ‚laufenden' GuV-Rechnung berücksichtigt werden und mindern als Aufwand das Ergebnis.

Infolgedessen liegt der Jahresüberschuss *nach Berücksichtigung der Projektkosten* bei 114.643,11 EUR um 13.455,55 EUR niedriger als der Jahresüberschuss der Muster-GuV-Rechnung mit 128.098,66 EUR. Dies entspricht, eingedenk der Rundungsdifferenzen, aber genau den Projektkosten.

7.5 Bilanzierung und Bewertung von Anlagevermögen

Dem wachsenden Geschäftsvolumen hat die alte analoge Telefontechnik nicht standgehalten. Immer wieder sind Telefonate von Kunden ‚verschwunden‘, weil die Leitungen zusammenbrachen. Gleichzeitig konnten Kundenanfragen nicht effektiv bearbeitet werden, weil eine Vermittlung innerhalb des Büros nicht möglich war. Der betreffende Ansprechpartner für den Kunden wurde ‚ausgerufen‘ und musste dann schnell zum Telefon hinkommen. Dies wurde von den Gesellschaftern als ein unhaltbarer Zustand bei dieser wichtigen Schnittstelle zum Kunden empfunden.

Daher haben sich Christiane und Irina entschlossen, eine neue ISDN-Telefonanlage und zusätzlich 8 schnurlose Telefone mit entsprechenden Basisstationen zu beschaffen. Gleichzeitig wird die Anlage von ihrer Kapazität her 30 digitale schnurlose Telefon ‚verwalten‘ können. Dies ist aus Irinas Sicht eine wichtige Kapazitätsreserve für das zukünftige Geschäftswachstum.

Irina und Christiane lassen sich bei dem erarbeiteten ‚Pflichtenheft‘ für die Anlage verschiedene Angebote kommen und werden schließlich mit der „Tele-Mobil-Telefon GmbH" einig.

Zunächst nimmt Patrick die rechnerische und sachliche Prüfung der Eingangsrechnung vor. Alle Daten stimmen *rechnerisch* und *sachlich* und er zeichnet die Rechnung ab. Danach veranlasst er sofort mit der homebanking-Software die Überweisung von einem der Geschäftskonten, wobei er den eingeräumten Skonto-Betrag ausnutzen will.

Tele-Mobil-Telefon GmbH

Rechnung

Kunde:
Name: NMA GmbH
Adresse: Berlinische Str.
PLZ: 12345
Land: Berlin
Telefon   030/ 1234567

Anzahl:	Beschreibung	Einheit/EUR	Total
1 Telefonanlage "Quick Call"		3.599,00	3.599,00
1 Montageeinheit		245,00	245,00
3 Monteurstunden		125,00	375,00
1 Transportp. Bln/Brandenbrg.		50,00	50,00
1 Kleinmaterialpauschale		30,00	30,00
5 Schulungsstunden		75,00	375,00

		Zwischensumme	4.674,00
Zahlung:	14 Tage 2 % Skonto	16% USt	747,84
	30 Tage netto	**Summe:**	**5.421,84**
Bank:	Berliner Geschäftsbank e.G.		
	Kto: 12345678		
	BLZ: 100 555 999		

Abbildung 22: Eingangsrechnung der "Tele-Mobil-Telefon GmbH"

7.5.1 Bilanzierung und Bewertung nach HGB und Steuerrecht

Für die Fragen der **handelsrechtlichen Bilanzierung** stellen sich dem Bilanzierenden immer drei Fragen:

Bilanzierung dem Grunde nach: Darf bilanziert werden (liegt ein Vermögensgegenstand / Passivposten im Sinne des HGB vor) oder besteht vielleicht ein Bilanzierungsverbot? (Bilanzansatz)

Bilanzierung der Höhe nach: Mit welchem Betrag soll ein Vermögensgegenstand (Ausnahme: sog. Bilanzierungshilfen) in der Bilanz angesetzt werden? (Bewertung)

Bilanzierung der Stelle nach: Wo soll der Vermögensgegenstand in der Bilanz erscheinen? (Bilanzposten)

Die erste Frage lässt sich bei einer Telefonanlage fast schon intuitiv beantworten: Es liegt ein bilanzierungsfähiger Vermögensgegenstand vor, für den im § 248 HGB kein Bilanzierungsverbot besteht[52]: Die Telefonanlage darf also in der Bilanz erscheinen.

Die Bilanzierung der Höhe nach (Bewertung) ist diesmal allerdings ein wenig aufwendiger. Die Erkenntnisquelle für den Sachverhalt ist der § 255 I HGB. Einschlägig sind die sogenannten ‚**Anschaffungskosten**‘, die als Aufwendungen definiert werden „die geleistet werden, um einen Vermögensgegenstand zu erwerben und ihn in einen betriebsbereiten Zustand zu versetzen, soweit sie dem Vermögensgegenstand einzeln zugeordnet werden können.“

Der Anschaffungspreis wird bei der NMA GmbH netto gerechnet, weil sie vorsteuerabzugsberechtigt ist. D.h., dass die Umsatzsteuersumme der Eingangsrechnungen (‚Vorsteuer‘) mit der Umsatzsteuersumme der Ausgangsrechnungen (‚Umsatzsteuer‘) saldiert und als Zahllast an das Finanzamt abgeführt wird. Aus dieser Ausführung ergibt sich, dass die Vorsteuer ein ‚durchlaufender Posten‘ ist und daher nicht in die Berechnung der Anschaffungskosten einfließen darf. Entsprechend ergibt sich die nachstehende Bezifferung der Anschaffungskosten.

Zunächst ist bei der Bezifferung der Anschaffungskosten die Telefonanlage selbst zu berücksichtigen. Die Telefonanlage stellt das Herzstück des gesamten Vermögensgegenstandes dar und ist daher bei der Berechnung der Anschaffungskosten zu berücksichtigen.

Die Montageeinheit, der ‚Befestigungsrahmen‘ für die zentrale Telefonanlage, der auch die Steckverbindungen für die Elektroinstallationen enthält, bildet mit der eigentlichen Telefonanlage eine ‚abgeschlossene Sachgesamtheit‘ und wird daher direkt hinzugerechnet (vergleichbar: notebook und Quarzbildschirm).

---

[52] Siehe zur genauen Prüfung, ob ein Vermögensgegenstand im Sinne des Handelsgesetzbuches vorliegt: 7.4.1.1 auf Seite 136.

7.5.1.1 Berechnung der Anschaffungskosten

Anschaffungspreis	
Basismodul "Quick Call"	3.599,00
plus einzeln zurechenbare Anschaffungsnebenkosten	
Montageeinheit	245,00
Monteurstunden	375,00
Transportpauschale für Berlin/Brandenburg	50,00
Kleinmaterialpauschale (Klemmen, Kabel)	30,00
plus nachträgliche Anschaffungskosten	
	-
Zwischensumme:	4.299,00
minus Anschaffungspreisminderungen -	85,98
Anschaffungskosten	4.213,02

Tabelle 23: Ermittlung der Anschaffungskosten

Ebenso hinzuzurechnen sind die Monteurstunden i.H.v. 375 EUR. Ohne die fachgerechte Montage durch den Fernmeldetechniker der „Tele-Mobil-Telefon GmbH" hätte die Telefonanlage nicht die notwendige Stromversorgung und Anbindung an das digitale Telefonnetz. Sie wäre damit eindeutig *nicht betriebsbereit*.

Die Transportpauschale i.H.v. 50 EUR zählt zu den **Anschaffungsnebenkosten**[53], die der Telefonanlage einzeln zurechenbar sind. Wäre der Transport nicht erfolgt, wäre die Telefonanlage nicht von der Lieferfirma zur NMA GmbH verbracht worden. Damit ergibt sich trivialerweise, dass die Telefonanlage wohl kaum in einem betriebsbereiten Zustand sein könnte, denn sie wäre gar nicht in den Geschäftsräumen der NMA GmbH. Daher kann auch die Transportpauschale als Anschaffungsnebenkosten mit der Telefonanlage zusammen aktiviert werden.

---

[53] Nach h.M. sind die Anschaffungsnebenkosten nach § 255 I HGB i.V.m. § 253 I HGB zu aktivieren; es besteht also eine *Aktivierungspflicht*. Diese Einschätzung ist allerdings eine Kommentarauffassung und ergibt sich *nicht* durch eine eindeutige Formulierung der entsprechenden Paragraphen, also aus dem Gesetz.

Unproblematisch scheint in diesem Zusammenhang auch die ‚Kleinmaterialpauscha-le'von 30 EUR. Sie scheint im Zusammenhang mit der Monteurtätigkeit zu stehen. Das dort verwendete Kleinmaterial (Klemmen, Telefonkabel, stromversorgende Kabel) wird nämlich bei der Montage verwendet. Da aber die Monteurstunden unter dem Gesichtspunkt der Versetzung in einen betriebsbereiten Zustand zu den Anschaffungsnebenkosten zählen, sind die während der Montage verwendeten Kleinmaterialien wiederum der Montage zuzuordnen. Folgt man dieser Argumentation, dann ergibt sich eine Art ‚Transitivität der Bilanzierungsfähigkeit' der Kleinmaterialpauschale. Da die Monteurstunden bilanzierungsfähig sind, weil sie als Anschaffungsnebenkosten angesetzt werden können, sollten auch die während der Montage verwendeten Kleinmaterialien als Anschaffungsnebenkosten angesetzt werden können, denn ohne Klemmen, Telefonkabel und das stromversorgende Kabel, die während der Montagetätigkeit verwendet werden, ist die Telefonanlage nicht betriebsbereit.

Die **Anschaffungspreisminderungen** in Höhe von 85,98 EUR werden von dem Anschaffungspreis abgesetzt. Sie werden von der NMA GmbH ja auch nicht bezahlt, weil die Zahlungsbedingungen der „Tele-Mobil-Telefon GmbH" den Skontoabzug zulassen und dieser von der NMA GmbH in Anspruch genommen wird.

Die Schulungsstunden, die notwendig sind, damit alle Mitarbeiter der NMA GmbH die digitale Telefonanlage mit allen Funktionen (‚Dienstmerkmale' wie Makeln, Dreierkonferenz, Anrufumschaltung abends, Programmierung der Telefonkostenerfassung pro Arbeitsplatz usw.) auch voll nutzen können, sind **keine** Anschaffungsnebenkosten. Vielmehr handelt es sich um die laufenden Aufwendungen des Betriebes. Daraus ist der Schluss zu ziehen, dass sie *nicht* bilanziert bzw. aktiviert werden *dürfen* und dementsprechend als Aufwand in die GuV des Geschäftsjahres einfließen.

Überhaupt gibt es nur zwei Möglichkeiten für ‚mit dem Vermögensgegenstand' aktivierungsfähige Aufwendungen: es handelt sich um **Anschaffungskosten** oder **Anschaffungsnebenkosten**, die mit dem Erwerb des Vermögensgegenstandes in einem engen sachlichen und zeitlichen Zusammenhang stehen müssen, um sie dann im Sinne des § 255 I HGB mit dem Vermögensgegenstand zu aktivieren. Fällt ein Aufwand in keine der beiden Kategorien, dann darf er nicht mit dem Vermögensgegenstand aktiviert werden und muss folglich auf ein Aufwandskonto gebucht werden, um in die GuV einzufließen.

Zusätzlich kennt das HGB noch *nachträgliche Anschaffungskosten*, die entstehen können, wenn ein bebautes Grundstück durch Abriss von Gebäuden in einen Parkplatz
transformiert werden soll und zu diesem Zweck auch erworben wurde. In diesem Fall
sind die Abrisskosten mit dem Grundstück als nachträgliche Anschaffungskosten zu
aktivieren.[54]

Die Ermittlung der Anschaffungskosten für die **Steuerbilanz** geht im Sinne des § 9 b I
EStG, analog zur handelsrechtlichen Bilanzierung, grundsätzlich von dem Nettopreis
des ‚Wirtschaftsgutes‘ aus. Für die *Anschaffungsnebenkosten* gilt in der Steuerbilanz
eine *Aktivierungspflicht*, die sich mit dem steuerrechtlichen Ziel der periodengerechten
Aufwandsverteilung begründen lässt, um dadurch mittelbar den ‚wahren‘ steuerlichen
Gewinn einer Periode auszuweisen.[55] Auch müssen in der Steuerbilanz eingeräumte
und in Anspruch genommene Skonti von dem Nettoangebotspreis abgezogen werden.
Damit ergibt sich für die Anschaffungskosten der Steuerbilanz im vorliegenden Fall
derselbe Wertansatz, der auch in die Handelsbilanz eingeht, weil die Anschaffungsnebenkosten nach h.M. auch in der Handelsbilanz *aktivierungspflichtig* sind.

7.5.1.2 Berechnung der Abschreibung

Im Rahmen der Aktivierung von Anschaffungskosten mit den Anschaffungsnebenkosten gibt es nach HGB und Steuerrecht in diesem Fall *keinen Spielraum*, weil die Anschaffungsnebenkosten nach h.M. in den HGB-Kommentaren *aktivierungspflichtig*
sind und alle anderen Bestandteile der Telefonanlage entweder laut Gesetz aktivierungspflichtig oder nach HGB und Steuerrecht nicht aktivierungsfähig sind.

Allerdings bedeutet die Aktivierung von Anschaffungskosten, das die Telefonanlage
über die Dauer der Nutzung abgeschrieben werden muss. Nur Grundstücke unterliegen
im Regelfall nicht der Abnutzung (außer bei bergrechtlichen Gesellschaften und bei
Vorliegen von Umweltbelastungen auf Grundstücken). *Alle anderen* langfristig nutzbaren Vermögensgegenstände unterliegen im Regelfall der Abnutzung und müssen
daher im Sinne des § 253 I, S 1 HGB i.V.m. § 253 II HGB abgeschrieben werden.

---

[54] Vgl. Wöhe, 1997, S. 377.
[55] Vgl. Wöhe, 1997, S. 379. Das Handelsrecht ist bezüglich der Aktivierungspflicht von Anschaffungsnebenkosten nicht so eindeutig wie das Steuerrecht: vgl. Fussnote 53.

Anschaffungspreis	
Basismodul "Quick Call"	3.599,00
plus einzeln zurechenbare Anschaffungsnebenkosten	
Montageeinheit	245,00
Monteurstunden	375,00
Transportpauschale für Berlin/Brandenburg	50,00
Kleinmaterialpauschale (Klemmen, Kabel)	30,00
plus nachträgliche Anschaffungskosten	
	-
Zwischensumme:	4.299,00
minus Anschaffungspreisminderungen	- 85,98
Anschaffungskosten	4.213,02

Tabelle 24: Ermittlung der Anschaffungskosten in der Steuerbilanz

Die Abschreibung ist dabei nichts anderes als die planmäßige Verteilung des Aufwands auf die Perioden der Nutzung. Im vorliegenden Fall bedeutet dies, dass die Nettorechnungssumme von 4.213,02 EUR im Jahr der Anschaffung *bezahlt* worden ist. Dieser Betrag ist also zum Zeitpunkt der Anschaffung über die Girokonten der NMA GmbH abgeflossen. Wenn man nur den Geldabfluss berücksichtigen würde, dann entstünde ein falsches Bild der Vermögenslage der NMA. Eine reine Abbuchung des Betrages auf dem Geschäftskonto der NMA würde die Bilanz auf der Aktivseite um den Bruttorechnungsbetrag schmälern. Da aber mit der Zahlung der Eingangsrechnung ein mehrjährig nutzbarer Vermögensgegenstand erworben wurde, wird dieser Gegenstand aktiviert und dann entsprechend des durchschnittlichen ‚Verbrauchs' über die Jahre der Nutzung abgeschrieben. Durch die Aktivierung erreicht man die ‚richtige' Darstellung der Vermögenssituation der NMA GmbH, denn dem Geldabfluss steht ja ein Zufluss eines Vermögensgegenstandes gegenüber.

Durch die Einbuchung der Telefonanlage auf das Konto 650 wird also die Vermögenslage wieder ‚realistisch' dargestellt: Mit der linken Hand ist sozusagen das Geld gegeben worden und mit der rechten Hand hat man dafür einen Vermögensgegenstand erworben. Bilanzierungsfachleute sprechen dann von einem sogenannten Aktivtausch, der die Vermögenslage der NMA *nicht* verändert hat.

Allerdings unterliegt eine Telefonanlage der Abnutzung. Daher verlangt der Gesetzgeber die bilanzielle Darstellung dieser Abnutzung. Diese Darstellung der Abnutzung geschieht durch die Abschreibung. Gegenprobe: Der Leser mag sich fragen, ob wir die Vermögenslage der NMA zutreffend darstellen würden, wenn wir die Abnutzung des ersten Jahres ignorieren würden und die Telefonanlage nach einem Jahr immer noch mit dem „Einkaufswert" von netto 4.213,02 EUR bilanzierten: Mit Sicherheit nicht!

Während also der *reine Zahlungsvorgang* schon im ersten Jahr erfolgte, wird nun die Abnutzung über den Abschreibungsaufwand auf die Jahre der voraussichtlichen Nutzung der Telefonanlage verteilt.

Bei der Wahl des zulässigen Abschreibungsaufwands gibt es ‚bilanzpolitischen Spielraum' in der Form eines *Bewertungswahlrechts*. Da die Anlage in der ersten Hälfte des Geschäftsjahres beschafft wurde, kann eine Regelung des Steuerrechts im Handelsrecht genutzt werden. Abschnitt 44 II S 2 EStR sieht vor, dass für im ersten Halbjahr angeschaffte Wirtschaftsgüter (Begriff des Steuerrechts für einen Vermögensgegenstand[56]) aus Vereinfachungsgründen der volle Abschreibungsbetrag angesetzt werden kann. Diese Relegung des Steuerrechts ist in diesem Fall auch handelsrechtlich wirksam (umgekehrte Maßgeblichkeit).

Das *in diesem Fall* in das Handelsrecht einwirkende Steuerrecht schreibt uns auch die Abschreibungsverfahren vor, denn das Handelsrecht macht ja keine konkreten Ausführungen zur Ausgestaltung der Abschreibungsverfahren. Der § 7 I EStG sieht vor, dass ein Wirtschaftsgut mit einer voraussichtlichen Nutzung von mehr als einem Jahr entweder in gleichen Jahresbeträgen abgeschrieben werden kann (lineare Abschreibung bzw. „Absetzung für Abnutzung" (AfA)) oder nach § 7 II EStG mit maximal 30 % p.a. von den Anschaffungskosten *bzw. vom Restbuchwert* abgeschrieben werden kann.

---

[56] Die Tatbestandsmerkmale des handelsrechtlichen Vermögensgegenstandes und des steuerrechtlichen Wirtschaftsgutes sind *nicht* deckungsgleich.

Da das geometrisch-degressive Abschreibungsverfahren rein *mathematisch* nie zu einem Erinnerungsbuchwert von 1,00 EUR führt, hat der Gesetzgeber den Wechsel des Abschreibungsverfahrens in dem Jahr erlaubt, in dem die lineare Abschreibung erstmals höher ist als die geometrisch-degressive Abschreibung. Dieser Fall tritt schon im dritten Jahr ein. Der Restbuchwert am Ende des 2. Jahres liegt bei 2.064,38. Teilt man diesen Restbuchwert durch 3, dann ergibt sich ein Abschreibungsbetrag von 688,13. Dieser Abschreibungsbetrag ist höher als der geometrisch-degressive Abschreibungsbetrag von 2.064,38*0,3=619,31: Also erlaubt der Gesetzgeber den Wechsel auf das lineare Abschreibungsverfahren im dritten Jahr der Nutzung.

Der Erinnerungsbuchwert bleibt auf dem Konto, damit die Buchhaltung weiss, das der Vermögensgegenstand zwar abgeschrieben ist, sich aber noch im Bereich des Betriebsvermögens befindet und möglicherweise noch genutzt wird. Diese Annahme ist bei der Telefonanlage nicht unrealistisch.

Telefonanlage "Quick Call"
Anschaffungskosten: 4.213,02
Nutzungsdauer: 5 Jahre

Abschreibung: lineare Abschreibg. Rechtsquelle: (Rechtsquelle: § 7 I EStG) Formel: 4.213,02:5		geometrisch-degressive Abschreibg (Rechtsquelle: § 7 II EStG) 4.213,02*0,3
1	842,60	1.263,91
2	842,60	884,73
3	842,60	688,13
4	842,60	688,13
5	842,60	688,13
Erinnerungsbw	1,00	1,00

Tabelle 25: Abschreibungspläne für die Telefonanlage

158

Schon das erste Jahr der Anschaffung, in dem wir auf die Vereinfachungsregelung des A 44 II S. 2 EStR zurückgreifen, macht den Unterschied zwischen der linearen Abschreibung und der geometrisch-degressiven Abschreibung offensichtlich. Die Wahl des geometrisch-degressiven Abschreibungsverfahrens führt bei *gleichen Ausgangsdaten im ersten Jahr* zu einem um ca. 421 EUR höheren Abschreibungsaufwand p.a. Daraus ist zu schlussfolgern, dass unter c.p. der handelsrechtliche und steuerrechtliche Gewinn um 421 EUR niedriger wäre als bei Verwendung des linearen Abschreibungsverfahrens.

7.5.2 Bilanzierung und Bewertung nach IAS

7.5.2.1 Kategorien von assets im Sachanlagevermögen nach IAS

Das handelsrechtliche Anlagevermögen wird im englischsprachigen Raum nach IAS 16.7 als *property, plant and equipment* bezeichnet, wobei als Sachanlagen solche *assets* bezeichnet werden, die das Unternehmen zur Produktion seines Outputs (Güter/Dienstleistungen) verwendet und benutzt und die sich in der tatsächlichen Verfügungsgewalt des Betriebes befinden. Das juristische Eigentum spielt nach diesem Kriterium also keine Rolle. Zudem muss dieses *asset* voraussichtlich mehr als ein Jahr von dem Unternehmen genutzt werden.[57] Dies ist zunächst aus Sicht der deutschen Bilanzierung in Handels- und Steuerrecht nicht ungewöhnlich.

Dementsprechend sind als Posten unter dem Sachanlagevermögen in der Bilanz gesondert auszuweisen:

Grundstücke und Gebäude als *land and buildings,*

technische Anlagen, Maschinen sowie die Betriebs- und Geschäftsausstattung als *plant and equipment,*

andere Sachanlagen, die unter keine der oben bezeichneten Kategorien passen, als *other categories of assets,*

kumulierte Abschreibungen als *accumulated depreciation.*[58]

---

[57] Vgl. KPMG, IAS, 1996, S. 56.
[58] Vgl. KPMG, 1999, S. 73 f.

Die Gegenstände des Sachanlagevermögens, die die oben bezeichneten Kriterien erfüllen, sind zu aktivieren, wenn die Anschaffungs- oder Herstellungskosten **zuverlässig** ermittelt werden können, es also *beleg*- und damit *beweisbare Aufwendungen* gibt und es zusätzlich wahrscheinlich ist, dass dem Unternehmen aus dem Gebrauch des assets zukünftig ein **wirtschaftlicher Nutzen** zufließen wird.[59]

7.5.2.2 Bewertung nach IAS

Gegenstände des Sachanlagevermögens, die im obigen Sinne *aktivierungsfähig* sind, müssen nach IAS 16.8 i.V.m. IAS 16.15 nach der *benchmark-Methode* zu ihren Anschaffungs- oder Herstellungskosten angesetzt werden. Nachträgliche Anschaffungskosten müssen mit dem Gegenstand aktiviert werden, wenn wahrscheinlich ist, dass dem Unternehmen aus den nachträglichen Anschaffungskosten zukünftig ein **wirtschaftlicher Nutzen** zufließen wird , wie es die IAS 16.24 und 16.25 bestimmen. Dieser zukünftige wirtschaftliche Nutzen ist beispielsweise dann gegeben, wenn technische Anlagen so verändert werden, dass ihre wirtschaftliche Nutzungsdauer verlängert wird und/oder ihre Kapazität erweitert wird, oder wenn Maschinen so verändert werden, dass sich die Qualität des Outputs wesentlich verbessert, oder wenn neue Produktionsverfahren eingeführt werden, die die Betriebskosten wesentlich senken können.[60]

Zu den Anschaffungskosten im Sinne der IAS 2.7, 2.8 und 16.16 zählen der Anschaffungspreis, Einfuhrzölle und nicht erstattungsfähige Steuern sowie die Transportkosten und alle weiteren Kosten, die dazu dienen, dass das *asset* in einen betriebsbereiten Zustand versetzt wird.[61] Ganz analog zu den deutschen Regelungen sind gewährte Rabatte und Skonti von den Anschaffungskosten abzuziehen.[62] Nicht angesetzt werden dürfen die Verwaltungs- und andere Gemeinkosten, die nicht *direkt* mit der Anschaffung des *assets* in Verbindung gebracht werden können ebenso wie die Anlaufkosten.[63]

Auch hier zeigen sich starke Parallelen zum deutschen Recht. Entsprechend können u.E. bei der *benchmark-Methode* wohl alle Teile des deutschen Ermittlungsschemas zu den Anschaffungskosten nach IAS angesetzt werden.

---

[59] Vgl. KPMG, 1999, S. 73 f.
[60] Vgl. KPMG, 1999, S. 73 f.
[61] Vgl. KPMG, 1999, S. 38.
[62] Vgl. KPMG, 1999, S. 38.
[63] Vgl. KPMG, 1999, S. 38.

Alternativ zur *benchmark-Methode* kann mit der *Neubewertungsmethode* der sogenannte beizulegende Zeitwert angesetzt werden, der nach IAS 16 um die kumulierten
Abschreibungen und Abwertungsverluste zu korrigieren wäre.[64] Anders als im deutschen Handels- und Steuerrecht sind aktivierte Vermögensgegenstände in regelmäßigen Zeitabständen zur Überprüfung des jeweiligen Wertansatzes einer Neubewertung
zu unterziehen, um nach IAS 16.30 zu große Differenzen zwischen dem Buchwert und
dem beizulegenden Zeitwert nicht entstehen zu lassen, wobei bei geringen Schwan-
kungen eine alle drei bis fünf Jahre durchgeführte Neubewertung nach IAS 16.34 als
ausreichend angesehen wird.[65]

Für den konkreten Bilanzierungsfall der ISDN-Telefonanlage gilt für beide *Bewertungsmethoden* ein **Aktivierungsverbot** für die Schulungsstunden zu der neuen Telefonanlage. Sie sind als Anlaufkosten zu qualifizieren und dürfen nicht aktiviert werden.

Aus dem Gesagten ergibt sich ein Bewertungsansatz, der nach der *benchmark-
Methode* so zu beziffern wäre:

Anschaffungspreis		
Basismodul "Quick Call"		3.599,00
plus einzeln zurechenbare Anschaffungsnebenkosten		
Montageeinheit		245,00
Monteurstunden		375,00
Transportpauschale für Berlin/Brandenburg		50,00
Kleinmaterialpauschale (Klemmen, Kabel)		30,00
plus nachträgliche Anschaffungskosten		
		-
Zwischensumme:		4.299,00
minus Anschaffungspreisminderungen	-	85,98
Anschaffungskosten		4.213,02

Tabelle 26: Ermittlung der Anschaffungskosten nach IAS

---

[64] Vgl. KPMG, 1999, S.75.
[65] Vgl. KPMG, 1999, S.75.

7.5.2.3 Abschreibung nach IAS

Die assets des Sachanlagevermögens sind nach IAS 16.43 über ihre wirtschaftliche Nutzungsdauer, die auch als *useful life* bezeichnet wird, abzuschreiben, wobei das Abschreibungsverfahren die tatsächliche Abnutzung möglichst abbilden sollte und der Abschreibungsbetrag, der *depredicable amount*, in der Nutzungsperiode als Aufwand berücksichtigt wird.

Als zugelassene Abschreibungsverfahren werden nach IAS 16.50 - dem deutschen Handelsrecht entgegengesetzt, das ja nur von „planmäßige(n) Abschreibungen" nach § 253 II HGB spricht, ohne die zulässigen Abschreibungsverfahren explizit zu nennen - mit der straight-line-method (lineare Abschreibung), der diminishing-balance method (degressive Abschreibung) und der sum of the untis method (leistungsbezogene Abschreibung) konkrete Abschreibungsverfahren benannt.[66]

In Analogie zum deutschen Handelsrecht gibt es keine konkreten ‚betriebsgewöhnlichen Nutzungsdauern' und entsprechende Tabellen, die das Handelsrecht ja auch den AfA-Tabellen des Steuerrechts entlehnt. Vielmehr ist die Nutzungsdauer von dem Betrieb zu schätzen und dabei kann auf Erfahrungen des Unternehmens mit ähnlichen assets zurückgegriffen werden, wobei - analog zum deutschen Bilanzierungsrecht - nach IAS 16.45 verschiedene **Abschreibungsgründe** in die Schätzung der Nutzungsdauer eingehen müssen.[67]

Nachdem wir die Bilanzierung nach IAS für diesen Fall behandelt haben, wollen wir uns nun wieder dem deutschen Recht zuwenden. Entsprechend wird nun zunächst der Vermögensgegenstand gebucht.

Der Buchungszusammenhang macht deutlich, dass Patrick sich entschlossen hat, am Tag der Bankeinbuchung (Überweisung), den möglichen Skontobetrag zu nutzen. Entsprechend der handelsrechtlichen Bestimmungen des § 255 I HGB und ihrer Interpretationen ergibt sich ein zu bilanzierender Wert von 4.213,02, der auf dem Konto 650 ‚aktiviert' wird.

---

[66] Vgl. KPMG, 1999, S. 77.
[67] Vgl. KPMG, 1999, S. 78.

Entsprechend wird die Vorsteuer auf dem Konto 1400 gebucht. Jetzt ist der Vermögensgegenstand ‚aktiviert' und brutto gebucht. Zugleich wird der Bruttorechnungsbetrag von 4.887,10 EUR über das Bankkonto 1800 beglichen. Der Darstellung wegen haben wir in den T-Konten schon mit der Buchung 2 die Jahresabschreibung vorgenommen. Hier ist die Abschreibungsalternative ‚geometrisch-degressives-Verfahren' gewählt und der Abschreibungsbetrag von 1.263,91 wurde auf das Konto 6220 gebucht und die Habenbuchung erfolgt auf dem Konto 650.

7.5.2.4 Buchung des Geschäftsfalls auf Konten

S	650 Büroeinrichtung	H		S	1800 Bank	H
1	4.213,02	1.263,91	2			4.887,10	1
	4.213,02				-	4.887,10

S	1400 Vorsteuer	H		S	6220 Abschreibung	H
1	674,08			2	1.263,91	
	674,08				1.263,91	-

Die **nicht** aktivierungsfähigen Schulungsstunden in Höhe von 375 EUR, für die ebenfalls Skonto i.H.v. 7,50 EUR abgezogen werden kann, können als Fremdarbeiten mit einer separaten Buchung auf das Konto 6780 gebucht werden und gehen so als ‚normaler' Aufwand in die GuV-Rechnung des Jahres ein. Entsprechend wäre dann auch die anteilige Vorsteuer von 58,80 EUR zu buchen und der Bruttorechnungsbetrag i.H.v. 367,50 (Skontoabzug von 2 % berücksichtigt) wäre dann über Bank zu überweisen.

7.5.3 Entscheidungsorientierte Bilanzpolitik

Entscheidungsorientierte Bilanzpolitik bedeutet nichts anderes als die Ausnutzung legaler Bilanzierungswahlrechte zur Beeinflussung von Bilanz und Gewinn- und Verlustrechnung. Dabei handelt es sich nicht um ‚Bilanzfälschung‘, sondern um eine vom HGB eingeräumte legale Veränderung des Jahresabschlusses.

7.5.3.1 Bilanzierungsziel: Steuerbelastungsminimierung

Bei der Aktivierung der Telefonanlage gibt es weder handels- noch steuerrechtlich bilanzpolitischen Spielraum. Daher beschränkt sich die Einwirkungsmöglichkeit des Bilanzierenden auf die Wahl des Abschreibungsverfahrens. Wenn man das Ziel der Steuerbelastungsminimierung verfolgt, dann sollte bei der Festsetzung der Abschreibungsmethode auf die dargestellten Auswirkungen zurückgegriffen werden. Die Abschreibungspläne haben gezeigt, dass sich das *geometrisch-degressive Abschreibungsverfahren* anbietet, um das bilanzpolitische Ziel der Steuerbelastungsminimierung durchsetzen zu können.

Dies aus den folgenden Gründen: Bei der Wahl des *geometrisch-degressive Abschreibungsverfahrens* ist der Jahresabschreibungsbetrag bis zum vorgeschriebenen Zeitpunkt des Wechsels auf das linare Verfahren höher, als er beim sofortigen Ansatz des linearen Abschreibungsverfahrens gewesen wäre.

Der daraus resultierende höhere Abschreibungsbetrag geht als Abschreibungsaufwand in die Gewinn- und Verlustrechnung des Musterjahresabschlusses ein und mindert als höherer Abschreibungsbetrag des Jahresüberschuss entsprechend. Damit ist das ausgewiesene Ergebnis als Bemessungsgrundlage der Gewinnbesteuerung unter c.p. niedriger und damit ist dann die Steuerbelastung niedriger.[68]

Die Auswirkungen dieser Abschreibungsmethode auf den Gewinn zeigt die nachfolgend abgebildete Gewinn- und Verlustrechnung:

---

[68] Voraussetzung: Übernahme der handelsrechtlichen Abschreibung in die Steuerbilanz.

Gewinn- und Verlustrechnung

	EUR	EUR
1.Umsatzerlöse		330.131,59
2. Bestandsveränderungen		
3. Andere aktivierte Eigenleistungen		
4. Sonstige betriebliche Erträge		847,28
5. Materialaufwand		
a) Aufwendungen für RHB und für bezogene Waren	19.247,85	
b) Aufwendungen für bezogene Leistungen	4.627,60	23.875,45
6. Personalaufwand		
a) Löhne und Gehälter	60.451,00	
b) soziale Abgaben und Aufwendungen für die Altersversorgung und Untersützung	15.873,26	76.324,26
davon für Altersversorgung EUR 6.827,69		
7. Abschreibungen	(degres. Abschr.)	1.263,91
8. Sonstige betriebliche Aufwendungen		86.423,42
9. Sonstige Zinsen und ähnliche Erträge		507,40
10. Zinsen und ähnliche Aufwendungen		6.810,48
11. Ergebnis der gewöhnlichen Geschäftstätigkeit		136.788,75
12. Steuern vom Einkommen und vom Ertrag	9.450,00	
13. Sonstige Steuern	504,00	9.954,00
14. Jahresüberschuss/ Jahresfehlbetrag		126.834,75

Die Verfolgung des Bilanzierungsziels ‚Steuerbelastungsminimierung' führt zum Ansatz des maximalen Jahresabschreibungswertes von 1.263,91 EUR. Damit sinkt der Jahresüberschuss von 128.098,66 in dem Musterjahresabschluss auf 126.834,75 EUR.

7.5.3.2 Bilanzierungsziel Kreditwürdigkeit

Bei diesem Bilanzierungsziel heisst die Devise, den handelsbilanziellen Gewinn möglichst hoch auszuweisen. Daher würde man in diesem Fall für die *lineare Abschreibungsmethode* optieren. Die Auswirkungen auf die Gewinn- und Verlustrechnung zeigt die nachfolgende Abbildung:

Gewinn- und Verlustrechnung

	EUR	EUR
1. Umsatzerlöse		330.131,59
2. Bestandsveränderungen		
3. Andere aktivierte Eigenleistungen		
4. Sonstige betriebliche Erträge		847,28
5. Materialaufwand		
a) Aufwendungen für RHB und für bezogene Waren	19.247,85	
b) Aufwendungen für bezogene Leistungen	4.627,60	23.875,45
6. Personalaufwand		
a) Löhne und Gehälter	60.451,00	
b) soziale Abgaben und Aufwendungen für die Altersversorgung und Untersützung	15.873,26	76.324,26
davon für Altersversorgung EUR 6.827,69		
7. Abschreibungen (lineare Abschr.)		842,60
8. Sonstige betriebliche Aufwendungen		86.423,42
9. Sonstige Zinsen und ähnliche Erträge		507,40
10. Zinsen und ähnliche Aufwendungen		6.810,48
11. Ergebnis der gewöhnlichen Geschäftätigkeit		137.210,06
12. Steuern vom Einkommen und vom Ertrag	9.450,00	
13. Sonstige Steuern	504,00	9.954,00
14. Jahresüberschuss/ Jahresfehlbetrag		127.256,06

Bei der Wahl der linearen Abschreibung für die ISDN-Telefonanlage liegt der Abschreibungsbetrag bei 842,60 EUR und mindert demzufolge den Jahresüberschuss des Musterjahresabschlusses auf 127.256,06 EUR. Die Differenz im ausgewiesenen Jahresüberschuss zwischen beiden Bilanzierungsalternativen beträgt zwar nur 421,31 EUR. Der Leser sollte aber an dieser Stelle realisieren, dass wir nur stellvertretend die Ergebnisauswirkung *für einen Vermögensgegenstand* dargestellt haben. Wenn in anlageintensiven Unternehmen dieses Abschreibungsverfahren für alle Vermögensgegenstände - soweit zulässig - angewandt wird, ist die Auswirkung auf das Ergebnis nicht unerheblich.

7.6 Bilanzierung und Bewertung von GWG

Um die Arbeit noch effizienter durchführen zu können und um dem Kunden in der NMA GmbH schnell einen Eindruck über eine konzipierte homepage verschaffen zu können, haben die Gesellschafter beschlossen, zehn leistungsfähige Farblaserdrucker mit 1200x1200 dpi anzuschaffen. Die Anschaffung war ‚überfällig‘, da auch die Geschäftskorrespondenz auf den alten LAN-Druckern ‚ewig‘ brauchte. Die neuen Drukker müssen über den Drucker-Server des LAN in der NMA GmbH ‚netzwerkfähig‘ sein und sollten, so der Wunsch der Techniker Irina und Peter, neben dem UBS-Anschluss zusätzlich über einen drahtlosen Infrarotanschluss verfügen, damit auf die Verkabelung in den Geschäftsräumen der NMA GmbH zukünftig verzichtet werden kann.

Auch diesmal bespricht Patrick die Bilanzierungsalternativen mit Irina, die ihre Informationen dann ‚informell‘ an die anderen Gesellschafter weitergibt.

Patrick holt fünf Angebote von ‚preiswerten‘ Hardwareanbietern (Händlern) in Berlin ein, bei denen er, wegen kundenbezogenen Bestellungen für die NMA GmbH, Sonderkonditionen vereinbaren kann. Schließlich entscheidet er sich für ein Angebot der ‚System-soft-Computer-GmbH‘ in Lichtenberg, die ihn auch vom Serviceangebot (‚kostenlose‘ Installation, Schulung und Wartung) her überzeugt hat. Er bestellt schließlich die zehn Laserdrucker und einen Tag nach der erfolgten Lieferung und der erfolgreichen Installation geht die Eingangsrechnung der ‚System-soft-Computer-GmbH‘ bei ihm ein.

7.6.1 Bilanzierung und Bewertung nach HGB und Steuerrecht

Zunächst: Die Rechtsgrundlage der Sofortabschreibung (§ 6 II EStG), mit der die volle Abschreibung von **geringwertigen Wirtschaftsgütern** (GWG) im Jahr der Anschaffung auch bezeichnet wird, ist ein Steuergesetz. Solche beweglichen, einzeln bewertbaren und einzeln nutzbaren **Wirtschaftsgüter** (handelsrechtlich: Vermögensgegenstände[69]) des Anlagevermögens, deren Anschaffungs- oder Herstellungskosten (§ 255 HGB) ca. 409 EUR netto nicht überschreiten, dürfen im Jahr der Anschaffung bzw. Herstellung mit dem ganzen Betrag abgeschrieben werden. In den Einkommensteuerrichtlinien (EStR 40 I + II) heisst es, dass die „Bewertungsfreiheit nach § 6 II EStG ... für Wirtschaftsgüter in Anspruch genommen werden (kann), die einer selbständigen Nutzung fähig sind ... Bei der Prüfung der selbständigen Nutzungsfähigkeit ist daher darauf abzustellen, ob das Wirtschaftsgut ... nur zusammen mit anderen Wirtschaftsgütern genutzt werden kann und ob die in den Zusammenhang eingefügten Wirtschaftsgüter technisch aufeinander abgestimmt sind."[70]

Soweit also die Erläuterungen der Finanzverwaltung zu dem Steuergesetz. Die Einkommensteuerrichtlinien sind für den Steuerpflichtigen nicht rechtsbindend, denn sie geben lediglich die Interpretation der Finanzverwaltung wieder. Sie können aber zu Rate gezogen werden, da sie zudem die Rechtsprechung des Bundesfinanzhofs enthalten und daher einen gewissen Wert als Erkenntnisquelle haben. Gleichwohl: Rechtsbindend ist für den Steuerpflichtigen nur das Steuergesetz mit den gegebenen Interpretationsmöglichkeiten. Wenn sich Interpretationen von Finanzverwaltung und Steuerberater unüberbrückbar unterscheiden, wird in der Regel der Weg zum Finanzgericht beschritten.

Der Bundesfinanzhof hat als ‚judikative' Erkenntnisquelle zum Tatbestand der GWG's zahlreiche Urteile verfasst. Werkzeuge wie Bohrer und Fräser, aber auch Stanzwerkzeuge, die für ihre betriebliche Nutzung mit entsprechenden Werkzeugmaschinen verbunden werden müssen, sind *nicht selbständig nutzungsfähig* und können daher nicht als GWG's klassifiziert werden (BFH-Urteil vom 28.02.1961-BStBl III S. 383 ff.).

---

[69] der handelsrechtliche Begriff des Vermögensgegenstandes ist mit dem steuerrechtlichen Begriff des Wirtschaftsgutes *nicht* deckungsgleich.
[70] Vgl. EstR 40 I und II.

Wie ist jetzt vor dem Hintergrund der drei wesentlichen Erkenntnisquellen (Einkommensteuergesetz, Einkommensteuerrichtlinie und BFH-Urteile) bei der Beurteilung steuerrechtlicher Tatbestände der Sachverhalt der Farblaserdrucker zu werten?

Schon die Einkommensteuerrichtlinien sind mit dem wesentlichen Kriterium der *selbständigen Nutzbarkeit* eindeutig.

Die Farblaserdrucker, die im Hardware-Bereich als Peripherie bezeichnet werden, sind eindeutig *nicht selbständig nutzungsfähig*, da sie „nur im Zusammenhang mit anderen Wirtschaftsgütern genutzt werden" (EStR 40 I, S. 3) können. Die Farblaserdrucker können keine sinnvolle Funktion erfüllen, ohne an den Rechner und dessen entsprechenden Druckertreiber (xy.drv) angeschlossen zu sein.

Also ergäbe sich schon aus den Einkommensteuerrichtlinien, dass die Farblaserdrucker nicht als GWG's qualifiziert werden können und damit die Möglichkeit zur Sofortabschreibung entfiele.

Auch die Urteile des Bundesfinanzhofs sind eindeutig. Wenn wir exemplarisch das oben zitierte Urteil von 1961 heranziehen, dann sind Drucker analog zu dem mit einer Werkzeugmaschine zu verbindenden Bohrer zu sehen. Genauso wie der Bohrer in eine Vorrichtung eingespannt wird, um mit der Werkzeugmaschine verbunden, seine Arbeitsleistung zu erbringen, wird der Farblaserdrucker mit dem Rechner verbunden und erbringt erst mit ihm die betriebliche Nutzungsleistung.

Zusammenfassend sind Farblaserdrucker nach EStR und BFH-Urteilen eindeutig nicht als GWG's zu klassifizieren. Trotzdem, und jetzt bitte ich den Leser um Toleranz, werden Computerperipherie-Geräte von der Finanzverwaltung als GWG's akzeptiert.

Dadurch sind sie zwar keine GWG's nach den Richtlinien und der wiederholten Rechtsprechung des BFH, aber sie sind *faktische GWG's* durch das ‚falsche' Veranlagungsverhalten der Finanzverwaltung.[71]

---

[71] Bei genauer Analyse schafft sich die Finanzverwaltung hier einen Ermessensspielraum, der ihr durch Gesetzesauslegung und höchstrichterliche Rechtsprechung nicht zusteht. Das Steuerrecht kennt nicht nur zahlreiche Systematikbrüche im Rahmen der Gesetze. Auch die Rechtsanwendung weist solche Brüche auf, wie das Beispiel der GWG's zeigt. Und wer meint, dass ein systemloses Steuerrecht in der ganzen Bundesrepublik einheitlich (falsch) von der Finanzverwaltung angewendet würde, der hat eine völlig falsche Auffassung von dem Rechtsgebiet und seiner Anwendung durch die Finanzverwaltung.

Warum verhält sich die Finanzverwaltung so? Hier hat die Finanzverwaltung wohl ein Einsehen mit der Vereinfachungsregelung des § 6 II EStG, denn die Alternative der Aktivierung und Abschreibung würde im Fall der Betriebsprüfung, die auch die Ordnungsmäßigkeit der Abschreibungen umfasst, regelmäßig für die Betriebsprüfer einen erheblichen Mehraufwand im Rahmen der Prüfungen bedeuten. Wir haben an dieser Stelle ein modernes Konzernverwaltungsgebäude vor Augen, dessen Abschreibungskonten im Bereich der Computerperipherie von einem Betriebsprüfer überprüft werden müssten. Zu jedem Verwaltungsarbeitsplatz gehört heute ein Computer und die entsprechende Peripherie mit Druckern und Mäusen und ggf. Scanner, vielleicht auch noch externen DVD-Laufwerken u.ä. Jedes Peripheriegerät müsste im Fall einer konsequenten Anwendung der *Einkommensteuerrichtlinien und der BFH-Rechtsprechung* als Wirtschaftsgut aktiviert und mit einer Inventarnummer versehen sein. Entsprechend wäre für jedes Peripheriegerät ein Abschreibungsplan zu erstellen, der vom Betriebsprüfer dann auch zu kontrollieren wäre.

Dem Umstand dieser Herkulesaufgabe im Rahmen einer anstehenden Betriebsprüfung ist es wohl zu verdanken, dass Computerperipherie-Geräte als *faktische GWG's* angesehen werden, obwohl sie es nach den Einkommensteuerrichtlinien und den BFH-Urteilen eindeutig nicht sind.

Soviel zur Bilanzierungstheorie. Nun aber zurück zum konkreten Bilanzierungsfall. Patrick hatte ja die entsprechenden Angebote eingeholt und sich für die ‚System-soft Computer GmbH' entschieden, von der nach Lieferung die entsprechende Rechnung eingeht. Die Rechnung weist einen Nettorechnungsbetrag von 4.000 EUR auf und entsprechend beträgt der Bruttorechnungsbetrag 4.640 EUR. Die Zahlungsbedingungen der ‚System-soft-Computer-GmbH' entsprechen mit 14 Tagen und 2 % Skontoabzug bzw. 30 Tagen netto den üblichen Zahlungsbedingungen.

‚System-soft-Computer-GmbH'

Rechnung

Kunde:
Name: NMA GmbH
Adresse: Berlinische Str.
PLZ: 12345
Land: Berlin
Telefon   030/ 1234567

Anzahl:	Beschreibung	Einheit/EUR	Total
10	Laserdrucker 1200x1200 dpi UBS	400,00	4.000,00
	Installation	-	-
	Schulung und Einführung	-	-

		Zwischensumme	4.000,00
Zahlung:	14 Tage 2%	16% USt	640,00
	30 Tage netto	**Summe:**	**4.640,00**
Bank:	Berliner Geschäftsbank AG		
	Kto: 00345678		
	BLZ: 100 555 999		

Abbildung 23: Eingangsrechnung der ‚System-soft-Computer GmbH'

7.6.1.1 Bilanzierungswahlrechte

Steuer- und handelsrechtlich wird dem Bilanzierenden also ein *Aktivierungswahl-recht* eingeräumt. Die *erste Option* des Aktivierungswahlrechts besteht darin, das Wirtschaftsgut zu aktivieren und dann über die ‚betriebsgewöhnliche Nutzungsdauer' (hilfsweise im Handelsrecht: AfA-Tabellen) abzuschreiben. Die *zweite Option* besteht darin, das Wirtschaftsgut sofort im Jahr der Anschaffung über eine Aufwandsposition in der GuV-Rechnung als Betriebsausgabe geltend zu machen. Der Ansatz von steuer-rechtlichen Wahlmöglichkeiten ist allerdings an die Bedingung geknüpft, das der An-satz in der Handelsbilanz erfolgt ist. Insofern wird für *diesen Bilanzierungsfall* die sonst von uns vorgenommene Trennung in handels- und steuerrechtliche Bilanzie-rungsvorschriften aufgegeben.

7.6.1.2 Abschreibung

Über den § 254 HGB gilt diese steuerrechtliche Regelung auch im Handelsrecht. Dort heißt es im Absatz I: „Abschreibungen können auch vorgenommen werden, um Vermögensgegenstände des Anlage- oder Umlaufvermögens mit dem niedrigeren Wert anzusetzen, der auf einer nur steuerrechtlich zulässigen Abschreibung beruht."

Einerseits erlaubt also der § 254 HGB den Ansatz einer nur steuerrechtlichen Abschreibungsvorschrift in der Handelsbilanz. Dadurch wirken also steuerrechtliche Regelungen auf das Handelsrecht ein. Andererseits macht der Steuergesetzgeber den Ansatz in der *Steuerbilanz* vom Ansatz in der *Handelsbilanz* abhängig.

Abschreibungen sollen ja den durchschnittlichen Werteverzehr von Vermögensgegenstände/Wirtschaftsgütern über die Jahre ihrer Nutzung darstellen. Strenggenommen suggeriert also die ‚Sofortabschreibung', das ein Vermögensgegenstand im Jahr der Anschaffung auch ‚verbraucht' und gänzlich entwertet wurde. Es wird also eine ‚Verbrauchsfiktion' konstruiert, die i.d.R. mit der tatsächlichen Abnutzung des Vermögensgegenstandes nicht übereinstimmt und insoweit zutreffend als Vereinfachungsregelung[72] klassifiziert wird.

7.6.2 Bilanzierung und Bewertung nach IAS

Die Regelung zu geringwertigen Wirtschaftsgütern ist eine Vereinfachungsregelung des deutschen Steuerrechts, die nach § 254 HGB auch in der Handelsbilanz angesetzt werden kann und in den IAS nicht zu finden ist. Es gibt also keine ähnliche oder vergleichbare Regelung in den IAS.

Da GWG's auch im deutschen Handels- und Steuerrecht als mehrjährig nutzbare Vermögensgegenstände angesehen werden, für die nur eine steuerrechtliche Vereinfachungsregelung in Anspruch genommen werden kann, ist zu schlussfolgern, dass im IAS-Regelwerk GWG's wie andere mehrjährig nutzbare assets angesehen werden, und demzufolge die allgemeinen Bestimmungen zur Aktivierung und Abschreibung von *assets* gelten, die ab Seite 149 zum Bilanzierungsfall ISDN-Telefonanlage unter dem Gliederungspunkt Bilanzierung und Bewertung von Anlagevermögen detailliert ausgeführt worden sind.

---

[72] Vgl. Wöhe, 1997, S. 713.

7.6.3 Entscheidungsorientierte Bilanzpolitik

7.6.3.1 Bilanzierungsziel Steuerbelastungsminimierung

Unter dem Bilanzierungsziel der Steuerminimierung würde natürlich die Option ‚Sofortabschreibung' und Buchung als ‚Aufwand' gewählt. Dementsprechend wäre wie folgt zu buchen: Die erste Buchung (1), die zu der Bilanzierungsoption ‚Sofortabschreibung' gehört, zeigt, dass der (eigentlich mehrjährig) nutzbare Vermögensgegenstand des Anlagevermögens (hier die Laserdrucker) im Jahr der Anschaffung über das Sofortabschreibungskonto für geringwertige Wirtschaftsgüter (6260) als Aufwand i.H. v. 4.000 EUR im Soll gebucht wird. Schließlich wird noch die Vorsteuer auf dem Konto 1400 gebucht (1) und der Bruttobetrag von 4.640,00 EUR der Eingangsrechnung der ‚System-soft-Computer GmbH' wird unter Ausnutzung des Zahlungsziels von 30 Tagen über Bank 1800 bezahlt.

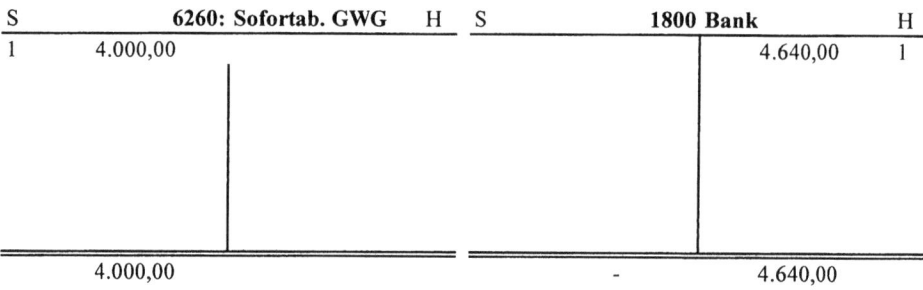

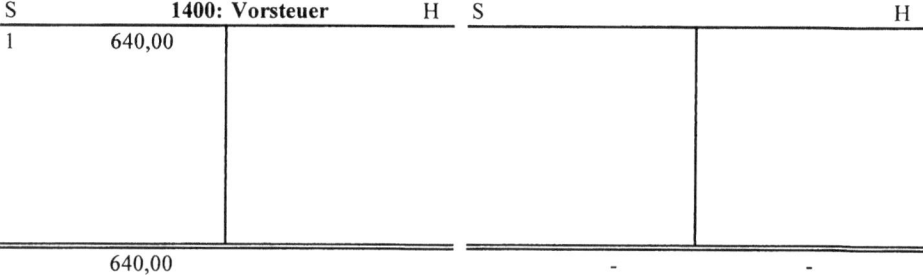

Abbildung 24: Buchung 1: Sofortabschreibung von GWG

7.6.3.2 Bilanzierungsziel Kreditwürdigkeit

Mit dem Bilanzierungsziel der Kreditwürdigkeit im Blickwinkel sollte das Jahresergebnis möglichst hoch ausfallen. Mit dieser Zielsetzung müsste man in der Abrechnungsperiode den Aufwand möglichst gering halten. Daher würde man sich bei den geringwertigen Wirtschaftsgütern für die Aktivierung und Abschreibung über mehrere Jahre entscheiden.

Die zweite Buchung mit der Option Aktivierung und Abschreibung zeigt zunächst auf dem aktiven Bestandskonto 0670 die Einbuchung und damit Aktivierung (Aufnahme in die Bilanz) der zehn Laserdrucker. Eine solche summarische Buchung sollte allerdings im Buchungsjournal einen Hinweis im Buchungstext über die zehn gleichartigen Laserdrucker enthalten, damit es bei Betriebsprüfungen keine Missverständnisse gibt. Schliesslich wird noch auf das Konto 5410 die Vorsteuer gebucht und die zehn Farblaserdrucker werden über das Bankkonto 1800 mit dem Bruttobetrag von 4.640,00 EUR bezahlt.

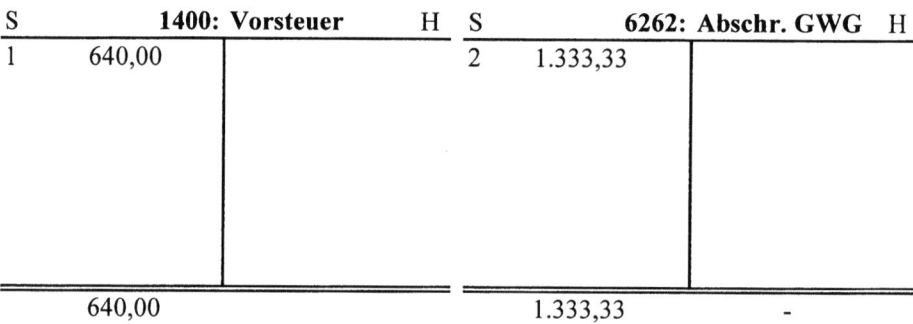

S	0670: GWG		H	S	1800 Bank		H
1	4.000,00	1.333,33	2			4.640,00	1
	4.000,00				-	4.640,00	

S	1400: Vorsteuer		H	S	6262: Abschr. GWG		H
1	640,00			2	1.333,33		
	640,00				1.333,33	-	

Abbildung 25: Buchung 2: Aktivierung und Abschreibung

Die Buchung mit der Nummer 2 ist eigentlich eine Jahresabschluss-Buchung. Sie zeigt, dass die zehn Farb-Laserdrucker über das Abschreibungskonto 6262 i.H.v. 1.333,33 EUR für das erste Jahr abgeschrieben werden. Es wurde demzufolge von einer betriebsgewöhnlichen Nutzungsdauer von drei Jahren ausgegangen.

7.6.3.3 Auswirkung auf die Bilanz

Bei dem Bilanzierungsziel der ‚Steuerbelastungsminimierung' werden die geringwertigen Wirtschaftsgüter im Jahr der Anschaffung *nicht aktiviert*, sondern sofort abgeschrieben. Dies zeigt die nachfolgend abgebildete GuV-Rechnung:

1.Umsatzerlöse		330.131,59
2. Bestandsveränderungen		
3. Andere aktivierte Eigenleistungen		
4. Sonstige betriebliche Erträge		847,28
5. Materialaufwand		
a) Aufwendungen für RHB und für bezogene Waren	19.247,85	
b) Aufwendungen für bezogene Leistungen	4.627,60	23.875,45
6. Personalaufwand		
a) Löhne und Gehälter	60.451,00	
b) soziale Abgaben und Aufwendungen für die Altersversorgung und Untersützung	15.873,26	76.324,26
davon für Altersversorgung EUR 6.827,69		
7. Abschreibungen ('Sofortabschrbg.')		4.000,00
8. Sonstige betriebliche Aufwendungen		86.423,42
9. Sonstige Zinsen und ähnliche Erträge		507,40
10. Zinsen und ähnliche Aufwendungen		6.810,48
11. Ergebnis der gewöhnlichen Geschäftstätigkeit		134.052,66
12. Steuern vom Einkommen und vom Ertrag	9.450,00	
13. Sonstige Steuern	504,00	9.954,00
14. Jahresüberschuss/ Jahresfehlbetrag		124.098,66

Bei der Verfolgung des Bilanzierungsziels ‚Kreditwürdigkeit' werden die geringwertigen Wirtschaftsgüter aktiviert und über drei Jahre abgeschrieben. Entsprechend taucht die Nettorechnungssumme (4.000 - 1.333,33 = 2.666,67) unter Berücksichtigung der ersten Jahresabschreibung auf der Aktivseite des Musterjahresabschlusses auf, und in der GuV-Rechnung wird eine Jahresabschreibung *für alle GWG's* von 1.333,33 EUR berücksichtigt.

Dies scheint zunächst im Vergleich zur Sofortabschreibung (Differenz der Abschreibungsbeträge) nur ein geringer Unterschied zu sein. Allerdings sollte man an dieser Stelle realisieren, dass wir nur einen Geschäftsfall ‚typisiert' haben.

Der Effekt lässt sich selbstverständlich potenzieren, wenn man die Sofortabschreibung oder Aktivierung - je nach Bilanzierungsziel - für alle Vermögensgegenstände durchführt, die die Merkmale des GWG erfüllen.

Allein bei modernen Verwaltungsgebäuden und dem gesamten Bereich der sogenannten Peripherie-Geräte zum PC lassen sich so erhebliche Auswirkungen auf die eigene Bilanz und Guv-Rechnung erzielen.

Musterjahresabschluss der NMA GmbH

Aktiva	EUR	EUR
A. Anlagevermögen		
I. Sachanlagen		
1. andere Anlagen, Betriebs- und Geschäftsaus.	(+2.666,67)	62.163,67

B. Umlaufvermögen

I. Vorräte		
1. Roh-, Hilfs- und Betriebsstoffe	2.100,00	
2. Unfertige Erzeugnisse, unfertige Leistungen	161.400,00	163.500,00
II. Forderungen u. sonst. Vermögensgegenst.		
1. Forderungen aus Lieferungen und Leistungen	21.908,95	
2. Sonstige Vermögensgegenstände	657,00	22.565,95
III. Schecks, Kassenbestand, Bundesbank- und		
Postbankguthaben, Guthaben bei Kreditinstituten	(-4.640,-)	1.960,08

C. Rechnungsabgrenzungsposten

Summe Aktiva		250.189,70

Die aktivierten GWG's sind mit 2.666,67 EUR in dem Aktivposten „Andere Anlagen, Betriebs- und Geschäftsausstattung" berücksichtigt und wurden über das aktive Bestandskonto „Schecks, Kassenbestand...." beglichen.

Für die korrespondierende GuV-Rechnung des Musterjahresabschlusses wird nur die Jahresabschreibung von 1.333,33 EUR angesetzt, die als Normalabschreibung den Jahresüberschuss des Musterjahresabsschlusses von 128.098,66 EUR auf 126.765,33 EUR mindert.

Die Abschreibung von 1.333,33 EUR wird in der GuV-Position „7. Abschreibungen" berücksichtigt und erhöht die Jahresabschreibung um diesen Betrag, da in dem vorläufigen Jahresabschluss die *übrigen Jahresabschreibungen* ja noch nicht berücksichtigt waren.

Gewinn- und Verlustrechnung

	EUR	EUR
1.Umsatzerlöse		330.131,59
2. Bestandsveränderungen		
3. Andere aktivierte Eigenleistungen		
4. Sonstige betriebliche Erträge		847,28
5. Materialaufwand		
a) Aufwendungen für RHB und für bezogene Waren	19.247,85	
b) Aufwendungen für bezogene Leistungen	4.627,60	23.875,45
6. Personalaufwand		
a) Löhne und Gehälter	60.451,00	
b) soziale Abgaben und Aufwendungen für die Altersversorgung und Untersützung	15.873,26	76.324,26
davon für Altersversorgung EUR 6.827,69		
7. Abschreibungen ('Normalabschrbg.')		1.333,33
8. Sonstige betriebliche Aufwendungen		86.423,42
9. Sonstige Zinsen und ähnliche Erträge		507,40
10. Zinsen und ähnliche Aufwendungen		6.810,48
11. Ergebnis der gewöhnlichen Geschäftätigkeit		136.719,33
12. Steuern vom Einkommen und vom Ertrag	9.450,00	
13. Sonstige Steuern	504,00	9.954,00
14. Jahresüberschuss/ Jahresfehlbetrag		126.765,33

7.7 Bilanzierung und Bewertung von unfertigen Leistungen

Bei der Bilanzierung und Bewertung von **unfertigen Leistungen** gibt es bei Betriebsprüfungen, neben der PKW-Nutzung, den Reisekosten, aber auch dem Bewirtungsaufwand, den häufigsten Auseinandersetzungsbedarf mit der Finanzverwaltung. Um diese Auseinandersetzungen auf das Minimum zu reduzieren, gehen wir auf den folgenden Seiten ausführlich auf die Bilanzierung und Bewertung in Handels- und Steuerrecht und nach IAS ein.

7.7.1 Bilanzierung und Bewertung nach HGB und Steuerrecht

Auch in diesem Geschäftsjahr werden die Mitarbeiter der NMA GmbH drei konkrete Aufträge nicht zum Jahresende abschließen können (,unfertige Erzeugnisse/unfertige Leistungen'). Sie wurden z.T. im November angefangen und werden nach Schätzungen der jeweiligen Projektleiterin noch bis in das erste Quartal des folgenden Geschäftsjahres hineinreichen.

Handelsrechtlich sind nicht fertig programmierte Internetseiten oder nicht fertig programmierte electronic-commerce-Projekte als Vermögensgegenstände zu sehen, die als *unfertige Erzeugnisse oder unfertige Leistungen* mit ihren Herstellungskosten in die Bilanz *eingehen müssen*, also zu aktivieren sind. Es besteht also *kein Aktivierungswahlrecht*, sondern eine Aktivierungspflicht.

Allerdings sind für die Bewertung der drei **unfertigen Aufträge** zum Jahresende die Herstellungskosten heranzuziehen, die mit der Bewertungsunter- und obergrenze des § 255 II HGB einen bilanzpolitischen Spielraum eröffnen, der als *Bewertungswahlrecht* klassifiziert werden kann.

Kunde	Auftragsumfang:
Kunst- und Antiquitäten-Auktionen-GmbH	web-homepage und Datenbankanbindung sowie Echtzeit-Auktion für Internet-Surfer mit web-cam
homepage für die Design-Schreinerei Thomas Friemel	Web-homepage mit Bildern bereits fertiggestellter Aufträge und e-mail-Kontakt
Electronic-Commerce-Lösung Cara Canzler Kannada-Travel	Web-homepage und online-Reisebuchung

Tabelle 27: halbfertige Aufträge der NMA GmbH zum Jahresende

Für die konkrete Bewertung der halbfertigen Aufträge der NMA sind also die Herstellungskosten anzusetzen, die sich aus einer ganzen Reihe von Kostenarten zusammensetzen, die *alle zusammen* nach § 253 I HGB zugleich die Bewertungsobergrenze darstellen. Die **Materialeinzel- und Fertigungseinzelkosten** sind mit den Sondereinzelkosten der Fertigung zusammen als ,**Pflichtbestandteile**' zu sehen. Sie bilden also die handelsrechtliche Bewertungsuntergrenze, die nicht unterschritten werden darf.

Diese handelsrechtliche Bewertungsuntergrenze wird in der nachstehenden Tabelle als **Herstellungskosten I** bezeichnet. Zusätzlich zu diesen Einzelkosten „*dürfen* (kursiv:d. A.) auch angemessene Teile der notwendigen Materialgemeinkosten..." (§ 255 II S 3 HGB) sowie Fertigungsgemeinkosten und die fertigungsbezogenen Abschreibungen angesetzt werden. Auch die Kosten der allgemeinen Verwaltung, Aufwendungen für soziale Einrichtungen und Aufwendungen für freiwillige soziale Leistungen sowie die Kosten der betrieblichen Altersversorgung *können angesetzt werden*. Fremdkapitalzinsen dürfen nur mit der Einschränkung angesetzt werden, dass sie dem Vermögensgegenstand zugerechnet werden können.

Diese Bewertungswahlrechte der **handelsrechtlichen Herstellungskosten** bilden dann zusammen mit den Pflichtbestandteilen die **Herstellungskosten II**. Für die Wahlbestandteile gilt summarisch die Bedingung, dass sie auf den Zeitraum der Herstellung entfallen müssen. Es sind also nicht etwa die ‚Jahreswerte' dem Vermögensgegenstand zuzurechnen, sonder die zeitanteiligen Werte, die auf den Zeitraum entfallen, in dem der Vermögensgegenstand bzw. die Dienstleistung ‚hergestellt' worden ist. Zusammenfassend lässt sich das **handelsrechtliche** Herstellungskostenschema mit seinen Pflicht- und Wahlbestandteilen wie folgt darstellen:

	EUR
Materialeinzelkosten	
Fertigungseinzelkosten	
Sondereinzelkosten Fert.	
alle Einzelkosten: Herstellungskosten I:	
Materialgemeinkosten	
Fertigungsgemeinkosten	
Abschreibung des Anlagevermögens (fertigungsbezogen)	
Kosten der allgemeinen Verwaltung	
Aufwendungen für soziale Einrichtungen	
Aufwendungen für freiwillige soziale Leistungen	
Kosten für betriebliche Altersversorgung	
Fremdkapitalzinsen, soweit fertigungsbezogen	
alle Einzel- und Gemeinkosten: Herstellungskosten II	

Tabelle 28: Berechnung der Herstellungskosten nach § 255 II, III HGB

Steuerrechtlich gehen in die Bewertungsuntergrenze („Pflichtbestandteile') nach R 33 EStR auch die anteiligen Materialgemeinkosten, die anteiligen Fertigungsgemeinkosten und die *zurechenbaren* Abschreibungen ein, die *handelsrechtlich* zu den Wahlbestandteilen zählen.

Die Kosten der allgemeinen Verwaltung, Aufwendungen für soziale Einrichtungen und Aufwendungen für freiwillige soziale Leistungen sowie die Kosten der betrieblichen Altersversorgung *können angesetzt werden* und bilden demzufolge mit den zurechenbaren Fremdkapitalzinsen die **steuerrechtlichen Wahlbestandteile**. Ebenso wie das Handelsrecht sieht auch das Steuerrecht für Vertriebskosten ein Aktivierungsverbot vor.

Demzufolge ergibt sich das folgende steuerrechtliche Herstellungskostenschema:

	EUR
Materialeinzelkosten	
Fertigungseinzelkosten	
Sondereinzelkosten Fert.	
Materialgemeinkosten	
Fertigungsgemeinkosten	
Abschreibung des Anlagevermögens (fertigungsbezogen)	
steuerrechtliche Pflichtbestandteile:	
Kosten der allgemeinen Verwaltung	
Aufwendungen für soziale Einrichtungen	
Aufwendungen für freiwillige soziale Leistungen	
Kosten für betriebliche Altersversorgung	
Fremdkapitalzinsen, soweit fertigungsbezogen	
steuerrechtliche Wahlbestandteile:	
Summe:	

Tabelle 29: Steuerrechtliche Herstellungskosten nach R 33 EStR

7.7.2 Bewertung von halbfertigen Aufträgen

Für die NMA- GmbH müssen nun vor dem Hintergrund der Vorschriften drei Aufträge zunächst **handelsrechtlich** und dann **steuerrechtlich** bewertet werden, die im November angefangen wurden und deren Fertigstellung erst im nächsten Geschäftsjahr zu erwarten ist.

Die drei Aufträge werden zunächst von Patrick in Zusammenarbeit mit den jeweiligen Projektleitern bestimmt und bewertet. Insgesamt liegen zur Zeit drei Aufträge bei der NMA vor, die als unfertige Aufträge bewertet und dann unter der Bilanzposition „unfertige Erzeugnisse, unfertige Leistungen;" ausgewiesen werden müssen.

Für den Auftrag des Unternehmens ,Kunst- und Antiquitäten-Auktionen-GmbH' soll ein Webauftritt programmiert werden, der schon heute das boomende Geschäftsfeld der ,Internet-Auktion' vorsehen soll. Die **handelsrechtlichen** Pflicht- und Wahlbestandteile werden zum 31.12. wie folgt angegeben:

	EUR
Materialeinzelkosten	235,00
Fertigungseinzelkosten	20.000,00
Sondereinzelkosten Fert.	2.500,00
alle Einzelkosten: Herstellungskosten I:	22.735,00
Materialgemeinkosten	-
Fertigungsgemeinkosten	5.908,00
Abschreibung des Anlagevermögens (fertigungsbezoge	1.111,11
Kosten der allgemeinen Verwaltung	-
Aufwendungen für soziale Einrichtungen	-
Aufwendungen für freiwillige soziale Leistungen	-
Kosten für betriebliche Altersversorgung	685,87
Fremdkapitalzinsen, soweit fertigungsbezogen	-
alle Einzel- und Gemeinkosten: Herstellungskosten I	30.439,98

Tabelle 30: Bewertung unfertiger Auftrag ,Kunst-Auktionen GmbH'

Die NMA verfügt ja inzwischen über ein Kostenrechnungs- und Controllingsystem, dass von den Unternehmensberatern der Kostenmanagement GbRmbH eingerichtet worden ist. Daher können die Herstellungskosten eines jeden Auftrags im Sinne eines auftragsbegleitenden operativen Controllings jederzeit abgerufen werden. Voraussetzung dafür ist selbstverständlich die zeitnahe Datenpflege durch die Mitarbeiter der NMA, die von den Gesellschaftern veranlasst worden ist. Daher können für diesen konkreten Auftrag die Materialeinzelkosten auf 235 EUR beziffert werden. Das sind insbesondere ZIP-Datenträger und Sicherungskopien der programmierten homepage, die auf diesen Auftrag entfallen.

Die ‚Fertigungseinzelkosten' sind nichts anderes als die Lohn- und Gehaltskosten, die bei einem Dienstleister erfahrungsgemäß den Hauptteil aller Kostenarten ausmachen. Dieses Verhältnis ist auch für den einzelnen Auftrag gültig, denn die Projektleiterin berechnet den aktuellen Stand der Programmierstunden auf 400 Stunden à 50 EUR.

Als Sondereinzelkosten der Fertigung fallen bei diesem Auftrag Fremdkosten einer Werbeagentur an, die für die ‚Kunst- und Antiquitäten-Auktionen-GmbH' ein Logo entworfen hat, das auch auf den Werbebroschüren und dem Briefpapier erscheinen soll (CI-Projekt). Somit können mit den Pflichtbestandteilen der handelsrechtlichen Bewertung die **Herstellungskosten I** mit 22.735 EUR netto angegeben werden.

Damit muss dieser Auftrag zum 31.12. mit 22.735 EUR bewertet und in die Bilanzposition ‚unfertige Erzeugnisse, unfertige Leistungen' eingestellt werden.

Für die Wahlbestandteile des handelsrechtlichen Bewertungsschemas nach § 255 I, II HGB gilt, dass die Materialgemeinkosten bei der NMA als Dienstleister nicht beziffert werden, weil sie von so nachrangiger Bedeutung sind, dass die Prozesskosten ihrer aufwendigen Bezifferung in keinem Verhältnis zum Wert der zusätzlichen Information stehen. Sie werden also - obgleich sicherlich vorhanden - aus Vereinfachungsgründen mit 0,00 EUR angesetzt. Auch dies ist *Kostenrechnungspraxis*, die stets zwischen den Informationsbeschaffungskosten und dem *zusätzlichen Informationswert* abzuwägen hat.[73]

Anders sieht es schon bei den Fertigungsgemeinkosten aus. Sie werden zur Zeit in der NMA mit 14,77 EUR/Stunde beziffert und enthalten die Gemeinkosten aus dem BAB der NMA, die auf die ‚Fertigung' (Dienstleistungserstellung = Programmierung) entfallen. Bei den 400 angesetzten Stunden bis zum 31.12. für den Auftrag macht das 5.908 EUR. Allerdings sind in den gesamten Gemeinkosten *nicht* die kalkulatorischen Kosten (Zusatz- und Anderskosten) berücksichtigt, weil ihnen keine Aufwendungen und auch keine Auszahlungen gegenüberstehen.[74]

Demzufolge entsprechen die hier verwendeten *handelsrechtlichen Stundensätze* nicht den *kalkulatorischen Stundensätzen* der NMA GmbH. Das heißt nichts anderes als, dass zur handelsrechtlichen Bewertung von Aufträgen *andere* Stundensätze verwendet werden müssen als zur *Vor- und Nachkalkulation* der Aufträge.

Entsprechend werden auch hier nur die handelsrechtlichen Abschreibungen angesetzt, die auf die Anschaffungskosten als Abschreibungsbasis zurückgreifen. Die working-stations, auf denen programmiert wird, kosteten 20.000 EUR.[75] Da bei der Abschreibung nur die auf den Herstellungszeitraum entfallenden Beträge berücksichtigt werden dürfen, werden die Anschaffungskosten durch drei dividiert um den Jahresabschreibungsbetrag in EUR zu erhalten und schließlich noch durch 12 geteilt, um auf die Monatsabschreibung zu kommen. Dieser Wert wird mit den 2 Monaten multipliziert, die für diesen Auftrag von Anfang November bis Ende Dezember benötigt wurden. Entsprechend sind dann die auf den Auftrag zeitanteilig entfallenden Abschreibungen berücksichtigt.[76]

Die Kosten der allgemeinen Verwaltung sind über den BAB der NMA schon in die Fertigungsgemeinkosten eingegangen und wurden mit dem Satz von 14,77 EUR/Stunde schon verrechnet. Daher werden sie hier *korrekterweise* nicht noch einmal angesetzt. Aufwendungen für soziale Einrichtungen oder für freiwillige soziale Leistungen hat die junge NMA noch nicht. Diese Kostenpositionen sind ja eher typisch für Konzerne. Daher wird hier jeweils 0,00 EUR angesetzt. Als Kosten für die Altersversorgung sind für die zwei Herstellungsmonate die anteiligen Pensionszusagen an die geschäftsführenden Gesellschafter der NMA GmbH angesetzt, die auf alle Aufträge des Geschäftsjahres aufgeteilt wurden. Der Gesamtbetrag der zu bildenden Pensionsrückstellung, der von einem Versicherungsmathematiker beziffert wurde (versicherungsmathematisches Gutachten für Pensionsrückstellungen) wurde auf alle Aufträge des Jahres aufgeteilt, wobei ein Umsatzschlüsselung vorgenommen wurde. Der anteilig auf den Auftrag der ‚Kunst- und Antiquitäten-Auktionen-GmbH' entfallende Betrag wird mit 685,87 EUR angegeben.

Damit betragen die Wahlbestandteile zusammen immerhin 7.704,98 EUR. Die Herstellungskosten II betragen demzufolge 30.439,98 EUR.

---

[73] Ausführlich dazu: Schorlemer/Posluschny/Prange„Kostenmanagement in der Praxis", Gabler, 1998.
[74] Ausführlich dazu: Schorlemer/Posluschny/Prange„Kostenmanagement in der Praxis", Gabler, 1998.
[75] Dazu ausführlich: Schorlemer/Posluschny: „Erfolgreiche Existenzgründungen in der Praxis", 1999.
[76] Streng genommen, darf dann an der working-station nur *dieser eine* Auftrag programmiert worden sein, sonst müsste die zeitanteilige Abschreibung noch auf mehrere Aufträge aufgeteilt werden. Auch hier gilt dann allerdings, dass die Relation zwischen Datenerhebungsaufwand und Informationswert ‚stimmen' sollte.

Die beiden anderen unfertigen Aufträge, die noch nicht fertige homepage für die Design-Schreinerei Thomas Friemel und die Electronic-Commerce-Lösung Cara Canzler Kanada-Travel werden von Patrick in Zusammenarbeit mit den jeweiligen Projektleiterinnen analog wie folgt bewertet:

	EUR
Materialeinzelkosten	46,00
Fertigungseinzelkosten	4.450,00
Sondereinzelkosten Fert.	-
alle Einzelkosten: Herstellungskosten I:	4.496,00
Materialgemeinkosten	-
Fertigungsgemeinkosten	1.314,53
Abschreibung des Anlagevermögens (fertigungsbezoge	1.111,11
Kosten der allgemeinen Verwaltung	-
Aufwendungen für soziale Einrichtungen	-
Aufwendungen für freiwillige soziale Leistungen	-
Kosten für betriebliche Altersversorgung	158,71
Fremdkapitalzinsen, soweit fertigungsbezogen	-
alle Einzel- und Gemeinkosten: Herstellungskosten I	7.080,35

Tabelle 31: homepage für die Schreinerei Friemel

	EUR
Materialeinzelkosten	278,00
Fertigungseinzelkosten	17.750,00
Sondereinzelkosten Fert.	-
alle Einzelkosten: Herstellungskosten I:	18.028,00
Materialgemeinkosten	-
Fertigungsgemeinkosten	5.243,35
Abschreibung des Anlagevermögens (fertigungsbezogen	1.111,11
Kosten der allgemeinen Verwaltung	-
Aufwendungen für soziale Einrichtungen	-
Aufwendungen für freiwillige soziale Leistungen	-
Kosten für betriebliche Altersversorgung	589,76
Fremdkapitalzinsen, soweit fertigungsbezogen	-
alle Einzel- und Gemeinkosten: Herstellungskosten II	24.972,22

Tabelle 32: Online-Buchung für Cara Canzler Travel

Die **steuerrechtliche Bewertung** der drei unfertigen Aufträge sieht, dem steuerrechtlichen Bewertungsschema folgend, dann wie folgt aus:

	EUR
Materialeinzelkosten	235,00
Fertigungseinzelkosten	20.000,00
Sondereinzelkosten Fert.	2.500,00
Materialgemeinkosten	-
Fertigungsgemeinkosten	5.908,00
Abschreibung des Anlagevermögens (fertigungsbezogen	1.111,11
steuerrechtliche Pflichtbestandteile:	29.754,11
Kosten der allgemeinen Verwaltung	-
Aufwendungen für soziale Einrichtungen	-
Aufwendungen für freiwillige soziale Leistungen	-
Kosten für betriebliche Altersversorgung	685,87
Fremdkapitalzinsen, soweit fertigungsbezogen	-
steuerrechtliche Wahlbestandteile:	685,87
Summe:	30.439,98

Tabelle 33: Steuerrechtliche Bewertung ‚Kunst-Auktionen-GmbH'

Selbstverständlich sind die Gesamtsummen bei den **handels-** und **steuerrechtlichen** Bewertungen gleich. Lediglich die Pflicht- und Wahlbestandteile sind unterschiedlich. Als Faustregel gilt, dass *handelsrechtliche Wahlrechte* in der Regel *steuerrechtliche Ansatzpflicht werden.* Entsprechend sind bei der **steuerrechtlichen Bewertung** des unfertigen Auftrags der ‚Kunst- und Antiquitäten-Auktionen-GmbH' die Materialgemeinkosten sowie die Fertigungsgemeinkosten in Höhe von 5.908,00 EUR zusammen mit den fertigungsbezogenen Abschreibungen von 1.111,11 EUR in die Pflichtbestandteile zu integrieren. Dadurch ergibt sich ein **steuerrechtlicher Mindestansatz** von 29.754,11 EUR. Im Vergleich dazu betrug der handelsrechtliche Mindestansatz 22.735,00 EUR.

Die **steuerrechtlichen Wahlbestandteile** fallen, dem Fiskalinteresse des Staates entsprechend, in diesem Fall mit dem Ansatz von den anteiligen Kosten für die betriebliche Altersversorgung mit 685,87 EUR weniger ins Gewicht. Demzufolge unterscheidet sich *in diesem Fall* der steuerrechtliche Mindestansatz kaum von der steuerrechtlichen Obergrenze, die mit 30.439,98 EUR anzusetzen wäre.

	EUR
Materialeinzelkosten	46,00
Fertigungseinzelkosten	4.450,00
Sondereinzelkosten Fert.	-
Materialgemeinkosten	-
Fertigungsgemeinkosten	1.314,53
Abschreibung des Anlagevermögens (fertigungsbezogen	1.111,11
steuerrechtliche Pflichtbestandteile:	6.921,64
Kosten der allgemeinen Verwaltung	-
Aufwendungen für soziale Einrichtungen	-
Aufwendungen für freiwillige soziale Leistungen	-
Kosten für betriebliche Altersversorgung	158,71
Fremdkapitalzinsen, soweit fertigungsbezogen	-
steuerrechtliche Wahlbestandteile:	158,71
Summe:	7.080,35

Tabelle 34: Steuerrechtliche Bewertung Schreinerei Friemel

	EUR
Materialeinzelkosten	278,00
Fertigungseinzelkosten	17.750,00
Sondereinzelkosten Fert.	-
Materialgemeinkosten	-
Fertigungsgemeinkosten	5.243,35
Abschreibung des Anlagevermögens (fertigungsbezogen	1.111,11
steuerrechtliche Pflichtbestandteile:	24.382,46
Kosten der allgemeinen Verwaltung	-
Aufwendungen für soziale Einrichtungen	-
Aufwendungen für freiwillige soziale Leistungen	-
Kosten für betriebliche Altersversorgung	589,76
Fremdkapitalzinsen, soweit fertigungsbezogen	-
steuerrechtliche Wahlbestandteile:	589,76
Summe:	24.972,22

Tabelle 35: Steuerrechtliche Bewertung Cara Canzler Travel

Die Tabelle 34 und Tabelle 35 zeigen die steuerrechtliche Bewertung für die beiden anderen unfertigen Aufträge der NMA GmbH zum Jahresende.

7.7.3 Bilanzierung und Bewertung nach IAS

Grundsätzlich sind die Herstellungskosten in den IAS nicht explizit geregelt, wobei die Herstellungskosten dem Vollkostenprinzip folgend nach IAS 2.7 und 16.19 die Kosten des Herstellungsvorgangs (*costs of conversion* ~ Transformationskosten) und sonstige Kosten für die Versetzung in einen betriebsbereiten Zustand sowie für den Transport an den Zielort enthalten.[77]

Entsprechend den IAS 2.10; 2.11; 2.13 und 2.15 kann das IAS- Herstellungskostenschema wie folgt dargestellt werden:[78]

	int. Währung (nicht US-$)
Einzelkosten der Herstellung des Auftrags	
Materialeinzelkosten nach IAS 2.10	235,00
Fertigungseinzelkosten nach IAS 2.10	20.000,00
Sondereinzelkosten Fert. nach IAS 2.10	2.500,00
fertigungsbez. Abschreibung des Anlagevermögens	1.111,11
Gemeinkosten (production overhead) der Herstellung	
Materialgemeinkosten nach IAS 2.11	-
Fertigungsgemeinkosten nach IAS 2.11	4.923,33
Fremdkapitalzinsen nach IAS 2.15	-
Summe: Vollkosten nach den IAS	28.769,44

Tabelle 36: Herstellungskosten nach IAS

Nach IAS 2.14 dürfen die folgenden (Herstellungs-) kosten nicht in die IAS-zulässigen Herstellungskosten integriert werden:

---

[77] Vgl. KPMG, 1999, S. 41.
[78] Vgl. KPMG, 1999, S. 41.

- Ausschuss, der nicht der betriebsgewöhnlichen Ausschussquote entspricht,

- Lagerkosten, sofern sie nicht auf innerbetriebliche Zwischenlager entfallen, die direkt mit der Herstellung des *assets* zu verbinden sind,

- Verwaltungsgemeinkosten (Fixkosten), die nicht der Produktion und der Disposition von Vorprodukten oder Rohstoffen zugeordnet werden können,

- Vertriebskosten.

Bei Dienstleistungsunternehmen sind als Herstellungskosten nach IAS 2.16 die Personalkosten (‚Fertigungseinzelkosten') sowie die ‚sonstigen Kosten', die direkt mit der Leistungserstellung verknüpft sind, zusammen mit den anteiligen Gemeinkosten anzusetzen.[79]

U.E. können die oben aufgeführten Einzel- und Gemeinkosten in das IAS-Bewertungsschema übernommen werden. Lediglich die Fertigungsgemeinkosten waren bei der NMA-GmbH für eine Auslastung von 120% (entsprechende Überstunden sind nachgewiesen) berechnet worden und müssen nach IAS auf die Normalauslastung von 100% umgerechnet werden, da bei einer außerordentlich hohen Auslastung die fixen Gemeinkosten (Annahme: die Fertigungsgemeinkosten sind fix) herabgesetzt werden müssen. Der korrigierte Wert ist entsprechend kursiv angegeben.

	int. Währung (nicht US-$)
Einzelkosten der Herstellung des Auftrags	
Materialeinzelkosten nach IAS 2.10	235,00
Fertigungseinzelkosten nach IAS 2.10	20.000,00
Sondereinzelkosten Fert. nach IAS 2.10	2.500,00
fertigungsbez. Abschreibung des Anlagevermögens	1.111,11
Gemeinkosten (production overhead) der Herstellung	
Materialgemeinkosten nach IAS 2.11	-
Fertigungsgemeinkosten nach IAS 2.11	*4.102,78*
Fremdkapitalzinsen nach IAS 2.15	-
Summe: Vollkosten nach den IAS	27.948,89

Tabelle 37: Auslastungskorrigierte Herstellungskosten nach IAS

[79] Vgl. KPMG, 1999, S. 41.

Das IAS-Schema wird - übertragen auf einen Bilanzierungsfall der NMA GmbH - mit allen Einzelkosten nach IAS 20.10 aufgeführt, wobei die Abschreibungen der Programmierung des konkreten Auftrags zeitanteilig zugerechnet werden und daher *ebenso* als Einzelkosten zu bewerten sind.

Als *production overhead* sind die Materialgemeinkosten anzusetzen, die bei einem reinen Dienstleister wie der NMA GmbH nicht ins Gewicht fallen und daher hier nicht beziffert werden (Informationswert versus Informationsbeschaffungskosten). Als Fertigungsgemeinkosten fallen die auslastungskorrigierten Verrechnungssätze aus dem BAB der NMA GmbH an, der nach IAS 2.14 jedoch nicht die Verwaltungs-(gemein)kosten enthalten darf. Anteilige Fremdkapitalzinsen könnten nach IAS 2.15 hinzuaddiert werden. Ihre zeitanteilige Bezifferung und Zurechnung auf den konkreten Auftrag unterbleibt aber aus Wirtschaftlichkeitserwägungen.

7.7.4 Entscheidungsorientierte Bilanzpolitik

7.7.4.1 Bilanzierungsziel Steuerbelastungsminimierung

Zur Verfolgung des Bilanzierungsziels ‚Steuerminimierung' muss der handelsrechtliche Gewinn als Grundlage der steuerrechtlichen Gewinnermittlung möglichst niedrig ausgewiesen werden. Daher entscheidet sich Patrick dafür, die drei unfertigen Aufträge nur mit dem handelsrechtlichen Mindestansatz, den Herstellungskosten I anzusetzen. Dies bedeutet, dass mit den Herstellungskosten I nur die Pflichtbestandteile des § 255 I, II HGB aktiviert werden. Die Wahlbestandteile werden nicht berücksichtigt, also nicht aktiviert und bleiben so ‚Aufwendungen', die den handelsrechtlichen Gewinn des Jahres in voller Höhe mindern können.

Zum Jahresende wird der Bestand an ‚in Arbeit befindlichen Aufträgen' auf dem Konto 1095 gebucht, wobei für die erfolgswirksame Buchung nur der Bestandsveränderungswert auf das Konto 4818 gegengebucht wird, dessen Saldo dann zum Jahresende auf das GuV-Konto (GV) übertragen wird.

S		1095 in Arbeit bef. Auf	H	S		4818 Bestandsveränd.	H
AB	-	22.735,00	1				
4	45.259,00	4.496,00	2	G	45.259,00	45.259,00	4
		18.028,00	3				
	45.259,00	45.259,00			45.259,00	45.259,00	

In diesem Fall ist die Gegenbuchung zum Konto 4818 auf dem GuV-Konto eine Habenbuchung, also ein Ertrag.

7.7.4.2 Bilanzierungsziel Kreditwürdigkeit

Um das Bilanzierungsziel ‚Kreditwürdigkeit' verfolgen zu können, entscheidet sich Patrick mit den anderen Gesellschaftern dafür, die unfertigen Aufträge als ‚unfertige Leistungen' mit ihren maximalen Herstellungskosten anzugeben. Er optiert bei dem Bewertungswahlrecht des § 255 I, II HGB also für die Herstellungskosten II des oben ausgeführten Bewertungsschemas. Entsprechend setzt er die drei Aufträge in der Bearbeitungsreihenfolge mit ihren vollen Herstellungskosten an und bucht sie nacheinander in das Konto 1095 ‚in Arbeit befindliche Aufträge' ein. Als Gegenkonto fungiert wiederum das Konto 4818 ‚Bestandsveränderungen in Arbeit befindliche Aufträge'.

S		1095 in Arbeit bef. Auf	H	S		4818 Bestandsveränd.	H
AB	-	30.439,98	1				
4	61.603,17	6.635,91	2	G	61.603,17	61.603,17	4
		24.527,28	3				
	61.603,17	61.603,17			61.603,17	61.603,17	

Abbildung 26: Buchung bei 'Kreditwürdigkeit'

Wo besteht nun aus Sicht der Buchhaltungssystematik der prinzipielle Unterschied bei beiden Buchungsmethoden. Bei der ersten Buchung unter Berücksichtigung des Bilanzierungsziels ‚Steuerminimierung' wird nur der handelsrechtliche Mindestansatz (Herstellungskosten I) angesetzt, die übrigen, den Aufträgen auch zurechenbaren Herstellungskosten bleiben als Aufwendungen in der GuV-Rechnung und mindern, weil nicht aktiviert, so den Gewinn des Geschäftsjahres. Anders sieht es bei der zweiten Buchung aus. Hier wird mit den Herstellungskosten II der handelsrechtlich maximale Ansatz aktiviert und es bleiben nur die Aufwendungen im erweiterten Herstellungskosten II-Schema unberücksichtigt, deren Bezifferung sich vor dem Hintergrund des verfolgten bilanzpolitischen Ziels *in diesem Bilanzierungsfall* nicht lohnt.

7.7.4.3 Auswirkung auf die Bilanz

Die grau unterlegte Zeile in dem Musterjahresabschluss der NMA GmbH zeigt den handelsrechtlichen Wertansatz bei dem bilanzpolitischen Ziel eines möglichst geringen Gewinnausweises. Die halbfertigen Aufträge sind zusammen mit 45.259,00 EUR in die Aktivseite eingegangen und werden unter der Position B 2. „Unfertige Erzeugnisse, unfertige Leistungen" ausgewiesen.

Musterjahresabschluss der NMA GmbH

Aktiva	EUR	EUR
A. Anlagevermögen		
I. Sachanlagen		
1. andere Anlagen, Betriebs- und Geschäftsaus.		59.497,00
B. Umlaufvermögen		
I. Vorräte		
1. Roh-, Hilfs- und Betriebsstoffe	2.100,00	
2. Unfertige Erzeugnisse, unfertige Leistungen	206.659,00	208.759,00
II. Forderungen u. sonst. Vermögensgegenst.		
1. Forderungen aus Lieferungen und Leistungen	21.908,95	
2. Sonstige Vermögensgegenstände	657,00	22.565,95
III. Schecks, Kassenbestand, Bundesbank- und		
Postbankguthaben, Guthaben bei Kreditinstituten		6.600,08
C. Rechnungsabgrenzungsposten		
Summe Aktiva		297.422,03

Dadurch erhöht sich diese Bilanzposition um die Höhe der bewerteten unfertigen Aufträge und geht zugleich als Bestandserhöhung im Rahmen des angewandten Gesamtkostenverfahrens in die GuV-Rechnung mit dem angesetzten Betrag von 45.259 EUR ein.

Durch diese Einstellung in die GuV-Rechnung erhöht sich der Jahresüberschuss in der Muster-GuV-Rechnung ebenfalls um 45.259 EUR auf dann 173.357,66 EUR.

Gewinn- und Verlustrechnung

	EUR	EUR
1. Umsatzerlöse		330.131,59
2. Bestandsveränderungen	(+ 45.259)	45.259,00
3. Andere aktivierte Eigenleistungen		
4. Sonstige betriebliche Erträge		847,28
5. Materialaufwand		
a) Aufwendungen für RHB und für bezogene Waren	19.247,85	
b) Aufwendungen für bezogene Leistungen	4.627,60	23.875,45
6. Personalaufwand		
a) Löhne und Gehälter	60.451,00	
b) soziale Abgaben und Aufwendungen für die Altersversorgung und Untersützung	15.873,26	76.324,26
davon für Altersversorgung EUR 6.827,69		
7. Abschreibungen		
8. Sonstige betriebliche Aufwendungen		86.423,42
9. Sonstige Zinsen und ähnliche Erträge		507,40
10. Zinsen und ähnliche Aufwendungen		6.810,48
11. Ergebnis der gewöhnlichen Geschäftstätigkeit		183.311,66
12. Steuern vom Einkommen und vom Ertrag	9.450,00	
13. Sonstige Steuern	504,00	9.954,00
14. Jahresüberschuss/ Jahresfehlbetrag		173.357,66

Bei der Verfolgung des bilanzpolitischen Ziels der ‚Kreditwürdigkeit' werden die unfertigen Aufträge mit der handelsrechtlichen Wertobergrenze angesetzt und gehen demzufolge mit zusammen 62.492,55 EUR in den Posten ‚unfertige Erzeugnisse/unfertige Leistungen' ein, der auch hier grau unterlegt ist, und die Gewinn- und Verlustrechnung für die NMA GmbH zeigt den veränderten Jahresüberschuss in Höhe von 190.591,21 EUR.

Damit beträgt für die beiden Bilanzierungsoptionen der bilanzpolitische Spielraum immerhin 17.233,55 EUR. Dieser erhebliche Unterschied im Gewinnausweis für ein Geschäftsjahr wurde nur dadurch erreicht, dass bei den unfertigen Aufträgen der bilanzpolitische Spielraum bei ihrer Bewertung ausgenutzt wurde.

Musterjahresabschluss der NMA GmbH

Aktiva	EUR	EUR
A. Anlagevermögen		
I. Sachanlagen		
1. andere Anlagen, Betriebs- und Geschäftsaus.		59.497,00
B. Umlaufvermögen		
I. Vorräte		
1. Roh-, Hilfs- und Betriebsstoffe	2.100,00	
2. Unfertige Erzeugnisse, unfertige Leistungen	223.892,55	225.992,55
II. Forderungen u. sonst. Vermögensgegenst.		
1. Forderungen aus Lieferungen und Leistungen	21.908,95	
2. Sonstige Vermögensgegenstände	657,00	22.565,95
III. Schecks, Kassenbestand, Bundesbank- und		
Postbankguthaben, Guthaben bei Kreditinstituten		6.600,08
C. Rechnungsabgrenzungsposten		
Summe Aktiva		314.655,58

Die wiedergegebene Aktivseite der Musterbilanz zeigt den konkreten Ausweis der bewerteten unfertigen Aufträge. Sie zeigt, dass die Aufträge i.H.v. 62.492,55 EUR in die Bilanzposition B 2. „Unfertige Erzeugnisse, unfertige Leistungen" eingegangen sind.

Dies entspricht dem maximalen handelsrechtlichen Wertansatz für die unfertigen Aufträge. Dabei ist allerdings zu berücksichtigen, dass wir aus Wirtschaftlichkeitserwägungen (Informationswert versus Informationsbeschaffungskosten) nicht alle bilanzierungsfähigen Positionen in die Berechnung der Herstellungskosten aufgenommen haben.

Gewinn- und Verlustrechnung

	EUR	EUR
1.Umsatzerlöse		330.131,59
2. Bestandsveränderungen	(+ 62.492,55)	62.492,55
3. Andere aktivierte Eigenleistungen		
4. Sonstige betriebliche Erträge		847,28
5. Materialaufwand		
a) Aufwendungen für RHB und für bezogene Waren	19.247,85	
b) Aufwendungen für bezogene Leistungen	4.627,60	23.875,45
6. Personalaufwand		
a) Löhne und Gehälter	60.451,00	
b) soziale Abgaben und Aufwendungen für die Altersversorgung und Untersützung	15.873,26	76.324,26
davon für Altersversorgung EUR 6.827,69		
7. Abschreibungen		
8. Sonstige betriebliche Aufwendungen		86.423,42
9. Sonstige Zinsen und ähnliche Erträge		507,40
10. Zinsen und ähnliche Aufwendungen		6.810,48
11. Ergebnis der gewöhnlichen Geschäftstätigkeit		200.545,21
12. Steuern vom Einkommen und vom Ertrag	9.450,00	
13. Sonstige Steuern	504,00	9.954,00
14. Jahresüberschuss/ Jahresfehlbetrag		190.591,21

7.8 Bilanzierung und Bewertung von Forderungen

7.8.1 Bilanzierung und Bewertung nach HGB und Steuerrecht

Glücklicherweise haben sich die Geschäftsfelder der NMA GmbH sehr gut entwickelt. Jetzt steht die Frage an, wie drei aktuelle **Forderungsfälle** zu bilanzieren und zu bewerten sind:

- die Ausgangsrechnung für die Trans-Berlin-Speditions-GmbH, der eine homepage programmiert wurde, die auch die Möglichkeit zum downlaod von Preislisten und festen Fahrtrouten enthält (Nominalwert netto: 10.000 EUR),

- die Ausgangsrechnung für die Neu-Schulden-GmbH, für die ebenfalls eine homepage programmiert wurde, und die ihr Zahlungsziel mit zwei Monaten deutlich überschritten hat, und über einen ,aktuellen' Liquiditätsengpass berichtet (Nominalwert netto: 5.580 EUR),

- die Ausgangsrechnung für die Konkurs-Illiquidität-GmbH, die ihre Mitarbeiter für die Finanzbuchhaltungs-Software ‚Mexware' hat schulen lassen und über deren Vermögen schon die Eröffnung des Insolvenzverfahrens vom Rechtsanwalt (‚Konkursverwalter') mangels Masse abgelehnt wurde (Nominalwert netto: 6.550 EUR).

Grundsätzlich gilt für die **handelsrechtliche** Bilanzierung von **Forderungen**, dass im Sinne der handelsrechtlichen Übung eine Forderung überhaupt entstanden sein muss. Das bilanzierende Unternehmen muss ihren Vertrag erfüllt haben, also die Leistung erbracht haben. Zusätzlich sind Forderungen, die eine Restlaufzeit von mehr als einem Jahr haben, gesondert unter der Position ‚Forderungen aus Lieferungen und Leistungen' mit einem Fristigkeitsvermerk auszuweisen (§ 268 IV HGB). Erhöht sich aufgrund von Stundungen die Fristigkeit einer ursprünglich kurzfristigen Forderung, dann ist diese Forderung unter dem Bilanzposten ‚sonstige Vermögensgegenstände' auszuweisen.[80]

Zur Bewertung von Forderungen ist grundsätzlich deren **Nominalwert** anzusetzen, der allerdings nach dem **Niederstwertprinzip** des § 253 III Satz 2 HGB i.V.m. § 252 I Nr. 4 HGB dann zu unterschreiten ist, wenn Tatsachen nach dem Grundsatz der Einzelbewertung zu berücksichtigen sind, die dafür sprechen, das der Nominalbetrag *nach unten* korrigiert werden muss. Entsprechend sind dubiose (zweifelhafte) oder gar uneinbringliche Forderungen *nach ihrer Wertkorrektur* (Gegenbuchung: Abschreibung auf Forderungen) auf spezielle Konten umzubuchen, damit der Forderungsbestand auch „ein den tatsächlichen Verhältnissen entsprechendes Bild" (§ 264 II HGB) wiedergibt.

Steuerrechtlich bestehen für die Bewertung von Forderungen *keine* gesonderten rechtlichen Bestimmungen. Allerdings gilt ja für den Ansatz und die Bewertung von Positionen der Steuerbilanz grundsätzlich die *Maßgeblichkeit* des handelsbilanziellen Ansatzes. Daher greift für die Steuerbilanz das Nominalwertprinzip genauso wie das Niederstwertprinzip, nach dem wertaufhellende Tatsachen auch nach dem *Bilanzstichtag* zu berücksichtigen sind. In der Regel wird man steuerrechtlich den niedrigeren Teilwert ansetzen, der dem beizulegenden Wert (Nominalwert oder Abschreibung auf Niederstwert) entspricht.

---

[80] Vgl. Peemöller, 1993, S. 100.

7.8.2 Bilanzierung und Bewertung nach IAS

Genau wie im deutschen Bilanzierungsrecht gibt es im Bereich der internationalen Rechnungslegung *noch keine* besondere Regelung zum Bereich des Ansatzes und der Bewertung von Forderungen. Damit gelten, ähnlich wie im Bilanzrecht mit den allgemeinen Ansatz- und Bewertungsvorschriften des § 252 HGB, die *generellen* Regelungen des Rahmenkonzepts zu den IAS, die z.B. das Vorliegen eines *assets* definieren. Im Sinne des IAS 1.66 ergibt sich allerdings die Mindestgliederung, dass zumindest Forderungen aus Lieferungen und Leistungen von *finanziellen* Vermögensgegenstände (*financial assets*) getrennt auszuweisen sind.[81]

Ganz analog zum deutschen Bilanzrecht sind Forderungen mit ihren Anschaffungskosten zu bewerten, deren Berechnung mit den dazugehörigen IAS schon zum Geschäftsfall „ISDN-Telefonanlage" ausführlich dargestellt wurden.

7.8.2.1 Buchung des Geschäftsfalls auf Konten

Wie sind die Forderungen nun zu buchen? Die Abbildung zeigt, dass die drei Ausgangsrechnungen zunächst netto unter Forderungen aus Lieferungen und Leistungen (1200) eingebucht wurden und die beiden Geschäftsfelder hompage-Design und EDV-Schulungen bei der Umsatzbuchung berücksichtigt wurden. Die Umsätze aus homepage-Design werden auf das Konto 4000 gebucht und die Umsätze aus EDV-Schulungen auf das Konto 4010. Damit ist bei späteren Auswertungen im Rahmen einer selbsterstellten BWA die Zuordnung von Umsätzen zu Geschäftsfeldern problemlos möglich und es können ‚dynamische' von ‚weniger dynamischen' Geschäftsfeldern getrennt werden. Mit diesen Buchungen wird natürlich zugleich die geschuldete Umsatzsteuer auf dem Konto 3800 gebucht, wie auf der folgenden Seite in Abbildung 27: Einbuchung der Forderungen dargestellt.

Das sowohl handelsrechtlich wie auch über das Maßgeblichkeitsprinzip steuerrechtlich wirksame Niederstwertprinzip bedeutet zusammen mit dem Einzelbewertungsprinzip, dass die Tatsachen bei der *Forderungsbewertung* zu berücksichtigen sind, die der NMA GmbH bekannt wurden und die die Bewertung der Forderungen zu ihrem ursprünglichen Nominalwert nicht mehr zulassen: Kurz: Die Forderungen müssen ganz oder teilweise abgeschrieben werden.

---

[81] Vgl. KPMG, 1999, S. 111.

Die Datenlage ist wie folgt: Die Ausgangsrechnung für die Trans-Berlin-Speditions-GmbH, der eine homepage programmiert wurde, die auch die Möglichkeit zum downlaod von Preislisten und Lieferverzeichnissen enthält (Nominalwert netto: 10.000 EUR). Die Ausgangsrechnung für die Neu-Schulden-GmbH, für die ebenfalls eine homepage programmiert wurde, und die ihr Zahlungsziel mit zwei Monaten deutlich überschritten hat und über einen ‚aktuellen‘ Liquiditätsengpass berichtet (Nominalwert netto: 5.580 EUR). Die Ausgangsrechnung für die Konkurs-Illiquidität-GmbH, die ihre Mitarbeiter für die Finanzbuchhaltungs-Software ‚Mexware‘ hat schulen lassen und über deren Vermögen schon die Eröffnung des Insolvenzverfahrens vom Rechtsanwalt (‚Konkursverwalter‘) mangels Masse abgelehnt wurde (Nominalwert netto: 6.550 EUR).

S	1200: Ford. L+L	H	S	4010: Umsatz EDV-Sch	H
1	11.600,00			6.550,00	3
2	6.472,80				
3	7.598,00				
	25.670,80		-	6.550,00	

S	3800: Umsatzsteuer	H	S	4000: Umsatz homepag	H
		1.600,00	1	10.000,00	1
		892,80	2	5.580,00	2
		1.048,00	3		
	-		-	15.580,00	

Abbildung 27: Einbuchung der Forderungen

7.8.2.2 Abschreibung der Forderungen

Die Forderung der Trans-Berlin-Speditions-GmbH scheint unproblematisch. Sie wird, soweit jetzt absehbar, zu ihrem vollen ‚Nominalwert' von dem Kunden beglichen werden und muss insofern nicht ganz oder teilweise abgeschrieben werden. Anders sieht es da schon mit den Forderungen zwei und drei aus. Zu ihnen sind Tatsachen bekannt geworden, die eine Abschreibung (Umbuchung) erforderlich machen.

Die Forderung gegenüber der Neu-Schulden-GmbH muss auf das Konto 1241 (Zweifelhafte oder ‚dubiose' Forderungen) umgebucht werden, damit der Buchungstand den Wissensstand zum Zeitpunkt der Bilanzierung und Bewertung wiedergibt. Jetzt weiß der Betrachter der Buchungskonten, das zu einer Forderung in Höhe von 6.472,80 EUR Tatsachen oder Umstände bekannt geworden sind, die die Einbringlichkeit der Forderung zweifelhaft erscheinen lassen. Das heißt, dass sie entweder von dem Kunden der NMA GmbH noch bezahlt werden wird oder nicht mehr bezahlt wird, weil sich die Liquiditätssituation des Kunden weiter verschlechtert. Für diesen Fall müsste die Forderung abermals auf das Aufwandskonto 6936 umgebucht werden. Sie wird dann total abgeschrieben bzw. ‚ausgebucht'.

Anders sieht es mit der Forderung gegenüber der Konkurs-Illiquidität-GmbH aus. Sie wird gleich auf das **Aufwandskonto** 6936 (Forderungsverluste 16% ‚übliche Höhe') umgebucht, da mangels Masse noch nicht einmal das Insolvenzverfahren eröffnet wurde. Es ist insoweit bei realistischer Sichtweise nicht mal mit einer Konkursquote des ursprünglichen Forderungsbetrages zu rechnen, der ‚branchen- und fallabhängig, zwischen 3% und 5 % liegen könnte. Der Forderungsverlust tritt allerdings nur in der Höhe des Nettorechnungsbetrages von 6.550,- EUR ein, weil in Höhe der Umsatzsteuer von 1.048,- EUR eine Korrektur auf dem Umsatzsteuerkonto 3800 vorgenommen wird. Damit wird die an das Finanzamt abzuführende Umsatzsteuer geringer und saldiert mit der verauslagten Vorsteuer wird der Betrag der Zahllast geringer.

Den Forderungsverlust als Aufwandsbuchung in das Konto 6936 zu buchen, ist auch buchungssystematisch richtig, da eine uneinbringliche Forderung für die NMA GmbH eine ‚Verschlechterung' ihrer Vermögenssituation bedeutet, weil Programmierstunden usw. als gezahlte Aufwendungen (Gehaltszahlungen an Mitarbeiter) angefallen sind, ihnen aber keine kundenseitige Einzahlung (Begleichen der Rechnung) gegenüberstand.

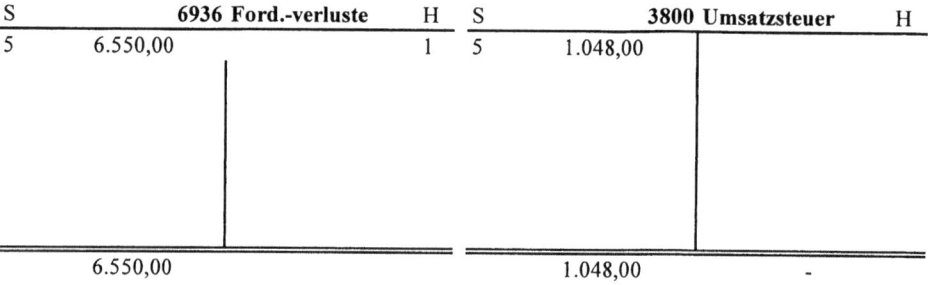

S	1200: Ford. L+L		H	S	1241: Zweifelh.Ford.		H
1	11.600,00						
2	6.472,80	6.472,80	4	4	6.472,80		
3	7.598,00	7.598,00	5				
	25.670,80				6.472,80	-	

S	6936 Ford.-verluste		H	S	3800 Umsatzsteuer		H
5	6.550,00		1	5	1.048,00		
	6.550,00				1.048,00	-	

Abbildung 28: Abschreibung und Umbuchung der Forderungen 2 und 3

7.8.2.3 Auswirkung auf die Bilanz

Die dargestellte Aktivseite des Musterjahresabschlusses zeigt die Auswirkung der Einbuchung der beiden zunächst unproblematischen Forderungen. Auch die Forderung ggü. der Neu-Schulden-GmbH taucht zunächst noch in dem Forderungsbestand auf, da keine weiteren Informationen aufgetaucht sind, die eine weitere Forderungsneubewertung angeraten erscheinen lassen würden. Anders sieht es bei der Forderung ggü. der Konkurs-Illiquiditäts-GmbH aus. Sie ist schon komplett abgeschrieben, wie die GuV-Rechnung zeigen wird. Sie darf zum Zeitpunkt der Bilanzerstellung nach GoB ‚Wahrheit‘ nicht mehr in der Bilanz auftauchen.

Musterjahresabschluss der NMA GmbH

Aktiva	EUR	EUR

A. Anlagevermögen

I. Sachanlagen
1. andere Anlagen, Betriebs- und Geschäftsaus.   59.497,00

B. Umlaufvermögen

I. Vorräte
1. Roh-, Hilfs- und Betriebsstoffe   2.100,00
2. Unfertige Erzeugnisse, unfertige Leistungen   161.400,00   163.500,00

II. Forderungen u. sonst. Vermögensgegenst.
1. Forderungen aus Lieferungen und Leistungen   37.488,95   (+ 15.580)
2. Sonstige Vermögensgegenstände   657,00   38.145,95

III. Schecks, Kassenbestand, Bundesbank- und
Postbankguthaben, Guthaben bei Kreditinstituten   6.600,08

C. Rechnungsabgrenzungsposten

Summe Aktiva		267.743,03

Demzufolge hat die Aktivposition „Forderungen aus Lieferungen und Leistungen" um die beiden ersten Forderungen um zusammen 15.580,- EUR auf 37.488,95 zugenommen.

Die relevante Zeile auf der Aktivseite des Musterjahresabschlusses ist hier -wie immer - grau unterlegt. Durch die Einbuchung und Aktivierung der beiden Forderungen nimmt das aktive Bestandsvermögen der NMA GmbH um den Betrag von 15.580 EUR auf eine Bilanzsumme von 267.743,03 zu.

Dies entspricht bei der Gewinnermittlung durch Vermögensvergleich auch der Sichtweise dieser Gewinnermittlungsart. Schon die verkaufte Dienstleistung und die Rech-
nungsstellung verbessern die Vermögensposition der NMA GmbH, weil eine rechtlich
abgesicherte Forderung ggü. dem Kunden entstanden ist. Die Vermögensposition hat
sich durch die Geschäftsfälle verbessert.

Gewinn- und Verlustrechnung

	EUR	EUR
1. Umsatzerlöse		330.131,59
2. Bestandsveränderungen		
3. Andere aktivierte Eigenleistungen		
4. Sonstige betriebliche Erträge		847,28
5. Materialaufwand		
a) Aufwendungen für RHB und für bezogene Waren	19.247,85	
b) Aufwendungen für bezogene Leistungen	4.627,60	23.875,45
6. Personalaufwand		
a) Löhne und Gehälter	60.451,00	
b) soziale Abgaben und Aufwendungen für die Altersversorgung und Untersützung	15.873,26	76.324,26
davon für Altersversorgung EUR 6.827,69		
7. Abschreibungen	(+ 6.550)	6.550,00
8. Sonstige betriebliche Aufwendungen		86.423,42
9. Sonstige Zinsen und ähnliche Erträge		507,40
10. Zinsen und ähnliche Aufwendungen		6.810,48
11. Ergebnis der gewöhnlichen Geschäftstätigkeit		131.502,66
12. Steuern vom Einkommen und vom Ertrag	9.450,00	
13. Sonstige Steuern	504,00	9.954,00
14. Jahresüberschuss/ Jahresfehlbetrag		121.548,66

Die GuV-Rechnung zeigt, dass die Forderung ggü. der Konkurs-Illiquitäts-GmbH
abgeschrieben wurde. Insofern ist der NMA GmbH eine Aufwandsposition entstanden,
die den Jahresüberschuss in Höhe der Abschreibung von 128.098,66 EUR um 6.550,-
EUR auf dann 121.548,66 sinken lässt. Der Forderungsverlust entsteht nur mit dem
Nettobetrag, weil die abzuführende Umsatzsteuer bei Uneinbringlichkeit entsprechend
reduziert wird und die Zahllast des Veranlagungszeitraumes um den Betrag von
1.048,00 EUR sinkt.

7.9 Bilanzierung der aktiven Rechnungsabgrenzung

7.9.1 Bilanzierung und Bewertung nach HGB und Steuerrecht

Der Grundsatz der Gewinnermittlung durch Bestandsvergleich ist die **periodenge-rechte Erfolgsermittlung**. D.h., dass einer Abrechnungsperiode (in der Regel dem Geschäftsjahr) die Aufwendungen und Erträge zuzurechnen sind, die in ihr *verursacht* worden sind.

Dieses Prinzip der periodengerechten Erfolgsermittlung heißt, dass es nicht auf den Zeitpunkt der Zahlung ankommt, sondern auf den Zeitpunkt der Verursachung und besonders ‚des Verbrauchs' eines Gutes, einer Dienstleistung oder eines Rechtes. Dies ist z.B. anders bei der Erfolgsermittlung durch Einnahmen-Überschuss-Rechnung, die von der NMA GmbH in der Anfangsphase durchgeführt wurde. Diese vereinfachte (steuerrechtliche) Erfolgsermittlung kennt nur den Zahlungsvorgang als Grundlage der ‚einfachen' Buchführung. Insofern kann es bei der Erfolgsermittlung durch EÜR keine aktive Rechnungsabgrenzung geben. Ebenso, bei gleicher Argumentation, werden in der Einnahmen-Überschuss-Rechnung keine Forderungen gebucht, weil die EÜR einen Vorgang erst dann bucht, wenn ihm ein Zahlungsvorgang (Ein- oder Auszahlung) zugrunde liegt.

Bei der Erfolgsermittlung durch Vermögensvergleich wird die **periodengerechte Abgrenzung** durch die Bildung von Rechnungsabgrenzungsposten erreicht. Ohne die aktiven Rechnungsabgrenzungsposten wäre der Gewinn der betreffenden Abrechnungsperiode zu niedrig.

Im **Handelsrecht** ist der § 250 HGB die Rechtsgrundlage zu Bildung eines Rechnungsabgrenzungspostens. Darin heißt es: „ Als Rechnungsabgrenzungsposten sind auf der Aktivseite Ausgaben vor dem Abschlußstichtag auszuweisen, soweit sie Aufwand für eine bestimmte Zeit nach diesem Tag darstellen."

In der betriebswirtschaftlichen Rechnungswesen werden Posten, die Ausgabe/Einnahme vor dem Abschlussstichtag sind, aber Aufwand/Ertrag für das nächste Geschäftsjahr bedeuten, als **Rechnungsabgrenzungsposten** bezeichnet. Für den Fall der aktiven Rechnungsabgrenzung gilt entsprechend: Ausgabe jetzt, Aufwand später. ‚Ausgabe jetzt' heißt, für den Einsteiger sicher schwer verständlich, dass dem Betrieb auf der Ebene des Güter- und Dienstleistungsstroms, der dem Zahlungsstrom in der Regel entgegengesetzt ist, ein Gut oder eine Dienstleistung **zugeflossen** ist. ‚Aufwand später' heißt, dass dieses zugeflossene Gut bzw. die Dienstleistung oder das Recht erst später verbraucht wird.

7.9.1.1 Beispiele zu aktiven Rechnungsabgrenzungsposten

Die Begriffe des Rechnungswesens sind vielleicht noch recht abstrakt. Daher werden wir an dieser Stelle zwei Beispiele geben:

7.9.1.1.1 Beispiel 1: Vorauszahlung einer Versicherungsprämie

Zahlung einer Versicherungsprämie (versichertes Risiko: Betriebsunterbrechung) am 01.09. 2002 i.H.v. 15.000 EUR, die für den Zeitraum 01.09.2002 bis 31.08.2003 gilt. In diesem Fall ‚fließt'- dokumentiert in der schriftlichen Versicherungspolice, die auch das abgesicherte Risiko nennt - der NMA GmbH ein Recht zu, nämlich das Versichertenrecht, bei Betriebsunterbrechung den erlittenen Umsatzausfall etc. bei der Versicherung geltend machen zu können. Allerdings wirkt das Recht mit seinem ‚Versicherungsschutz' weit in das nächste Geschäftsjahr, nämlich das Jahr 2003 hinein. Übersetzt in die Rechnungswesenterminologie heißt das: **Ausgabe jetzt**, denn ‚jetzt' am 01.09.2002 ‚fließt' der NMA GmbH das Versicherungsrecht zu. Selbstverständlich erfolgt auch die **Auszahlung jetzt**, denn die Eingangsrechnung der Versicherungsgesellschaft wird noch im Jahr 2002 - mit den geschäftsüblichen Zahlungsfristen - fällig.

Allerdings bedeutet das Hineinwirken des Versicherungsvertrages in das nächste Jahr, dass sich weite Teile des jetzt schon bezahlten Versicherungsschutzes erst im Geschäftsjahr 2003 ‚verbrauchen', **also Aufwand später**. Denn die NMA GmbH ist ja auch für die Monate Januar – August 2003 gegen die Betriebsunterbrechung versichert, eben über die angegebene Laufzeit des Versicherungsvertrages.

Damit sind an diesem ersten Praxisbeispiel alle wesentlichen Merkmale des aktiven Rechnungsabgrenzungsposten genannt worden. Das betriebswirtschaftliche Rechnungswesen spricht für den Fall ‚Ausgabe jetzt‘/‚Aufwand später‘ von einem sogenannten **transitorischen Rechnungsabgrenzungsposten**. Hört sich kompliziert an, meint - lateinisch *trans* = über/hinüber und *ire* = gehen - nichts anderes als dass ein Teil der Ausgabe erst Aufwand des nächsten Geschäftsjahres ist und insoweit ein Teil der Ausgabe in das nächste Geschäftsjahr übergeht.

Durch ein Gedankenexperiment kann man sich den Grundcharakter des aktiven, transitorischen Rechnungsabgrenzungspostens noch einmal klar machen.

Wenn man die Versicherungsgesellschaft bitten würde, die Versicherungsprämie kalenderjahrgleich in zwei Versicherungspolicen aufzuspalten und die Versicherungsgesellschaft dies tun würde, dann ergäbe sich in diesem Fall keinerlei Verpflichtung zum Ansatz eines aktiven Rechnungsabgrenzungspostens, weil die jeweilige ‚gesplittete‘ Eingangsrechnung und Auszahlung für 2002 auch dem Verbrauch des Versicherungsrechtes entsprechen würde: **Auszahlung** und **Aufwand** wären also deckungsgleich und es gäbe gar keinen Rechnungsabgrenzungsbedarf.

Man bekäme also einen Vertrag für den Zeitraum 01.09.2002 bis 31.12.2002 und einen weiteren Vertrag für den Zeitraum 01.01.2003-31.08.2003 mit den jeweils anteiligen Rechnungsbeträgen. Selbstverständlich tut dies die Versicherung nicht, weil sie ihren Verwaltungsaufwand begrenzen will und daher gibt es bei geschäftsjahrabweichenden Verträgen die Notwendigkeit zur Rechnungsabgrenzung.

Steuerrechtlich gilt mit der Formulierung des § 5 IV EStG „Als Rechnungsabgrenzungsposten sind nur anzusetzen 1. auf der Aktivseite Ausgaben vor dem Abschlußstichtag, soweit sie Aufwand für eine bestimmte Zeit nach diesem Tag darstellen...“ die handelsrechtliche Regelung des **transitorischen** Rechnungsabgrenzungspostens analog.

7.9.1.1.2 Beispiel 2: Vorauszahlung von Miete

Von der NMA GmbH wird zum Oktober 2002 ein zusätzlich angemietetes kleines Büro in Rostock benötigt, weil man von dort aus den ‚norddeutschen Markt‘ mit den Dienstleistungen versorgen möchte. Der Vermieter, der die Gesellschafter der NMA GmbH nicht persönlich kennt, möchte zur Absicherung seiner Mietforderung für das erste halbe Jahr die Miete im voraus haben. Die im voraus zu zahlende Miete für sechs Monate beträgt 6.000 EUR.

Auch in diesem Fall ‚fließt‘- dokumentiert in dem schriftlichen Mietvertrag - der NMA GmbH ein Recht zu, nämlich das Nutzungsrecht der vertraglich angemieteten Räumlichkeiten in Rostock. Allerdings wirkt das Nutzungsrecht weit in das nächste Geschäftsjahr, nämlich bis März 2003 hinein. Übersetzt in die Rechnungswesenterminologie heißt das: **Ausgabe jetzt**, denn ‚jetzt‘ im Oktober 2002 ‚fließt‘ der NMA GmbH das Nutzungsrecht an den Mieträumen zu. Selbstverständlich erfolgt auch die **Auszahlung jetzt**, denn die Mietvorauszahlung für die ersten 6 Monate i.H.v. 6.000 EUR wird noch im Jahr 2002 fällig.

Allerdings bedeutet das Hineinwirken des Mietvertrages in das nächste Jahr, dass sich weite Teile der jetzt schon bezahlten Miete erst im Geschäftsjahr 2003 ‚verbrauchen‘, **also Aufwand später**. Denn die NMA GmbH hat ja auch für die Monate Januar – März 2003 schon jetzt bezahlt, übt das privatrechtliche Nutzungsrecht (Miete) aber erst in den ersten drei Monaten des kommenden Geschäftsjahres aus.

Die obigen Beispiele zur aktiven Rechnungsabgrenzung betreffen allesamt solche Tatbestände, für die ein aktiver Rechnungsabgrenzungsposten im Sinne der Bilanzwahrheit gebildet werden muss (§ 250 I Satz 1 “...*sind* auf der Aktivseite ... *auszuweisen*...“). Im Sinne des Gesetzgebers ist dies eine Sollvorschrift, und es besteht für die bilanzierende NMA GmbH keinerlei Wahlrecht.

Allerdings sind in Satz 2 desselben Paragraphen die Wahlrechte des aktiven Rechnungsabgrenzungspostens genannt, die als Kannvorschriften bezeichnet werden: „Als Rechnungsabgrenzungsposten ...auf der Aktivseite...*dürfen* ausgewiesen werden:

als Aufwand berücksichtigte Zölle und Verbrauchsteuern, soweit sie auf am Abschlußstichtag auszuweisende Vermögensgegenstände des Vorratsvermögens entfallen, als Aufwand berücksichtigte Umsatzsteuer auf am Abschlußstichtag auszuweisende oder von den Vorräten offen abgesetzte Anzahlungen." (§ 250, I Satz 2 HGB).

Zusätzlich erlaubt der Absatz III desselben Paragraphen noch den Ansatz des sogenannten Damnums oder Disagios: „Ist der Rückzahlungsbetrag einer Verbindlichkeit höher als der Ausgabebetrag, so darf der Unterschiedsbetrag in den Rechnungsabgrenzungsposten auf der Aktivseite aufgenommen werden. Der Unterschiedsbetrag ist durch planmäßige jährliche Abschreibungen zu tilgen, die auf die gesamte Laufzeit der Verbindlichkeit verteilt werden können."

7.9.1.1.3 Zölle auf Hochleistungsrechner aus den USA

Wir erinnern uns: Die NMA GmbH arbeitet insgesamt auf sechs verschiedenen Geschäftsfeldern. Zwei davon, die jetzt relevant werden, sind nach der unten aufgeführten Abbildung die Bereiche *Schuldung* und *hardware-Verkauf*.

Zwischen beiden Bereichen werden von der Verkaufsstrategen der NMA GmbH ‚cross-selling-Potenziale‘ vermutet, weil ein in einer Schulung als besonders leistungsfähig erkannter Hochleistungsrechner den Kaufwunsch nach diesem Gerät bei den Kursteilnehmern wecken soll.

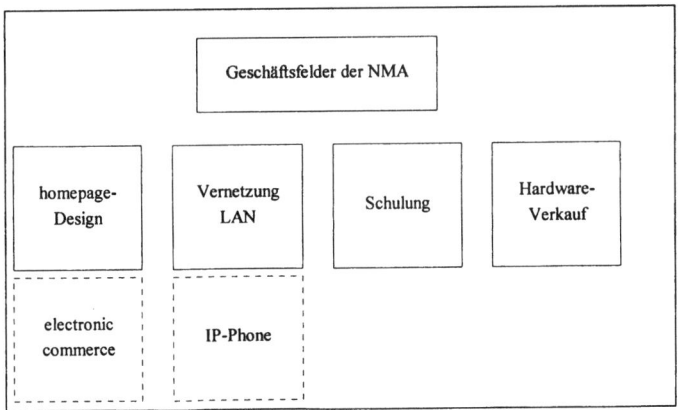

Abbildung 29: Geschäftsfelder der NMA GmbH

Die Standardleistungsfähigkeit vieler PC's, die den softwareseitigen Anforderungen der Produkte der NMA GmbH vielfach nicht genügen, haben die Gesellschafter der NMA GmbH dazu bewogen, auf Hochleistungsrechner aus den USA zurückzugreifen. Man hat in den Geschäftsjahren 2000 und 2001 zuerst preiswertere Rechner aus Taiwan verkauft, dann aber bei Reparaturen Probleme mit der Lieferung von Ersatzteilen gehabt und darunter hat die Kundenzufriedenheit und damit verbunden auch die Kundenbindung gelitten: Mehrere Kunden haben sich anderen Dienstleistern zugewandt, wie man bei Akquisitionstelefonaten erfahren hat und zudem hat es negative Mundpropaganda gegeben.

Die Hochleistungsrechner aus den USA sind zwar 20 % teurer als die der Konkurrenz, allerdings hofft man auf weniger Reparaturanfälligkeit. Zusätzlich möchte man den Kunden den ‚Qualitätsanspruch' der Markengeräte verkaufen.

Auf die im Oktober 2002 bestellten und eine Woche später angelieferten 30 Hochleistungsrechner à 6.500 EUR (zusammen 195.000 EUR), die man auf Lager nimmt, um sie an Kunden zu verkaufen, wird von den deutschen Zollbehörden in Berlin-Schönefeld zusätzlich zum Kaufpreis ein Zoll von 1.000 EUR je Gerät erhoben. Dies macht zusammen verauslagte Zölle von 30.000 EUR.[82]

Als Zölle werden Abgaben bezeichnet, „die nach Maßgabe des Zolltarifs von der Warenbewegung über die Zollgrenze erhoben werden"[83]. Als Rechnungsabgrenzungsposten können Zölle und Verbrauchssteuern aber nur dann aktiviert werden, wenn

sie als Aufwand in die GuV-Rechnung eingegangen sind

und sie auf Vermögensgegenstände/Wirtschaftsgüter entfallen, die am Abschlussstichtag zum Vorratsvermögen gehören.[84]

---

[82] Von anderen Anschaffungsnebenkosten sehen wir an dieser Stelle ab.
[83] Küting/Weber, 1990, S.713.
[84] Vgl. Küting/Weber, 1990, S.714.

Um die erste Bedingung zu erfüllen, müssen die Zölle/Verbrauchssteuern zum Zeitpunkt der Bilanzierung bereits *gezahlt* worden sein oder alternativ als Verbindlichkeit eingebucht worden sein **und** als Aufwand in die GuV-Rechnung eingehen, um den Gewinn der Abrechnungsperiode zu mindern.[85] Die Absicht des Bilanzierungswahlrechts für Zölle und Verbrauchssteuern war, durch das Aktivierungswahlrecht eine Möglichkeit zur Neutralisierung des Aufwands in der Periode der Beschaffung zu ermöglichen, um den Erfolgsausweis zu entzerren.

Diesem Bilanzierungswahlrecht steht allerdings die *Bilanzierungspraxis* entgegen, die namentlich vom HFA[86] der Wirtschaftsprüfer in Deutschland vertreten wird. Dort ist man nach HFA 5/75 S. 59 der Auffassung, dass bezahlte Zölle und Verbrauchssteuern als Anschaffungskosten von Vermögensgegenständen zu werten sind und daher mit den Vermögensgegenständen aktiviert werden müssen. Damit ergibt sich ein bilanzrechtliches Aktivierungswahlrecht, das in der Bilanzierungspraxis zu einer *de facto* Aktivierungspflicht wird: „Damit scheidet dann allerdings eine Anwendung von § 250 Abs. 1 Satz 2 Nr. 1 aus."[87]

Steuerrechtlich wird in der tatsächlichen Ausübung der Auffassung der Wirtschaftsprüfer gefolgt, denn nach A 31 a IV S. 2 EStR sind Zölle und Verbrauchssteuern nicht zu aktivieren, wenn sie zu den Anschaffungs- oder Herstellungskosten der Wirtschaftsgüter zählen.[88]

7.9.1.1.4 Damnum bzw. Disagio

Wie weiter oben ausgeführt, besteht für die bilanzierende NMA GmbH die Möglichkeit, den Unterschiedsbetrag zwischen der Kreditauszahlung und dem Gesamtbetrag der Rückzahlung als Damnum in den aktiven Rechnungsabgrenzungsposten einzustellen und es auf die Dauer der Kreditlaufzeit planmäßig abzuschreiben.

---

[85] Vgl. Küting/Weber, 1990, S.714.
[86] HFA: Hauptfachausschuss in der Wirtschaftsprüferkammer/Düsseldorf.
[87] Küting/Weber, 1990, S.714.
[88] Vgl. Küting/Weber, 1990, S. 714 f.

Die kreditausreichenden Banken verwenden die Differenz zwischen Auszahlungsbetrag und Rückzahlungsbetrag als zusätzliches Mittel der Konditionengestaltung. Faktisch ist es nichts anderes als eine ‚verdeckte' Zinszahlung, die neben ‚Bereitstellungs-
provisionen', ‚Bearbeitungsgebühren' usw. vom Kreditnehmer zu tragen ist. Im Gegensatz zu gewerblichen Kreditnehmern müssen für private Kreditnehmer alle Kondi-
tionen über die sogenannte Effektiv-Verzinsung ausgewiesen werden.

Da Verbindlichkeiten im Sinne des § 253 I Satz 2 HGB mit ihrem Rückzahlungsbetrag
anzusetzen sind, wird als Ausgleich ein Damnum angesetzt.

Die NMA hat - annahmegemäß - einen Kredit i.H.v. 100.000 EUR über eine Laufzeit
von 10 Jahren aufgenommen, wovon die Kredittreubank Berlin e.G. aber nur 95.000
EUR auszahlt. Die Differenz von 5.000 EUR wird als Disagio (Damnum) Teil der
Konditionengestaltung für die Kreditvergabe. Die Verbindlichkeit ist nun mit dem
Rückzahlungsbetrag i.H.v. 100.000 auf der Passivseite zu bilanzieren und das Disagio
wird in den aktiven Rechnungsabgrenzungsposten eingestellt. Die buchungsmäßige
Behandlung sieht dann wie folgt aus:

S	3170 Verbindl.	H	S	1700 Bank	H
	100.000,00	1	1	95.000,00	
	-			95.000,00	-

S	1900 aktive RAP	H	S	0 GuV-Konto	H
1	5.000,00				
	5.000,00			-	-

Der *Rückzahlungsbetrag* ist in das Verbindlichkeitenkonto eingebucht (1) und der *Auszahlungsbetrag* ist auf dem Konto der NMA GmbH eingegangen. Die Differenz zwischen Auszahlungs- und Rückzahlungsbetrag wird nun in den aktiven RAP (1) gebucht. Da das ‚Disagio‘ in seiner Aufwandswirksamkeit erst über das Zeitintervall der Kreditlaufzeit entsteht, ist es folgerichtig, dass es gewinnmindernd abgeschrieben wird. Dies bedeutet, dass jedes Jahr 5.000: 10 = 500 EUR auf das GuV-Konto gebucht werden. Dies geschieht als Umbuchung.

Da die 500 EUR jährlicher Aufwand sind, die im Zeitablauf entstehen, landen sie auch folgerichtig auf der Sollseite des GuV-Kontos, also da, wo alle Jahresaufwendungen der NMA GmbH eingebucht werden.

7.9.2 Bilanzierung und Bewertung nach IAS

Anders als mit dem § 250 HGB und dem § 5 IV EStG gibt es *keinen* expliziten IAS für die Rechnungsabgrenzungsposten, sondern nur die allgemeinen Vorschriften zur Periodisierung (*accural principle*) sowie mit dem *matching principle F. 95* aus dem allgemeinen Regelwerk des *framework* eine übergeordnete allgemeinere Regelung zum Bereich der Ausgabenperiodisierung.[89]

Als *prepaid expenses* oder *expense prepayment expected to be used up within one year of the balnce sheet date* werden die aktiven Rechnungsabgrenzungsposten in der Bilanz (*balance sheet*) ausgewiesen, wobei das handelsrechtliche Ansatzwahlrecht der Zölle und sonstigen Steuern für die IAS-Bilanz nicht greift, weil mit der Anschaffung verknüpfte Zölle und Steuern mit dem Vermögensgegenstand als Bestandteil der Anschaffungskosten aktiviert werden, wohingegen das Disagio/Damnum im Zusammenhang mit dem Ausweis der Verbindlichkeit (*liability*) angegeben werden müsste, wobei nach der überarbeiteten IAS 1 das Disagio/Damnum *konkret* die Kriterien eines *assets* zu erfüllen hätte.[90]

7.9.2.1 Buchung der Geschäftsfälle auf Konten

Die Buchungen auf den Konten sollen den Buchungszusammenhang der aktiven Rechnungsabgrenzung zeigen. Wir werden sehen, dass die Rechnungsabgrenzung den ansonsten ‚zu hohen‘ Aufwand des Jahres 2002 korrigiert.

212

7.9.2.1.1 Beispiel 1: Vorauszahlung einer Versicherungsprämie

Der Buchungszusammenhang wird nun auf den T-Konten offensichtlich. Zunächst muss die Versicherungsprämie mit dem ersten Buchungssatz (1) im Soll als Aufwand in voller Höhe von 15.000 EUR gebucht werden. Da die Versicherungsprämie überwiesen wird, wird das Bankkonto mit einer Habenbuchung (1) in gleicher Höhe belastet (hier ohne USt.).

Würde man nun das Versicherungsaufwandskonto unverändert in den Jahresabschluss übernehmen, dann wäre der dem Jahr 2002 zugerechnete Aufwand zu hoch bzw. unter c.p. der Gewinn des Jahres 2002 um 10.000 EUR zu niedrig ausgewiesen. Daher wird nun der zu hohe Aufwand ‚korrigiert‘, indem die **nicht dem Geschäftsjahr 2002** zuzurechnende Versicherungsprämie i.H.v. 10.000 EUR in die Sollseite der aktiven Rechnungsabgrenzung (2) eingebucht wird und der Versicherungsaufwand auf der Habenseite um 10.000 EUR ‚korrigiert‘ wird.

Der sich mit dieser **periodengerechten ‚Aufwandsabgrenzung‘** ergebende Saldo auf dem Versicherungsaufwandskonto i.H.v. 5.000 EUR ist nun genau der Aufwandsbetrag, der dem Geschäftsjahr 2002 beizumessen ist und von ihm ‚verursacht‘ wurde. Wir rechnen nach: September 2002 bis Dezember 2002 sind 4 Monate. Der pro Monat fällige Betrag für die Betriebsunterbrechungsversicherung beträgt 1.250 EUR. Multipliziert mit 4 macht das 5.000 EUR. Der Saldo geht dann in das Gewinn- und Verlustkonto ein und wirkt sich nur noch i.H.v. 5.000 EUR auf den Jahresgewinn der NMA GmbH aus. Dies zeigt die korrespondierende Buchung (3) auf dem Gewinn- und Verlustkonto, denn dieses Konto enthält auf der Sollseite den *richtigen*, durch die Bildung einer aktiven Rechnungsabgrenzung i.H.v. 10.000 EUR, auf das Jahr 2002 entfallenden Versicherungsaufwand i.H.v. 5.000 EUR.

---

[89] Vgl. KMPG, 1999, S. 126.
[90] Vgl. KPMG, 1999, S. 126.

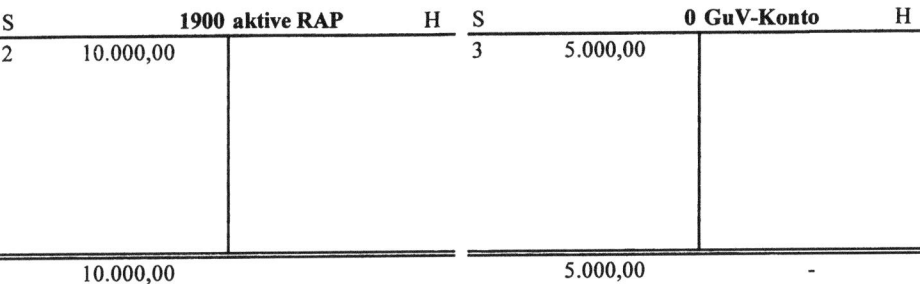

S	6400 Versich.aufwand		H	S	1700 Bank		H
1	15.000,00	10.000,00	2			15.000,00	1
		S: 5.000	3				
	15.000,00	15.000,00			-	15.000,00	

S	1900 aktive RAP		H	S	0 GuV-Konto		H
2	10.000,00			3	5.000,00		
	10.000,00				5.000,00	-	

Abbildung 30: Buchung der vorausbezahlten Versicherung ohne USt.

7.9.2.1.2 Beispiel 2: Buchung der Mietvorauszahlung

Der Fall bei der Mietvorauszahlung liegt - buchungstechnisch - analog. Die Gesellschafter der NMA GmbH haben sich im Rahmen der Anmietung von Gewerberäumen für die Option ‚keine Umsatzsteuer' entschieden. Insoweit bleibt die Mietzahlung auch in diesem gewerblichen Fall umsatzsteuerfrei. Auch hier wird mit der zu hohen Auszahlung von 6.000 EUR in 2002 ein Nutzungsrecht für die Mieträume erworben, das bis zum März 2003 in das Geschäftsjahr 2003 hineinwirkt.

Der - zu hohe - Mietaufwand i.H.v. 6.000 EUR wird zunächst mit dem 1. Buchungssatz in das Mietaufwandskonto auf der Sollseite eingebucht und über Bank bezahlt. Dann wird der richtige Mietaufwand berechnet und die Differenz - hier 3.000 EUR - wird in das aktive Rechnungsabgrenzungskonto eingestellt. Die Habenbuchung dieses Buchungssatzes korrigiert nun den zu hohen Aufwand auf der Sollseite um 3.000 EUR. Schließlich wird der Saldo des Aufwandskontos (3) über das Gewinn- und Verlustkonto abgeschlossen.

S	6310 Mietaufwand		H	S	1700 Bank		H
1	6.000,00	3.000,00	2			6.000,00	1
		S: 3.000,00	3				
	6.000,00	6.000,00			-	6.000,00	

S	1900 aktive RAP		H	S	0 GuV-Konto		H
2	3.000,00			3	3.000,00		
	3.000,00				3.000,00	-	

Abbildung 31: Buchung der vorausbezahlten Miete

Aus Sicht des Wechsels der Gewinnermittlungsart sind aktive Rechnungsabgrenzungsposten zu buchen, weil der Abrechnungsperiode der Erfolg zuzurechnen ist, der in ihr auch ursächlich entstanden ist.

Daher müssen die ‚Vorauszahlungen', die wirtschaftlich in eine andere Abrechnungsperiode gehören, durch den Ansatz eines ‚Aktivpostens' wieder ausgeglichen werden.

Die Rechnungen werden der Periode zugerechnet, die sie verursacht hat. Sie werden also abgegrenzt.

7.9.3 Entscheidungsorientierte Bilanzpolitik

7.9.3.1 Auswirkungen auf die Bilanz

Musterjahresabschluss der NMA GmbH

Aktiva	EUR	EUR
A. Anlagevermögen		
I. Sachanlagen		
1. andere Anlagen, Betriebs- und Geschäftsaus.		59.497,00
B. Umlaufvermögen		
I. Vorräte		
1. Roh-, Hilfs- und Betriebsstoffe	2.100,00	
2. Unfertige Erzeugnisse, unfertige Leistungen	161.400,00	163.500,00
II. Forderungen u. sonst. Vermögensgegenst.		
1. Forderungen aus Lieferungen und Leistungen	21.908,95	
2. Sonstige Vermögensgegenstände	657,00	22.565,95
III. Schecks, Kassenbestand, Bundesbank- und		
Postbankguthaben, Guthaben bei Kreditinstituten		6.600,08
C. Rechnungsabgrenzungsposten	(+18.000)	18.000,00
Summe Aktiva		270.163,03

8 Entscheidungsorientierte Bilanzpolitik: Passivseite

8.1 Bilanzierung des Eigenkapitals

8.1.1 Bilanzierung des Eigenkapitals nach HGB und Steuerrecht

In der Bilanz ist der Unterschiedsbetrag zwischen der Aktiv- und der Passivseite das **Eigenkapital**, also die Differenz zwischen dem Vermögen einschließlich aktiver Rechnungsabgrenzungsposten auf der einen Seite und den Verbindlichkeiten einschließlich der passiven Rechnungsabgrenzungsposten auf der anderen Seite.

"Aktivkapital" wird der Saldo bezeichnet, wenn die Aktivseite betragsmäßig größer als die Passivseite ist, also das Eigenkapital auf der Passivseite der Bilanz steht. Umgekehrt wird der Saldo als **"Passivkapital"** bezeichnet, wenn die Passivseite betragsmäßig größer als die Aktivseite ist.

Aufgrund der eingeschränkten Darstellungsmöglichkeiten der Bilanzierung des Eigenkapitals am Beispiel der NMA GmbH haben wir in diesem Kapitel das durchgängig verwendete Prinzip der Bilanzierung und Bewertung am Beispiel der NMA durchbrochen. Da die Bilanzierung des Eigenkapitals u.a. an die Rechtsform des Unternehmens gebunden ist, wurde dieses Kapitel untergliedert in:

- Bilanzierung des Eigenkapitals bei Einzelunternehmen und Personengesellschaften,

- Bilanzierung des Eigenkapitals bei Kapitalgesellschaften.

Bei **Einzelunternehmen** wird das Eigenkapital von dem Einzelunternehmer dem Unternehmen zur Verfügung gestellt. Das Eigenkapital drückt hier den betragsmäßigen Anspruch des Einzelunternehmers am Unternehmen aus. Handelt es sich um eine **Gesellschaft**, wird der Gesellschaft das Eigenkapital von den Gesellschaftern bzw. den Aktionären zur Verfügung gestellt. Durch das Eigenkapital wird hier der Anteil der Gesellschafter/Aktionäre am Unternehmen bestimmt.

Die Bilanzierung und Gliederung des Eigenkapitals in einer bestimmten Reihenfolge ist nur für **Kapitalgesellschaften** gesetzlich (§ 266 Abs. 3 HGB) geregelt. Eine bestimmte Mindestgliederung für **Einzelunternehmen** und **Personengesellschaften** ergibt sich aus den Grundsätzen ordnungsmäßiger Buchführung (GoB).

8.1.1.1 Bilanzierung des Eigenkapitals bei EU und PersG

Das Eigenkapital ist bei **Einzelunternehmen** variabel (veränderlich). Bei **Personengesellschaften** kann durch Satzung, Gesellschaftsvertrag oder durch Gesetz bestimmt sein, dass ein Teil des Eigenkapitals konstant (unveränderlich) sein soll. Für jeden Gesellschafter sind dann konstante und variable Kapitalkonten zu führen.

Erfolgswirksame Geschäftsfälle und **Privatvorgänge** verändern im Laufe eines Geschäftsjahres das Eigenkapital. Diese kapitalverändernden Vorgänge haben nur Einfluss auf das variable Kapital bzw. den variablen Teil des Kapitals.

Alle Aufwendungen und Erträge sind erfolgswirksam. Sie werden auf Aufwands- und Ertragskonten erfasst. Diese werden über **das Gewinn- und Verlustkonto** abgeschlossen. Der Saldo des **Gewinn- und Verlustkontos** drückt den Geschäftserfolg (Ergebnis der Geschäftsfälle) aus. Der Geschäftserfolg ist die betrieblich bedingte Veränderung des Eigenkapitals. Daher wird das **Gewinn- und Verlustkonto** über das **Kapitalkonto** abgeschlossen. Bei den Personengesellschaften werden die **Gewinn- und Verlustanteile** der Gesellschafter deren **variablen Kapitalkonten** gutgeschrieben bzw. belastet.

Entnehmen Einzelunternehmer oder Gesellschafter Vermögensgegenstände oder Leistungen dem Unternehmen für private Zwecke, so verringern diese **Privatentnahmen** das Eigenkapital. Diese Kapitalminderungen sind im Gegensatz zu den Aufwendungen nicht betrieblich, sondern außerbetrieblich verursacht. Einzelunternehmer und Gesellschafter führen auf der anderen Seite aus dem außerbetrieblichen Bereich dem Unternehmen Mittel zu. Diese **Privateinlagen** erhöhen das Eigenkapital.

Bei Gesellschaften werden für jeden Gesellschafter Privatkonten geführt, auf denen dessen Entnahmen und Einlagen gesondert gebucht werden. Die Privatkonten werden wiederum über die Kapitalkonten abgeschlossen.

8.1.1.1.1 Gewinnermittlung bei Einlagen und Entnahmen

Der Erfolg des Geschäftsjahres beruht auf erfolgswirksamen Geschäftsfällen. Er drückt sich in der Kapitalveränderung zum Ende des Geschäftsjahres im Vergleich zum Anfang des Geschäftsjahres aus. Die Kapitalveränderung, die auf Privatvorgänge beruht, darf nicht als Geschäftserfolg ausgewiesen werden. Der Geschäftserfolg ist also der Unterschied zwischen dem Eigenkapital zum Schluss des Geschäftsjahres gegenüber dem Eigenkapital zum Anfang des Geschäftsjahres bei Neutralisierung der auf außerbetrieblichen Vorgängen beruhenden Kapitalveränderungen.

Der Geschäftserfolg ergibt sich schematisch dargestellt wie folgt:

Eigenkapital am Schluss des Geschäftsjahres

- Eigenkapital am Anfang des Geschäftsjahres

+ Privatentnahmen

- Privateinlagen

= Geschäftserfolg

Tabelle 38: Gewinnermittlung durch Betriebsvermögensvergleich

Aufgrund der Gewinnermittlung durch Betriebsvermögensvergleich ist es notwendig, Einlagen und Entnahmen zu berücksichtigen. Nach § 4 Abs. 1 EStG ist Gewinn der Unterschiedsbetrag zwischen dem Betriebsvermögen am Schluss des Wirtschaftsjahres und dem Betriebsvermögen am Schluss des vorangegangenen Wirtschaftsjahres, vermehrt um den Wert der Entnahmen und vermindert um den Wert der Einlagen. Bei dieser Gewinnermittlung wird davon ausgegangen, dass der Gewinn die Vermehrung des Betriebsvermögens im Laufe des Wirtschaftsjahres ist, soweit sie auf betrieblichen Geschäftsfällen beruht.

Erhöhungen des Betriebsvermögen, die durch außerbetriebliche Vorgänge verursacht sind, dürfen sich also nicht auf den Gewinn auswirken. Daher sind die **Einlagen** bei der Gewinnermittlung von dem Unterschiedsbetrag zwischen dem Betriebsvermögen am Schluss des Wirtschaftsjahres und dem Betriebsvermögen am Schluss des vorangegangenen Wirtschaftsjahres abzuziehen. Entsprechend der Gewinnermittlung durch Betriebsvermögensvergleich sind **Einlagen** alle Vermehrungen des Betriebsvermögens, die nicht auf betrieblichen Vorfällen beruhen und dementsprechend nicht als Gewinn berücksichtigt werden dürfen.

Nur bilanzierungsfähige Wirtschaftsgüter können Gegenstand einer Einlage sein. Hierzu zählen nicht Nutzungsvorteile. Denn grundsätzlich kann nur das Gegenstand einer Einlage sein, was auch Bestandteil des Vermögensvergleichs sein kann.

Sowohl notwendiges Betriebsvermögen als auch notwendiges Privatvermögen scheiden als Gegenstand einer Einlage aus. Nur Wirtschaftsgüter des neutralen Vermögens können eingelegt werden. Notwendiges Privatvermögen scheidet für eine Einlage aus, weil es seiner Natur nach dem Betrieb nicht dienen kann und notwendiges Betriebsvermögen ist als Betriebsvermögen zu erfassen. Nicht einlagefähig sind ebenfalls solche Wirtschaftsgüter, bei denen bereits erkennbar ist, dass sie dem Betrieb keinen Nutzen, sondern nur Verluste bringen werden.

Gegenstand einer Einlage können sein:

- Bargeld,

- Sachen,

- Rechte und

- Dienstleistungen.

Setzt ein Unternehmer betriebliche Mittel für private Zwecke ein, so liegen "**Privatentnahmen**" bzw. "**Entnahmen**" vor. Da die **Entnahmen** das Betriebsvermögen vermindern, sind sie dem Unterschiedsbetrag zwischen dem Betriebsvermögen am Schluss des Wirtschaftsjahres und dem Betriebsvermögen am Schluss des vorangegangenen Wirtschaftsjahres hinzuzurechnen.

Das Entnahmekonto ist ein Unterkonto bzw. Vorkonto des Kapitalkontos und wird über dieses abgeschlossen.

Gegenstand einer Entnahme können sein:

Bargeld,

Waren,

Erzeugnisse,

Anlagegegenstände,

Nutzungen und

Leistungen (§4 Abs. 1 Satz 2 EStG).

Werden Wirtschaftsgüter des Unternehmens in den außerbetrieblichen Bereich, meist in den Privatbereich, überführt, liegen **Entnahmen** vor. Das Betriebsvermögen wird in diesen Fällen für außerbetriebliche Zwecke gemindert.

Die Entnahme setzt eine **Entnahmehandlung** voraus. Eine Tätigkeit, aus der sich ergibt, dass das Wirtschaftsgut nicht mehr zum Betriebsvermögen gerechnet werden soll, ist also die Voraussetzung einer Entnahme. Die Entnahmehandlung muss eindeutig durch ausdrückliches oder schlüssiges Tun, Dulden oder Unterlassen vom Entnehmenden zum Ausdruck gebracht werden. Ein schlüssiges Verhalten des Entnehmenden reicht dann aus, wenn dadurch die (sachliche oder persönliche) Verknüpfung des Wirtschaftsgutes mit dem Betriebsvermögen gelöst wird.

Ist eine eindeutige Entnahmehandlung festgestellt, dann kommt es auf die Vorstellung des Entnehmenden über die spätere Verwendung des entnommenen Wirtschaftsgutes nicht an. Dem Entnehmenden muss auch nicht bewusst sein, dass die Entnahmehandlung eine Gewinnrealisierung auslöst. Es ist lediglich die Entnahmehandlung erforderlich, die gleichzeitig den Zeitpunkt der Entnahme festlegt.

Keine Entnahmen sind:

Überführung eines Wirtschaftsgutes aus einem Betrieb in einen anderen Betrieb oder Betriebsteil oder einer anderen Einkunftsart. Denn die evtl. im Buchwert enthaltenen stillen Reserven werden zu einem späteren Zeitpunkt erfasst.

Überführung eines Wirtschaftsgutes aus einem Betrieb der Land- und Forstwirtschaft oder der selbständigen Arbeit in einen Gewerbebetrieb.

Überführung eines Wirtschaftsgutes aus einem Gewerbebetrieb in einen Betrieb der Land- und Forstwirtschaft.

Strukturänderung eines Betriebes mit der Folge, dass die Einkünfte aus dem Betrieb einer anderen Einkunftsart zuzurechnen sind.

Übergang zur Liebhaberei.

8.1.1.1.2 Bewertungsgrundsätze für Entnahmen und Einlagen

Einkommensteuerrechtlich sind **Entnahmen** mit dem **Teilwert** zu **bewerten** (§ 6 Abs. 1 Nr. 4 EStG). Dadurch soll verhindert werden, dass stille Reserven durch eine Entnahme der Besteuerung entzogen werden könnten. Ziel ist es also, die gesamte Wertabgabe des Betriebes zu erfassen. Bei **Geldbeträgen** entspricht der Nennwert dem **Teilwert**. Bei Waren richtet sich der Teilwert grundsätzlich nach den Wiederbeschaffungskosten (= Selbstkosten). Handelt es sich bei der Entnahme um selbst hergestellte Erzeugnisse, entspricht der Teilwert den Wiederherstellungskosten inklusive den entstandenen Verwaltungs- und Vertriebskosten. Der durch außerbetriebliche Nutzung von betrieblichen Wirtschaftsgütern oder durch Leistungsabgabe des Betriebes für außerbetriebliche Zwecke verursachte Aufwand entspricht dem Teilwert. Hier sind die Vollkosten, d.h. die Selbstkosten ohne kalkulatorische Kosten anzusetzen.

Ebenso wie die Entnahmen sind die **Einlagen** grundsätzlich mit dem **Teilwert** für den Zeitpunkt der Zuführung zu bewerten (§ 6 Abs. 1 Nr. 5 EStG). Intendiert ist damit einerseits, dass die seit der Anschaffung im außerbetrieblichen Bereich eingetretene Wertsteigerung im Betrieb *nicht* realisiert wird, z.B. bei einer späteren Veräußerung. Andererseits soll dadurch verhindert werden, dass eine vor der Einlage eingetretene Wertminderung zu Lasten des Gewinns geht.

8.1.1.2 Bilanzierung des Eigenkapitals bei Kapitalgesellschaften

Nach § 266 Abs. 3 HGB ist die Bilanzierung und Gliederung des Eigenkapitals in einer bestimmten Reihenfolge nur für Kapitalgesellschaften gesetzlich normiert. Für Einzelkaufleute und Personengesellschaften ergibt sich eine Mindestgliederung aus den Grundsätzen ordnungsgemäßer Buchführung (GoB). Das bei Kapitalgesellschaften auf der Passivseite auszuweisende Eigenkapital setzt sich aus folgenden Positionen zusammen:

Eigenkapital

Gezeichnetes Kapital

Kapitalrücklage

Gewinnrücklagen

gesetzliche Rücklage

Rücklage für eigene Anteile

Satzungsmäßige Rücklagen

andere Gewinnrücklagen

Gewinnvortrag/Verlustvortrag

Jahresüberschuss/Jahresfehlbetrag

8.1.1.2.1 Gezeichnetes Kapital

Gemäß § 272 Abs. Satz 1 HGB handelt es sich um das Haftungskapital der Gesellschafter, mit dem sie für die Verbindlichkeiten der Gesellschaft haften. Das gezeichnete Kapital umfasst also den Teil des Eigenkapitals, auf den die "Haftung der Gesellschafter für die Verbindlichkeiten der Kapitalgesellschaft gegenüber den Gläubigern beschränkt ist" (§ 272 Abs. 1 HGB). Gezeichnetes Kapital ist bei der Aktiengesellschaft das Grundkapital, bei der GmbH das Stammkapital (§ 152 AktG, § 5 GmbHG).

Das gezeichnete Kapital ist mit dem **Nennbetrag** anzusetzen (§ 283 HGB). Bei Bareinzahlung müssen die Gesellschafter nicht den Nennbetrag, sondern lediglich ein Viertel davon leisten (§ 36a Abs. 1 AktG, § 7 Abs. 2 GmbHG). Die Differenz zwischen der Summe der eingezahlten Einlagen und dem Grundkapital bei der Aktiengesellschaft oder dem Stammkapital bei der GmbH ist die **"ausstehende Einlage auf das gezeichnete Kapital"**. Diese Position stellt die Gesamtforderung der Kapitalgesellschaft gegenüber den Gesellschaftern auf Einzahlung des gezeichneten Kapitals dar. Zugleich stellt sie einen Korrekturposten zum gezeichneten Kapital dar. Die Gesamtsumme der noch nicht eingezahlten Einlagen ist auf der Aktivseite der Bilanz als Posten "ausstehende Einlagen auf das gezeichnete Kapital" auszuweisen.

Nicht immer ist es sicher, ob die ausstehenden Einlagen nicht oder nicht voll eingefordert worden sind. Der Betrag der **eingeforderten ausstehenden Einlagen** ist deshalb gesondert auszuweisen. Es gibt die folgenden zwei Möglichkeiten der Bilanzierung:

Entsprechend § 272 Abs. 1 Satz 2 HGB sind die **ausstehenden Einlagen** auf das gezeichnete Kapital auf der Aktivseite vor dem Anlagevermögen gesondert auszuweisen und entsprechend zu bezeichnen. Die davon eingeforderten Einlagen müssen vermerkt werden.

Nach § 272 Abs. Satz 3 HGB dürfen die nicht eingeforderten ausstehenden Einlagen auch von dem Posten "Gezeichnetes Kapital" offen abgesetzt werden. In diesem Fall ist der verbleibende Betrag als **"Eingefordertes Kapital"** in der Hauptspalte der Passivseite auszuweisen. Zusätzlich ist der eingeforderte, aber noch nicht eingezahlte Betrag unter den Forderungen im Umlaufvermögen auf der Aktivseite gesondert auszuweisen und entsprechend zu bezeichnen.

Beispiel

gezeichnetes Kapital	1.000.000 Euro
ausstehende Einlagen	400.000 Euro
davon eingefordert	100.000 Euro

Buchungen im Fall a)

| ausstehende Einlagen | 1.000.000 EUR an |
| gezeichnetes Kapital | 1.000.000 EUR |

| Bankguthaben | 600.000 EUR an |
| ausstehende Einlagen | 600.000 EUR |

| eingeforderte ausstehende Einlagen | 100.000 EUR an |
| ausstehende Einlagen | 100.000 EUR |

Bilanzierung im Fall a)

Aktiva	Passiva
ausstehende Einlagen auf das gezeichnete Kapital 400.000 EUR davon eingefordert 100.000 EUR	Eigenkapital Gezeichnetes Kapital 1.000.000 Euro

Buchungen im Fall b)

| ausstehende Einlagen | 1.000.000 EUR an |
| gezeichnetes Kapital | 1.000.000 EUR |

| Bankguthaben | 600.000 EUR an |
| ausstehende Einlagen | 600.000 EUR |

| eingefordertes, noch nicht eingezahltes Kapital | 100.000 EUR an |
| ausstehende Einlagen | 100.000 EUR |

| gezeichnetes Kapital | 300.000 EUR an |
| ausstehende Einlagen | 300.000 EUR |

Bilanzierung im Fall b)

Aktiva	Passiva
Umlaufvermögen Forderungen und sonstige Vermögensge- genstände eingefordertes, noch nicht eingezahltes Kapital 100.000 EUR	Eigenkapital Gezeichnetes Kapit. 1.000.000 EUR nicht eingeforderte ausstehende Einlage <u>300.000 EUR</u> eingefordertes Kapital 700.000 EUR

Die Bilanzierung des Eigenkapitals entsprechend dem Fall b) wird als **Nettoausweis** bezeichnet, weil der Betrag des eingeforderten gezeichneten Betrages netto auf der Passivseite ausgewiesen wird. **Bruttoausweis** wird die Bilanzierung des Eigenkapitals entsprechend dem Fall a) bezeichnet, denn hier wird das "gezeichnete Kapital" auf der Passivseite ohne jegliche Kürzung angesetzt.

Der **Nettoausweis** des Eigenkapitals auf der Passivseite der Bilanz führt zu einer Kürzung der Bilanzsumme. Im hier vorliegenden Beispiel ist die **Bilanzsumme** um 300.000 Euro niedriger als bei der Bilanzierung entsprechend dem Fall a) (Bruttoausweis). Die Bilanzsumme ist bei einem Nettoausweis des Eigenkapitals also kürzer, wenn von den ausstehenden Einlagen ein Teil nicht eingefordert ist.

Die Bilanzsumme ist ein Merkmal für die Zuordnung einer Kapitalgesellschaft zu einer Größenklasse (§ 267 HGB). Von der Größenklasse einer Kapitalgesellschaft hängen ab:

die Aufstellungsfrist für den Jahresabschluss (§ 264 Abs. 1 HGB),

die Gliederung des Jahresabschlusses (§§ 266, 276 HGB),

die Prüfung des Jahreabschlusses (§§ 316 ff. HGB),

die Offenlegung des Jahresabschlusses (§§ 325, 326 HGB).

Besonders die Offenlegungspflichten einer Gesellschaft können für die Positionierung im Wettbewerb von erheblicher Bedeutung sein. Einige der offenzulegenden Angaben sind für Mitbewerber, Auftraggeber/Kunden und Arbeitnehmer/Gewerkschaften von großem Interesse. Da kleine, mittelgroße und große Kapitalgesellschaften in ihrem Umfang unterschiedliche Offenlegungspflichten haben, ist immer dann der Nettoausweis des Eigenkapitals zu wählen, wenn die Zuordnung einer Kapitalgesellschaft zu einer Größenklasse von der Bilanzsumme abhängt.

8.1.1.2.2 Kapitalrücklage

Kapitalrücklagen entstehen durch offene von aussen zugeführte Einzahlungen (offene Rücklagen) der Gesellschafter oder Aktionäre, die über den Betrag des gezeichneten Kapitals hinausgehen. Nach § 272 Abs. 2 HGB sind als Kapitalrücklage folgende Beträge auszuweisen:

Der Betrag, der bei der Ausgabe von Anteilen, Bezugsanteilen, Schuldverschreibungen für Wandlungsrechte und Optionsscheine zum Erwerb von Anteilen über den Nennbetrag hinaus erzielt wird. Diese **Agiobeträge** sind nach § 272 Abs. 2 Nrn. 1 und 2 HGB der Kapitalrücklage zuzuführen.

Der Betrag der Zuzahlungen für Vorzugsanteile und andere Zuzahlungen in das Eigenkapital.

Kapitalrücklagen werden von den Gesellschaftern der Gesellschaft zugeführt. Sie werden also nicht durch Geschäfte der Gesellschaft erwirtschaftet. Dementsprechend dürfen sie nicht das Betriebsergebnis erhöhen. Dies wird durch die Zuführung zur Kapitalrücklage erreicht. Denn dadurch wird zugleich in gleicher Höhe die Aktiv- und Passivseite der Bilanz erhöht.

Eine teilweise oder vollständige Ausschüttung der Kapitalrücklage an die Gesellschafter ist nicht erlaubt. Unter einer genau bestimmten Voraussetzung ist jedoch eine teilweise oder vollständige Auflösung der Kapitalrücklage möglich, und zwar wenn ein Jahresfehlbetrag nicht durch die Auflösung anderer Eigenkapitalteile (Gewinnrücklagen, Gewinnvortrag) auszugleichen ist.

Das folgende Beispiel soll den Charakter der Kapitalrücklage verdeutlichen.

Beispiel

Die XX AG plant eine Kapitalerhöhung durch die Emission von neuen Aktien. Der Nennwert der Aktie soll 5 EUR betragen. Mit einer Dreiviertel-Mehrheit der anwesenden Stimmen wird eine Erhöhung des Grundkapitals um 100.000 EUR beschlossen. Der Ausgabekurs der neuen Aktien soll 20 EUR betragen. Die neuen Aktien werden von den bisherigen Aktionären gezeichnet.

Durch die Aktienemission ergeben sich auf der Passivseite der Bilanz folgende Änderungen:

	Gezeichnetes Kapital vor der Ausgabe neuer Aktien	500.000
+	Erhöhung des Grundkapitals (20.000 neue Aktien x 5 EUR)	100.000
=	Gezeichnetes Kapital nach der Ausgabe neuer Aktien	600.000
	Kapitalrücklage vor der Ausgabe neuer Aktien	700.000
+	Erhöhung der Kapitalrücklage (20.000 neue Aktien X 15 EUR)	300.000
=	Kapitalrücklage nach der Ausgabe neuer Aktien	1.000.000

Tabelle 39: Veränderung des Eigenkapitals durch Aktienemission

Auf der Aktivseite der Bilanz erhöht sich das Vermögen nach der Ausgabe neuer Aktien um 400.000 Euro (20.000 neue Aktien X 20 EUR). Damit verändert sich nicht das Betriebsergebnis, es verlängert sich lediglich die Bilanz.

Bilanz der XX AG zum ...

in EUR

PASSIVSEITE	VORHER	NACHHER
Eigenkapital		
Gezeichnetes Kapital	500.000	600.000
Kapitalrücklage	700.000	1.000.000

8.1.1.2.3 Gewinnrücklagen

In den Gewinnrücklagen dürfen nur solche Mittel ausgewiesen werden, die im Geschäftsjahr oder in einem früheren Geschäftsjahr aus dem **Geschäftsergebnis** gebildet worden sind (§ 272 Abs. 3 HGB). Die in den Gewinnrücklagen eingestellten Beträge wurden im Unternehmen erwirtschaftet. Sie kommen im Gegensatz zur Kapitalrücklage von **innen**. Die Gewinnrücklagen sind also Teile des Gewinns, deren Zuführung zur Gewinnrücklage ist dementsprechend Gewinnverwendung.

Gemäß § 266 Abs. 3 HGB sind die Gewinnrücklagen aufzugliedern in:

Gesetzliche Rücklage,

Rücklage für eigene Anteile,

satzungsmäßige Rücklagen,

andere Rücklagen.

Nach § 266 Abs. 1 Sätze 2 und 3 HGB können kleine Kapitalgesellschaften die Gewinnrücklagen in einem Posten ausweisen, d.h. nur mittelgroße und große Kapitalgesellschaften haben die Einzelposten der Gewinnrücklagen zu bilanzieren.

8.1.1.2.3.1 Gesetzliche Rücklage

Zur Bildung einer gesetzlichen Rücklage sind gemäß § 150 Abs. 1 AktG **Aktiengesellschaften** und **Kommanditgesellschaften auf Aktien** zwingend verpflichtet. Die gesetzliche Rücklage ist aus dem Jahresüberschuss zu bilden (§ 150 Abs. 2 AktG). Es sind jährlich 5 % des um einen Verlustvortrag geminderten Jahresüberschusses in die gesetzliche Rücklage einzustellen. Zusammen mit der Kapitalrücklage muss die gesetzliche Rücklage den zehnten oder den in der Satzung bestimmten höheren Teil des Grundkapitals erreichen. Durch die Zuführung eines Teiles des Jahresüberschusses zu der gesetzlichen Rücklage wird der zur Ausschüttung an die Gesellschafter zur Verfügung stehende Betrag gemindert.

Zuführung zur gesetzlichen Rücklage

jährlicher Zuführungsbetrag	Jahresüberschuss -Verlustvortrag aus dem Vorjahr x 5 %
Höchstbetrag	gesetzliche Rücklage + Kapitalrücklage = 1/10 oder den satzungsgemäß höheren Teil des Grundkapitals

Abbildung 32: Ausweis der gesetzlichen Rücklage

Beispiel

Die XX AG weist zum Bilanzstichtag folgende Werte aus:

Grundkapital	500.000 EUR
Kapitalrücklage	10.000 EUR
gesetzliche Rücklage	20.000 EUR
Jahresüberschuss	100.000 EUR
Verlustvortrag	50.000 EUR

Tabelle 40: Beispiel zur gesetzlichen Rücklage

Berechnung der gesetzlichen Rücklage

	Jahresüberschuss	100.000 EUR
-	Verlustvortrag	50.000 EUR
	Bemessungsgrundlage zur Berechnung der gesetzlichen Rücklage 50.000 EUR	
	hiervon 5 % (Erhöhung der gesetzlichen Rücklage)	**2.500 EUR**

Tabelle 41: Berechnung der gesetzlichen Rücklage

Da die gesetzliche Rücklage zusammen mit der Kapitalrücklage noch nicht den zehnten Teil des Grundkapitals (50.000 EUR) erreicht hat, sind die vollen 5 % des um den Verlustvortrag geminderten Jahresüberschusses in die gesetzliche Rücklage einzustellen.

Bilanz der XX AG zum ...		
in Euro		
PASSIVSEITE	VORHER	NACHHER
Eigenkapital		
Gezeichnetes Kapital	500.000	500.000
Kapitalrücklage	10.000	10.000
Gewinnrücklagen		
gesetzliche Rücklage	20.000	22.500

Die mögliche Verwendung der gesetzlichen Rücklage ist abhängig davon, ob diese zusammen mit der Kapitalrücklage den Höchstbetrag übersteigen oder nicht.

Übersteigen die gesetzliche Rücklage zusammen mit der Kapitalrücklage **nicht** den **Höchstbetrag**, ist die Auflösung der gesetzlichen Rücklage lediglich zum Ausgleich eines **Jahresfehlbetrages** und eines **Verlustvortrages** aus dem Vorjahr erlaubt. Ausgeglichen werden darf der **Jahresfehlbetrag** erst, wenn vorher ein evtl. Gewinnvortrag aus dem Vorjahr und andere evtl. Gewinnrücklagen zum Ausgleich verwendet worden sind. Ein **Verlustvortrag** aus dem Vorjahr darf durch die gesetzliche Rücklage nur ausgeglichen werden, wenn der Jahresüberschuss zum Ausgleich verwendet wurde und der Verlustvortrag durch Auflösung anderer Gewinnrücklagen nicht ausgeglichen werden konnte.

Übersteigt die gesetzliche Rücklage zusammen mit der Kapitalrücklage den Höchstbetrag, ist zusätzlich zur Verwendung wie zu 1. eine Auflösung der gesetzlichen Rücklage bis zum Höchstbetrag zur Kapitalerhöhung aus Gesellschaftsmitteln möglich. In diesem Zusammenhang ist eine gleichzeitige Auflösung von Gewinnrücklagen zur Gewinnausschüttung nicht erlaubt.

Die gesetzliche Rücklage dient also im Rahmen von § 150 Abs. 3 und 4 AktG

dem Ausgleich eines Jahresfehlbetrages,

dem Ausgleich eines Verlustvortrages und

der Kapitalerhöhung aus Gesellschaftsmitteln.

8.1.1.2.3.2 Rücklage für eigene Anteile

Eine „Rücklage für eigene Anteile" ist zu bilden, wenn von der Aktiengesellschaft unter den Voraussetzungen von § 71 Abs. AktG und von der GmbH im Rahmen des § 33 GmbHG eigene Anteile erworben werden. Aus Gründen des Gläubigerschutzes ist der Erwerb von eigenen Anteilen nur unter genau bestimmten Voraussetzungen möglich.

Die eigenen Anteile sind auf der Aktivseite im Umlaufvermögen unter dem dafür vorgesehenen Posten auszuweisen (§ 265 Abs. 3 Satz 2 HGB). In Höhe der eigenen Anteile ist eine **"Rücklage für eigene Anteile"** zu bilanzieren (§ 272 Abs. 4 HGB). Diese Rücklage stellt einen Korrekturposten zu den auf der Aktivseite ausgewiesenen Vermögenswert dar. Durch die Bildung einer "Rücklage für eigenen Anteile" wird sichergestellt, dass die Gesellschaft nicht Anteile von Gesellschaftern erwirbt und dabei Grund- oder Stammkapital auflöst oder beim Erwerb eigener Anteile offene Rücklagen auflöst, für die satzungsmäßige Bindungen oder andere Zweckbestimmungen bestehen. Damit wird verhindert, dass die Haftungsbasis zuungunsten der Gläubiger vermindert wird.

Eine Abschreibung der eigenen Anteile (§253 Abs. 3 HGB) hat eine Verminderung der "Rücklage für eigenen Anteile" in gleicher Höhe zur Folge (Mussvorschrift), d.h. wenn die eigenen Anteile nach § 253 Abs. 3 HGB mit ihrem niedrigeren Wert ausgewiesen werden, ist in gleicher Höhe die "Rücklage für eigene Anteile " aufzulösen. Dadurch bleibt das gezeichnete Kapital und damit die Haftungsbasis für die Gläubiger unverändert.

8.1.1.2.3.3 Satzungsmäßige Rücklagen

Satzungsmäßige Rücklagen sind Gewinnrücklagen, die durch Gesellschaftsvertrag, Satzung oder Statut bestimmt sind. Die Rücklage kann zweckfrei oder zweckgebunden gebildet werden müssen. In der Praxis sieht die Satzung häufig eine zweckgebundene Verwendung der Mittel (z.B. Rücklage für Rationalisierungsarbeiten) vor. Zu den satzungsmäßigen Rücklagen rechnen somit nicht Rücklagen, die aufgrund einer Ermächtigung in der Satzung gebildet werden **können**. Sie sind in der Position "andere Gewinnrücklagen" einzustellen.

Der Teil des Jahresüberschusses, der in die satzungsmäßigen Rücklagen einzustellen ist, muss bereits bei der Aufstellung der Bilanz berücksichtigt werden und ist in der Bilanz oder im Anhang anzugeben (§§ 270 Abs. 2 HGB, 152 Abs. 3 Nr. 2 und 3 AktG). Aufgelöst werden dürfen die satzungsmäßigen Rücklagen nur entsprechend dem vorgesehenen Verfahrensablauf (Satzung, Gesellschaftsvertrag, Statut).

8.1.1.2.3.4 Andere Gewinnrücklagen

Andere Gewinnrücklagen umfassen alle Gewinnrücklagen, die nicht zu den gesetzlichen Rücklagen, den Rücklagen für eigene Anteile und den satzungsmäßigen Rücklagen gehören. Dementsprechend handelt es sich um Rücklagen, die von der Gesellschafter- oder Hauptversammlung, dem Vorstand oder dem Aufsichtsrat freiwillig gebildet werden.

Es ist insbesondere möglich, Rücklagen aufgrund einer Ermächtigung in der Satzung (§ 58 Abs. 2 Satz 2 AktG) oder aufgrund eines Gewinnverwendungsbeschlusses der Hauptversammlung oder der Gesellschafterversammlung zu bilden (§§ 58 Abs. 3 AktG, 29 Abs. 2 GmbHG). Liegt eine satzungsmäßige Ermächtigung vor, hat die Hauptversammlung/Gesellschafterversammlung keine Möglichkeit, die Einstellung von Gewinnanteilen in andere Gewinnrücklagen im Rahmen der satzungsgemäßen Ermächtigung zu verhindern. Damit kann der Bilanzgewinn, der zur Ausschüttung an die Aktionäre/Gesellschafter zur Verfügung steht, erheblich gekürzt werden. Dies führt zu einer Gewinnthesaurierung, wodurch zugleich die Selbstfinanzierungskraft des Unternehmens gestärkt wird.

8.1.1.2.4 Gewinnvortrag/Verlustvortrag

Der Gewinnvortrag bildet den Teil des Jahresüberschusses ab, der nicht den Rücklagen zugeführt und auch nicht anderweitig verwendet wurde, z.B. Gewinnausschüttung an die Aktionäre oder Gesellschafter. Dieser nicht verwendete Teil des Jahresüberschusses oder der Verlust werden auf die nächste Rechnungslegungsperiode übertragen. Damit bezieht sich der Gewinn- oder Verlustvortrag immer auf den Gewinn oder Verlust des Vorjahres. Durch den Gewinn- oder Verlustvortrag wird das Eigenkapital der Gesellschaft erhöht oder vermindert.

8.1.1.2.5 Jahresüberschuss und Jahresfehlbetrag

Der Jahresüberschuss oder Jahresfehlbetrag entspricht dem Ergebnis der Gewinn- und Verlustrechnung, d.h. er ist das **Geschäftsergebnis** des Geschäftsjahres, das in der Gewinn- und Verlustrechnung ausgewiesen wird. Die Bezeichnungen Jahresüberschuss und Jahresfehlbetrag sieht das HGB nur für Kapitalgesellschaften vor (§ 275 Abs. 2 und 3 HGB). Üblicherweise verwenden Einzelunternehmen und Personengesellschaften die Bezeichnungen "Reingewinn" und "Reinverlust". Falls Einzelunternehmen und Personengesellschaften aber den Jahresabschluss nach den gesetzlichen Schemata gliedern, verwenden diese ebenfalls die Bezeichnungen des HGB.

In der Bilanz wird der Jahresüberschuss nur ausgewiesen, wenn über die volle oder teilweise Verwendung des Gewinns noch kein endgültiger Beschluss gefasst wurde (§ 268 Abs. 1 HGB). Liegt also zum Zeitpunkt der Bilanzaustellung kein Beschluss über die Gewinnverwendung vor, ist der Jahresüberschuss/Jahresfehlbetrag in der Bilanz auszuweisen. Wurde ein Teil des Jahresergebnisses des Vorjahres weder in die Rücklagen eingestellt noch ausgeschüttet, so ist dieser Teil des Jahresergebnisses offen in der Bilanz als Gewinnvortrag auszuweisen.

Beispiel

Die XX AG weist zum Bilanzstichtag folgende Werte aus:

Grundkapital	500.000 EUR
Kapitalrücklage	10.000 EUR
gesetzliche Rücklage	40.000 EUR

satzungsmäßige Rücklage	60.000 EUR
Jahresüberschuss	100.000 EUR
Gewinnvortrag	50.000 EUR

Tabelle 42: EK-Gliederung bei JÜ/JF

An die Stelle der Posten "Jahresüberschuss/Jahresfehlbetrag" oder "Gewinn- oder Verlustvortrag" tritt nach teilweiser Gewinnverwendung der Posten "Bilanzgewinn/Bilanzverlust". Erst nach vollständiger Gewinnverwendung erscheint der Posten "Bilanzgewinn" in der Bilanz nicht mehr. Alle Ergebnisbeträge sind in anderen Positionen (z.B. gesetzliche Rücklage, satzungsmäßige Rücklagen, sonstige Verbindlichkeiten gegenüber den Aktionären/Gesellschaftern) eingegangen.

Bilanzaufstellung vor der Ergebnisverwendung

Bilanz der XX AG zum ... in EUR	
PASSIVSEITE	
Eigenkapital	
Gezeichnetes Kapital	500.000
Kapitalrücklage	10.000
Gewinnrücklagen	
gesetzliche Rücklage	40.000
satzungsmäßige Rücklagen	60.000
Gewinnvortrag	50.000
Jahresüberschuss	100.000

Bilanzaufstellung bei teilweiser Ergebnisverwendung

Der Vorstand und der Aufsichtsrat haben beschlossen, dass satzungsgemäß 30.000 EUR in die satzungsmäßigen Rücklagen einzustellen sind.

Bilanz der XX AG zum ... in EUR	
PASSIVSEITE	
Eigenkapital	
Gezeichnetes Kapital	500.000
Kapitalrücklage	10.000
Gewinnrücklagen:	
gesetzliche Rücklage	40.000
satzungsmäßige Rücklagen	90.000
Bilanzgewinn	120.000

Die satzungsmäßigen Rücklagen wurden entsprechend den Beschlüssen von Vorstand und Aufsichtsrat von 60.000 EUR auf 90.000 EUR aufgestockt. Dementsprechend werden die Positionen "Gewinnvortrag" und "Jahresüberschuss" nicht mehr ausgewiesen. In der Position "Bilanzgewinn" werden jetzt die restlichen Beträge der Posten "Gewinnvortrag" und "Jahresüberschuss" (50.000 EUR + 100.000 EUR - 30.000 EUR) ausgewiesen.

Bilanzaufstellung bei vollständiger Ergebnisverwendung

Entsprechend dem Beschluss der Hauptversammlung sind 70.000 EUR als Dividende auszuschütten und 50.000 EUR in "andere Gewinnrücklagen" einzustellen.

Bilanz der XX AG zum ...	
in EUR	
PASSIVSEITE	
Eigenkapital	
Gezeichnetes Kapital	500.000
Kapitalrücklage	10.000
Gewinnrücklagen	
gesetzliche Rücklage	40.000
satzungsmäßige Rücklagen	90.000
andere Gewinnrücklagen	50.000
Verbindlichkeiten	
Sonstige Verbindlichkeiten	70.000

Für das Unternehmen stellt die Dividende bis zur Auszahlung kurzfristige Verbindlichkeiten (kurzfristiges Fremdkapital) dar, die unter der Position "Sonstige Verbindlichkeiten" zu bilanzieren sind. Der restliche Betrag des Bilanzgewinns in Höhe von 50.000 EUR wird in die "anderen Gewinnrücklagen" eingestellt. Somit erscheint der Posten "Bilanzgewinn" in der Bilanz nicht mehr. Die gesamten Ergebnisbeträge sind in anderen Bilanzpositionen (satzungsmäßige Rücklagen, andere Gewinnrücklagen, Sonstige Verbindlichkeiten) dargestellt.

8.1.2 Bilanzierung des Eigenkapitals nach IAS

Im Rahmenkonzept (framework) wird der Inhalt der Bilanz zweistufig geregelt. In der ersten Stufe werden zunächst die Elemente definiert, die grundsätzlich als Bilanzposten ausgewiesen werden können. Das Eigenkapital (equity) gehört als Saldo zwischen Vermögenswerte (assets) und Schulden (liabilities) dazu. Somit ist die Höhe des Eigenkapitals von der Definition der Vermögenswerte und Schulden sowie der wirtschaftlichen Qualifikation der einzelnen Vermögenswerte und Schulden abhängig. Konkrete Ansatzkriterien zur Konkretisierung der allgemein definierten Posten (items) im Abschluss (financial statement) werden auf der zweiten Stufe definiert.[91]

Entsprechend der Definition des Eigenkapitals als Saldo zwischen den Vermögenswerten und den Schulden eines Unternehmens ist das Eigenkapital eine Residualgröße. Insbesondere dann, wenn Bestimmungen (gesetzliche, satzungsmäßige oder andere) die Ausschüttung bestimmter Eigenkapitalbestandteile verbieten oder beschränken, ist die Gliederung des Eigenkapitals von Bedeutung. Einer Untergliederung des Eigenkapitals nach gesetzlichen, satzungsmäßigen oder steuerlichen Gesichtspunkten stehen die IAS nicht entgegen (F. 65).

Nach IAS bestehen keine dem HGB entsprechenden Gliederungsvorschriften für das Eigenkapital. Es wird jedoch vom IASC empfohlen, eine Untergliederung des Eigenkapitals z.B. in Gesellschafterbeiträge, nicht ausgeschüttete Ergebnisse vor und nach Verwendung und Neubewertungsrücklagen vorzunehmen. Für Abschlüsse, deren Berichtsperioden am oder nach dem 1. Juli 1998 beginnen, legt IAS 1 (rev. 1997) Mindestausweispflichten für bestimmte Bilanzposten fest. In der Bilanz sind entsprechend IAS 1 (rev. 1997) mindestens das gezeichnete Kapital (issued capital) und die Rücklagen gesondert auszuweisen.

"Für jede Art von *gezeichnetem Kapital (share capital)* ist das Unternehmen verpflichtet, entweder in der Bilanz oder in den *notes* folgende Angaben auszuweisen:

die Anzahl der genehmigten Anteile;

die Anzahl der ausgegebenen und voll eingezahlten Anteile und die Anzahl der ausgegebenen aber nicht voll eingezahlten Anteile;

---

[91] Vgl. KPMG, 1999, S. 28.

den Nennwert der Anteile oder die Tatsache, dass die Anteile keinen Nennwert haben;

eine Überleitung der Anzahl der in Umlauf befindlichen Anteile zum Anfang und zum Ende der Periode;

die Rechte, Vorzugsrechte und Beschränkungen für die jeweilige Art der Anteile einschließlich Beschränkungen der Ausschüttung von Dividenden und der Rückzahlung des Kapitals;

die Anteile am Unternehmen, die entweder vom Unternehmen selbst, von Tochterunternehmen oder von assoziierten Unternehmen gehalten werden;

die Anteile, die aufgrund von Optionen und Verkaufsverträgen gehalten werden, unter Angabe der Vertragsinhalte und Beträge."[92]

Zusätzlich sind alle Rücklagen nach Art und Zweck zu beschreiben. Unabhängig von der Gesellschaftsform sind obige Angaben zu machen. Also auch Personengesellschaften und andere Gesellschaftsformen, die kein *gezeichnetes Kapital* ausweisen, sind verpflichtet, die geforderten Angaben entsprechend auszuführen.

Als verpflichtender Bestandteil der Abschlüsse, die am oder nach dem 1. Juli 1998 (Berichtsperiode) beginnen, ist ein *Ausweisspiegel der Eigenkapitalbewegungen (changes in equity)* zu erstellen. Damit soll den Abschlussadressaten eine Informationsgröße zur Verfügung gestellt werden, die aussagefähiger und umfassender definiert ist als das Periodenergebnis aus der GuV-Rechnung.

"Diese Aufstellung umfaßt folgende Bestandteile (1.86 (rev. 1997)):

das Periodenergebnis;

jeden Ertrags- und Aufwandsposten und Gewinn- oder Verlustposten, der gemäß anderer Standards direkt im Eigenkapital erfaßt wird, sowie die Summe dieser Posten;

die Gesamtauswirkungen von Änderungen der Bilanzierungs- und Bewertungsmethoden und der Berichtigung grundlegender Fehler, welche gemäß der *Benchmark Methode (benchmark treatment)* in IAS 8 behandelt werden.

---

[92] KPMG, 1999, S. 127 f.

Zusätzlich hat das Unternehmen entweder in dieser Aufstellung oder im *Anhang (notes)* anzugeben:

die Kapitaltransaktionen *(capital transactions)* mit Anteilseignern und die Ausschüttungen *(distributions)* an Anteilseigner;

die Gewinnrücklagen *(accumulated profit or loss)* zu Beginn der Periode und zum Bilanzstichtag sowie die Bewegungen innerhalb der Periode;

eine Überleitung *(reconciliation)* der Buchwerte jeder Kategorie des gezeichneten Kapitals *(equity capital)*, des Ausgabeagios (share premium) und sämtlicher Rücklagen vom Beginn zum Ende der Periode, die jede Bewegung gesondert angibt."[93]

Die Form der darzustellenden Eigenkapitalveränderungen ist in IAS 1 (rev. 1997) *nicht* geregelt. Vom Board des IASC ist geplant, in einem weiteren Schritt die Ermittlungs- und Darstellungsweise des Ertragspotentials eines Unternehmens *(reporting financial performance)* und damit auch die Darstellungsweise der Eigenkapitalveränderungen grundsätzlich zu überarbeiten.

8.2 Bilanzierung von Sonderposten mit Rücklageanteil

Sonderposten mit Rücklageanteil sind Passivposten, die nur für Zwecke der Steuern vom Einkommen und Ertrag gebildet werden dürfen. In der Handelsbilanz besteht für ihren Ansatz ein **Wahlrecht**. Wird dieses Wahlrecht in der Weise ausgeübt, dass sie angesetzt werden, sind sie unter der Bezeichnung **"Sonderposten mit Rücklageanteil"** in der Handelsbilanz auszuweisen (§ 247 Abs. 3 HGB).

---

[93] KPMG, 1999, S.129.

Das Handelsgesetzbuch unterscheidet zwischen den Sonderposten, die alle Kaufleute wahlweise bilden dürfen (§ 247 Abs. 3 HGB) und denen, die nur Kapitalgesellschaften betreffen (§ 273 HGB). § 273 HGB schränkt § 247 Abs. 3 Satz 1 HGB für Kapitalgesellschaften dahingehend ein, dass Sonderposten mit Rücklageanteil nur insoweit gebildet werden dürfen, als das Steuerrecht die Anerkennung des Wertansatzes bei der steuerlichen Gewinnermittlung von der Passivierung in der Handelsbilanz abhängig macht. Während also Kaufleute allgemein für alle steuerrechtlichen Vergünstigungen einen Sonderposten bilden können, dürfen Kapitalgesellschaften einen solchen Posten nur ausweisen, soweit die Umkehrung der Maßgeblichkeit (§ 5 Abs. S. 2 EStG) zwingend vorgeschrieben ist. Das steuerrechtliche Wahlrecht bei der Gewinnermittlung wird also grundsätzlich durch den konkreten Handelsbilanzansatz sowohl dem Grunde als auch der Höhe nach ausgeübt.

Sonderposten mit Rücklageanteil sind von Kapitalgesellschaften auf der Passivseite der Bilanz vor den Rückstellungen auszuweisen. Die Vorschriften, nach denen die Sonderposten gebildet worden sind, sind in der Bilanz oder im Anhang anzugeben (§ 273 Satz 2 HGB).

Ziel der Bildung von Sonderposten mit Rücklagenanteil ist der Ausgleich von Abweichungen zwischen der Handelsbilanz und der Steuerbilanz. Denn aus wirtschaftspolitischen Gründen gestatten Steuergesetze in verschiedenen Fällen, Rücklagen aus unversteuerten Gewinnen zu bilden oder aber über die normalen Abschreibungen hinausgehende Abschreibungen bzw. andere niedrigere Bewertungen vorzunehmen. Dadurch entstehen Abweichungen zwischen der Handels- und Steuerbilanz. Die Notwendigkeit zur Angleichung von Handels- und Steuerbilanz liegt in der steuerrechtlichen Regelung begründet, dass alle steuerrechtlichen Wahlrechte nur dann ausgeübt werden dürfen, wenn dies auch in der Handelsbilanz geschieht (§ 5 Abs. 1 S. 2 EStG).

Als ein Ausgleichsposten für steuerliche Vergünstigungen erfüllen die Sonderposten **nicht** die Merkmale einer Verbindlichkeit oder eines Rechnungsabgrenzungspostens. Der Ausgleichsposten beinhaltet zwar eine Steuerverbindlichkeit, ist aber hinsichtlich Zeit und Höhe derart ungewiss, dass eine Steuerrückstellung nicht in Betracht kommt. Der jetzt "steuerfrei" verbleibende Rest ist Gewinn und damit Teil des Eigenkapitals. Dementsprechend sind Sonderposten mit Rücklageanteil Mischposten aus **Eigen- und Fremdkapital.** Daher entspricht die Stellung in der Bilanzgliederung zwischen dem Eigenkapital und den Rückstellungen dem Inhalt dieses Bilanzpostens.

Es gibt **steuerfreie Rücklagen**, die gewinnmindernd gebildet werden und nach Ablauf der jeweils gesetzlich vorgeschriebenen Fristen wieder **gewinnerhöhend aufzulösen sind**. Ferner **gibt es sog.** **"Wertberichtigungs-Sonderposten", die aus steuerrechtlichen Mehrabschreibungen** resultieren. Zu den Sonderposten mit Rücklageanteil, die gebildet werden dürfen, gehören:

die sog. **"Anspar-Rücklage"**, auch als "Ansparabschreibung" bezeichnet, nach § 7g Abs. 3 ff. EStG zur Förderung kleiner und mittlerer Betriebe;

die **§ 6b-Rücklage** (Reinvestitionsrücklage) nach §§ 6b und 6c EStG, R 41a bis 41d EStR;

die **"Ersatzbeschaffungs-Rücklage"** nach §§ 5 und 6 EStG, R 35 EStR;

die **"Zuschuß-Rücklage"** nach R 34 Abs. 4 EStR;

die **"Wertaufholungs-Rücklage"** nach § 52 Abs. 16 S. 3 EStG;

der **"Wertberichtigungs-Sonderposten"** nach § 281 Abs. 1 HGB für die verschiedenen eigentlich nur steuerrechtlich zulässigen Abschreibungen nach § 254 HGB.

8.2.1 Bilanzierung und Bewertung nach HGB und Steuerrecht

In diesem Jahr ist bei der NMA GmbH ein Personenkraftfahrzeug aufgrund eines Diebstahls zwangsweise aus dem Betriebsvermögen ausgeschieden. Die Versicherungsgesellschaft, bei der das Betriebsfahrzeug versichert war, hat eine Entschädigung geleistet, die über dem Buchwert des Fahrzeuges liegt. Das zwangsweise ausgeschiedene Betriebsfahrzeug hat einen Buchwert in Höhe von 9.000 EUR. Die Versicherungsgesellschaft leistet eine Entschädigung von 16.000 EUR. Von der NMA GmbH wird ernsthaft geplant, so schnell wie möglich, spätestens Anfang des nächsten Geschäftsjahres, ein funktionsgleiches Ersatzfahrzeug zu kaufen

Patrick, der Steuerexperte der NMA GmbH, steht vor dem Problem, wie der Geschäftsfall der Versicherungsentschädigung im Interesse des Unternehmens zu buchen ist. In einem ausführlichen Gespräch mit dem Steuerberater des Unternehmens erfährt Patrick, dass in diesem konkreten Fall der Entschädigungsleistung durch die Versicherung alternative Buchungen des Geschäftsfalles möglich seien. Es bestünden Bilanzierungs- und Bewertungswahlrechte, die je nach Ausübung der Wahlrechte unterschiedliche Buchungen erforderlich machten. Diese alternativen Buchungen würden nach Aussagen des Steuerberaters zu verschiedenen Gewinnausweisen in der Gewinn- und Verlustrechnung führen sowie die Vermögens- und Schuldenlage in der Bilanz unterschiedlich darstellen. Daher entschließt sich Patrick, die Mitgesellschafter auf der nächsten Gesellschafterversammlung in einer Tischvorlage über die Alternativen schriftlich zu informieren.

8.2.1.1 Rücklage für Ersatzbeschaffung

Die Versicherungsentschädigung stellt für die NMA GmbH eine Betriebseinnahme dar. Der Teil der Entschädigung, der über den Buchwert des ausgeschiedenen Wirtschaftsgutes hinausgeht, ist ein sog. "Entschädigungsgewinn". Buchhalterisch ist er als Ertrag aus dem Abgang von Sachanlagen zu erfassen. Damit werden stille Reserven aufgelöst, die im Jahr der Auflösung zu einem entsprechenden **steuerpflichtigen Gewinn** führen.

Die NMA GmbH kann alternativ gemäß R 35 EStR in der Steuerbilanz eine **Rücklage für Ersatzbeschaffung** bilden. In der Handelsbilanz ist ein entsprechender **Sonderposten mit Rücklageanteil** (§ 247 Abs. 3 HGB) auszuweisen. Hierdurch wird der sog. "Entschädigungsgewinn" im Jahr der Entstehung erfolgsneutral angesetzt.

Nach R 35 Abs. 1 bis 5 EStR ist die erfolgsneutrale Auflösung von stillen Reserven bei buchführenden Land- und Forstwirten, Gewerbetreibenden und selbständig Tätigen, die den Gewinn durch Vermögensvergleich ermitteln, nur unter folgenden Voraussetzungen erlaubt:[94]

---

[94] Vgl. Hilke, 2000, S.123 f.

Es muss im Laufe des Wirtschaftsjahres ein Wirtschaftsgut des Anlage- oder Umlaufvermögens aus dem **Betriebsvermögen ausscheiden.** Dabei muss das Wirtschaftsgut
zwangsweise infolge von **höherer Gewalt,** wie hier im vorliegenden Fall durch Diebstahl oder infolge eines **behördlichen Eingriffs** (z.B. Enteignung, Inanspruchnahme
für Verteidigungszwecke) oder zu dessen Vermeidung aus dem Betriebsvermögen
ausscheiden.

Die **direkte Entschädigungszahlung** für das ausgeschiedene Wirtschaftsgut muss
über dem Buchwert des ausgeschiedenen Wirtschaftsgutes liegen. Es muss durch die
direkte Entschädigungszahlung, wie bei der NMA GmbH, ein **"Entschädigungsgewinn"** entstehen. Der "Entschädigungsgewinn" wird wie folgt ermittelt:

> Entschädigungszahlung für das ausgeschiedene Wirtschaftsgut
>
> – Buchwert des ausgeschiedenen Wirtschaftsgutes
> _____
> = "Entschädigungsgewinn"

Es muss im Jahr des Ausscheidens des Wirtschaftsgutes ein funktionsgleiches **Ersatzwirtschaftsgut** angeschafft bzw. hergestellt worden sein. Wenn dies **nicht** der Fall
ist, muss aber ernstlich geplant sein, ein funktionsgleiches Ersatzwirtschaftsgut anzuschaffen bzw. herzustellen. Die feste Absicht, ein funktionsgleiches Ersatzfahrzeug
anzuschaffen, besteht bei der NMA GmbH.

Wird in **demselben Geschäftsjahr,** in dem das Wirtschaftsgut zwangsweise ausgeschieden ist, ein Ersatzwirtschaftsgut angeschafft bzw. hergestellt, besteht nach R 35
Abs. 5 S. 2 EStR ein **Bewertungswahlrecht.** Die Anschaffungs- bzw. Herstellungskosten des Ersatzwirtschaftsgutes **dürfen** entsprechend dem "Entschädigungsgewinn"
gekürzt werden. Damit **darf** der "Entschädigungsgewinn" erfolgsneutral auf das Ersatzwirtschaftsgut übertragen werden.

Wird in demselben Geschäftsjahr, in dem das Wirtschaftsgut zwangsweise ausgeschieden ist, noch **keine Ersatzbeschaffung** vorgenommen, aber ernstlich geplant, so besteht gemäß R 35 Abs. 4 EStR ein **Bilanzierungswahlrecht.** Der Steuerpflichtige **darf** am Schluss des Geschäftsjahres, in dem das Wirtschaftsgut zwangsweise ausgeschieden ist, in der Steuerbilanz eine steuerfreie **"Rücklage für Ersatzbeschaffung"** maximal in Höhe des "Entschädigungsgewinnes" bilden. Ein entsprechender Passivposten (Sonderposten mit Rücklageanteil) ist in mindestens gleicher Höhe in der **Handelsbilanz** anzusetzen (R 35 Abs. 1 S. 2 Nr. 3 EStR und § 5 Abs. 1 S. 2 EStG). **Nicht zulässig** ist die **Nachholung** einer derartigen Rücklage in einem späteren Geschäftsjahr (R 35 Abs. 4 S. 2 EStR).

Mit der Bildung einer **"Rücklage für Ersatzbeschaffung"** nach R 35 EStR kann der Steuerpflichtige den "Entschädigungsgewinn" zunächst einer Besteuerung entziehen. Spätestens bis zum **Ende des Folgejahres** muss bei beweglichen Wirtschaftsgütern der "Entschädigungsgewinn" auf das Ersatzwirtschaftsgut **übertragen** werden. Andernfalls ist die **gesamte Rücklage gewinnerhöhend** aufzulösen.

Der **steuerlichen Entlastung** im Jahr der Bilanzierung des Sonderpostens mit Rücklageanteil entspricht bei einer Übertragung des "Entschädigungsgewinnes" auf das Ersatzwirtschaftsgut eine laufende höhere **steuerliche Belastung** in den Folgejahren während der Abschreibungsdauer des Ersatzwirtschaftsgutes.

8.2.2 Bilanzierung und Bewertung nach IAS

Die deutsche Handelsbilanz wird über das sog. umgekehrte Maßgeblichkeitsprinzip eng mit der Steuerbilanz und der steuerlichen Gewinnermittlung verknüpft. Denn das umgekehrte Maßgeblichkeitsprinzip macht die Anwendung zulässiger Ansatz- und Bewertungswahlrechte in der steuerlichen Gewinnermittlung davon abhängig, dass in der Handelsbilanz die steuerrechtlichen Wahlrechte analog angewendet werden. Mit dieser Verbindung entsteht ein Konflikt zwischen dem Ziel des Ausweises eines möglichst niedrigen steuerlichen Gewinns und dem Ziel der Darstellung eines "den tatsächlichen Verhältnissen entsprechenden Bildes" durch den Jahresabschluss.

Nach IAS besteht ein Zusammenhang zwischen Steuer- und Handelsbilanz nicht, da sie nicht von Handels- und Steuerbilanz ausgehen. In diesem Punkt divergieren IAS und deutsches Handelsrecht also erheblich. Die Bildung eines Sonderpostens mit Rücklageanteil ist mit IAS nicht vereinbar, da die IAS keinen Sonderposten vorsehen.

Aus der absoluten Vorrangstellung der Informationsfunktion des Jahresabschlusses vor allen anderen Zwecken ist die Bildung eines Sonderpostens mit Rücklageanteil mit IAS **nicht** vereinbar. Denn werden "Entschädigungsgewinne" oder aber auch Veräußerungsgewinne über Rücklagen auf andere Wirtschaftsgüter übertragen, wird die Informationsfunktion des Jahresabschlusses gestört.

Entsprechend den obigen Ausführungen ist ein in der Handelsbilanz nach HGB gebildeter Sonderposten mit Rücklageanteil nach IAS ertragswirksam aufzulösen. Die im Verhältnis zur Steuerbilanz bestehende latente Steuerbelastung ist aufwandswirksam zu passivieren. Denn nach IAS sind für alle **taxable temporary differences**[95] passive latente Steuerverbindlichkeiten zu bilden. Da der zu versteuernde Gewinn in der Steuerbilanz niedriger ausgewiesen ist als das Ergebnis vor Ertragssteuern im IAS-Abschluss, erscheint die Passivierung der latenten Steuerbelastung als sachgerecht.

8.2.3 Entscheidungsorientierte Bilanzpolitik

8.2.3.1 Bilanzierungsziel Steuerbelastungsminimierung

Patrick empfiehlt den Mitgesellschaftern auf der Gesellschafterversammlung die Bildung einer steuerfreien **"Rücklage für Ersatzbeschaffung"** nach R 35 EStR. Nach seinem Dafürhalten weist der Sachverhalt die Voraussetzungen zur Bildung einer steuerfreien Rücklage nach R 35 EStR auf. Insbesondere die entscheidenden Voraussetzungen des zwangsweisen Ausscheidens des Wirtschaftsgutes aus dem Betriebsvermögen infolge höherer Gewalt (Diebstahl) und die funktionsgleiche Ersatzbeschaffung bzw. die ernsthafte Absicht zur Ersatzbeschaffung sind erfüllt. Zum Erreichen des Bilanzierungsziels ‚Steuerminimierung' ist der handelsrechtliche Gewinn als Grundlage der steuerrechtlichen Gewinnermittlung so niedrig wie möglich auszuweisen.

Daher ist die zwangsweise aufgedeckte stille Reserve erfolgsneutral zu buchen. Zunächst ermittelt Patrick die zwangsweise aufgedeckte stille Reserve, d.h. den "Entschädigungsgewinn". Dieser wird wie folgt ermittelt:

---

[95] Nach KPMG, 1999, S. 337 f sind "taxable temporary difference" folgendermaßen definiert: "Steuerpflichtige temporäre Differenzen sind solche, die in künftigen Perioden bei der Ermittlung des steuerpflichtigen Gewinns, d.h. beim Verbrauch der Buchwerte eines assets oder bei der Auflösung einer liability, zu steuerbaren Beträgen führen."

Entschädigungszahlung für das ausgeschiedene Wirtschaftsgut	16.000 EUR
— Buchwert des ausgeschiedenen Wirtschaftsgutes	9.000 EUR
= "Entschädigungsgewinn"	7.000 EUR

Tabelle 43: Ermittlung des "Entschädigungsgewinnes"

Da die Versicherungsentschädigung eine Betriebseinnahme darstellt, bucht die NMA GmbH nach Erhalt der Versicherungsentschädigung:

1800 Bank	16.000 EUR
an 0520 Pkw	9.000 EUR
an 4900 Erträge aus dem Abgang von Sachanlagen	7.000 EUR

Tabelle 44: Buchung der Versicherungsentschädigung

In der Steuerbilanz kann die NMA GmbH eine **Rücklage für Ersatzbeschaffung** nach R 35 EStR in Höhe von 7.000 EUR bilden. In der Handelsbilanz wird diese "Ersatzbeschaffungs-Rücklage" als **"Sonderposten mit Rücklageanteil"** angesetzt. Patrick bucht wie folgt:

4900 Erträge aus dem Abgang von Sachanlagen	7.000 EUR
an 2982 Sonderposten mit Rücklageanteil nach R 35 EStR	7.000 EUR

Tabelle 45: Buchung von Sonderposten mit Rücklageanteil

S	4900 Erträge aus Anl.	H	S	2982 Sonderp. m. R.	H
2	7.000,00	7.000,00	1		7.000,00	2
	7.000,00	7.000,00		-	7.000,00

S	1800 Bank	H	S		H
1	7.000,00				
	7.000,00			-	-

Tabelle 46: Buchung bei ‚Steuerminimierung'

Bei Anschaffung eines Ersatzfahrzeuges im nächsten Jahr bucht die NMA GmbH:

0520 Pkw	20.000 EUR
1400 Vorsteuer	3.200 EUR
an 1800 Bank	23.200 EUR
2982 Sonderposten mit Rücklageanteil nach R 35 EStR	7.000 EUR
an 0520 Pkw	7.000 EUR

Tabelle 47: Buchung bei Ersatzbeschaffung

Der Buchwert des neu angeschafften Fahrzeuges und damit die Bemessungsgrundlage für die Abschreibungen beträgt somit nicht mehr 20.000 EUR, sondern 20.000 EUR - 7.000 EUR = 13.000 EUR. Der steuerliche Gewinn wird dadurch während der Abschreibungsdauer des Fahrzeuges um den geminderten Abschreibungsbetrag erhöht.

8.2.3.2 Bilanzierungsziel Kreditwürdigkeit

Zur Verfolgung des Bilanzierungsziels ‚Kreditwürdigkeit' muss der handelsrechtliche Gewinn als Grundlage der steuerrechtlichen Gewinnermittlung möglichst hoch ausgewiesen werden.

In diesem Fall ist zu empfehlen, die zwangsweise aufgedeckten stillen Reserven offen als Ertrag darzustellen. Daher ist im Gegensatz zum Bilanzierungsziel ‚Steuerminimierung' keine Rücklage für Ersatzbeschaffung nach R 35 EStR in Höhe von 7.000 EUR zu bilden. Es wird damit empfohlen, keinen Sonderposten mit Rücklageanteil nach R 35 EStR in der Handelsbilanz anzusetzen.

Dementsprechend ist der "Entschädigungsgewinn" auf dem Konto 4900 Erträge aus dem Abgang von Sachanlagen im Haben zu buchen, ohne diese Buchung durch die Bildung eines Sonderpostens mit Rücklageanteil zu neutralisieren.

S	4900 Erträge aus Anl.	H	S	520 PKW		H
S	7.000,00	7.000,00 · 1	EB	28.429,00	9.000,00	2
					19.429,00	SB
	7.000,00	7.000,00		28.429,00	28.429,00	

S	1800 Bank	H	S		H
1	7.000,00				
2	9.000,00				
	16.000,00			-	-

Tabelle 48: Buchung bei ‚Kreditwürdigkeit'

8.2.3.3 Auswirkungen auf die Bilanz und GuV-Rechnung

Musterjahresabschluss der NMA GmbH

Aktiva	EUR	EUR
A. Anlagevermögen		
I. Sachanlagen		
1. andere Anlagen, Betriebs- und Geschäftsaus.		50.497,00
B. Umlaufvermögen		
I. Vorräte		
1. Roh-, Hilfs- und Betriebsstoffe	2.100,00	
2. Unfertige Erzeugnisse, unfertige Leistungen	161.400,00	163.500,00
II. Forderungen u. sonst. Vermögensgegenst.		
1. Forderungen aus Lieferungen und Leistungen	21.908,95	
2. Sonstige Vermögensgegenstände	657,00	22.565,95
III. Schecks, Kassenbestand, Bundesbank- und		
Postbankguthaben, Guthaben bei Kreditinstituten		22.600,08
C. Rechnungsabgrenzungsposten		
Summe Aktiva		259.163,03

Die Buchungen zu dem hier vorliegenden Fall führen sowohl unter dem Gesichtspunkt der ‚Steuerminimierung' als auch unter dem Gesichtspunkt der ‚Kreditwürdigkeit' zu keinem unterschiedlichen Ausweis der Vermögenslage des Unternehmens. In beiden Fällen ist eine Verlängerung der Bilanz in Höhe von 7.000 EUR das Ergebnis der zwangsweisen Aufdeckung der stillen Reserven.

Auf der Aktivseite wurde der Wert der Sachanlagen um 9.000 EUR (grau unterlegt) durch das zwangsweise Ausscheiden des Pkw aus dem Betriebsvermögen gemindert. Zugleich wurde das Guthaben bei Kreditinstituten (grau unterlegt) durch die Entschädigungszahlung der Versicherungsgesellschaft in Höhe von 16.000 EUR vermehrt. Daraus resultiert eine Verlängerung der Aktivseite in Höhe des "Entschädigungsgewinns" (16.000 EUR - 9.000 EUR = 7.000 EUR).

Passiva	EUR	EUR
A. Eigenkapital		
I Gezeichnetes Kapital		40.000,00
II. Gewinnrücklagen		2.500,00
III. Jahresüberschuß		128.098,66
Sonderposten mit Rücklageanteil		7.000,00
B. Rückstellungen		
1. Sonstige Rückstellungen		7.340,00
C. Verbindlichkeiten		
1. Verbindlichkeiten ggü. Kreditinstituten	27.801,26	
davon mit einer Restlaufzeit bis zu einem Jahr EUR 3.728,15		
2. Verbindlichkeiten aus Lieferungen und Leistungen	22.948,91	
davon mit einer Restlaufzeit bis zu einem Jahr EUR 22.948,91		
3. Sonstige Verbindlichkeiten	23.474,20	74.224,37
davon aus Steuern EUR 6.472,85		
davon im Rahmen der sozialen Sicherheit EUR 8.697,23		
davon mit einer Restlaufzeit bis zu einem Jahr EUR 23.474,20		
Summe Passiva		259.163,03

Die Buchungen des hier betroffenen Falles haben bei der Verfolgung des bilanzpolitischen Ziels der ‚**Steuerminimierung**' zu keiner Veränderung des Jahresüberschusses geführt. Denn die zwangsweise aufgedeckte stille Reserve wurde nicht erfolgswirksam als Ertrag gebucht, sondern durch die Einstellung in den Sonderposten mit Rücklageanteil auf der Passivseite (grau unterlegt) neutralisiert.

Bei der Verfolgung der bilanzpolitischen Zielsetzung der ‚Kreditwürdigkeit' wurde die aufgedeckte stille Reserve erfolgswirksam in Höhe des "Entschädigungsgewinns" als Ertrag gebucht, wodurch der Jahresüberschuss in gleicher Höhe vermehrt wurde. Bei einem Jahresabschluss nach IAS ist der "Entschädigungsgewinn" ebenfalls ertragswirksam zu buchen.

Gewinn- und Verlustrechnung

	EUR	EUR
1. Umsatzerlöse		330.131,59
2. Bestandsveränderungen		
3. Andere aktivierte Eigenleistungen		
4. Sonstige betriebliche Erträge		7.847,28
5. Materialaufwand		
a) Aufwendungen für RHB und für bezogene Waren	19.247,85	
b) Aufwendungen für bezogene Leistungen	4.627,60	23.875,45
6. Personalaufwand		
a) Löhne und Gehälter	60.451,00	
b) soziale Abgaben und Aufwendungen für die Altersversorgung und Untersützung	15.873,26	76.324,26
davon für Altersversorgung EUR 6.827,69		
7. Abschreibungen		
8. Sonstige betriebliche Aufwendungen		86.423,42
9. Sonstige Zinsen und ähnliche Erträge		507,40
10. Zinsen und ähnliche Aufwendungen		6.810,48
11. Ergebnis der gewöhnlichen Geschäftstätigkeit		145.052,66
12. Steuern vom Einkommen und vom Ertrag	9.450,00	
13. Sonstige Steuern	504,00	9.954,00
14. Jahresüberschuss/ Jahresfehlbetrag		135.098,66

Die grau unterlegten Positionen zeigen die Veränderungen in der Erfolgsrechnung bei Ausübung des Bilanzierungswahlrechts ‚Kreditwürdigkeit', für die zwangsweise aufgedeckten stillen Reserven keine Rücklage für Ersatzbeschaffungen nach R 35 EStR zu bilden. Statt dessen erhöhen sich die sonstigen betrieblichen Erträge in Höhe des "Entschädigungsgewinns" (7.000 EUR), was gleichzeitig eine Vermehrung des Jahresüberschusses in gleicher Höhe zur Folge hat.

Hingegen führt die Verfolgung des bilanzpolitischen Ziels der ‚Steuerminimierung' durch die Bildung eines Sonderpostens mit Rücklageanteil zu keiner Veränderung des Jahresüberschusses. Damit wird im Jahr der Bildung des Sonderpostens der steuerliche Gewinn um 7.000 EUR gemindert. Im folgenden Jahr oder in den Jahren der Auflösung wird der steuerliche Gewinn in gleicher Höhe vermehrt. Im Ergebnis werden also die Steuern gestundet. Es kann jedoch zu einer Steuerersparnis kommen, wenn wegen eines Verlustes überhaupt keine Steuerpflicht in Betracht kommt oder ein durch die Progression bedingter höherer Steuersatz vermieden wird bzw. im Jahr oder in den Jahren der Auflösung des Sonderpostens eine niedrigere Progressionsstufe besteht.

8.3 Bilanzierung und Bewertung von Rückstellungen

8.3.1 Begriff der Rückstellung

Rückstellungen werden gebildet für Ausgaben und Verluste, die das abgelaufene Wirtschaftsjahr wirtschaftlich betreffen, weil die Zahlungsverpflichtung im abgelaufenen Wirtschaftsjahr dem Grunde nach entstanden ist oder in ihm verursacht wurde, aber im Gegensatz zu den Verbindlichkeiten noch nicht endgültig fest steht,

ob die Verbindlichkeit überhaupt besteht und/oder

in welcher Höhe die Verbindlichkeit besteht und/oder

wann die Verbindlichkeit fällig ist.

Rückstellungen dienen also der richtigen zeitgerechten Gewinnermittlung. Es sind auch solche Verbindlichkeiten als Rückstellungen zu berücksichtigen, die im abgelaufenen Wirtschaftsjahr wirtschaftlich entstanden sind, aber rechtlich erst in Zukunft entstehen. Dies entspricht dem Vorsichtsprinzip.

Die Inanspruchnahme oder der Verlust muss mit einiger Sicherheit oder wenigstens einiger Wahrscheinlichkeit erwartet werden können. Eine entfernte Möglichkeit der Inanspruchnahme oder eines Verlustes rechtfertigt eine Rückstellung nicht. Zur Bildung einer Rückstellung ist also eine konkrete Möglichkeit der Inanspruchnahme oder des Verlustes erforderlich. Diese konkrete Möglichkeit der Inanspruchnahme muss am Bilanzstichtag oder bei besserer Erkenntnis bis zum Tage der Bilanzaufstellung erkennbar sein.

Ziel der Bildung von Rückstellungen ist es, die später zu leistenden Ausgaben durch Buchung als Aufwand und Einstellung eines entsprechenden Passivpostens in der Bilanz vollständig und periodengerecht zu erfassen. Dementsprechend sind Rückstellungen Bilanzposten der Passivseite, die der endgültigen Entstehung nach und/oder der Höhe und/oder der Fälligkeit nach noch ungewisse Ausgaben bilanz- und erfolgsmäßig erfassen sollen.

Deshalb beruht die Bezifferung der Rückstellungen auf Schätzungen. Zu schätzen sind die Wahrscheinlichkeit der Inanspruchnahme bzw. des Eintritts des Verlustes und die mögliche Höhe der Inanspruchnahme bzw. des Verlustes. Bei einer Reihe von Rückstellungsfällen erleichtern Erfahrungssätze die Bezifferung. Im Gegensatz zu Rückstellungen sind bei Verbindlichkeiten Verpflichtungsgrund und Höhe der Schuld genau bestimmbar.

8.3.2 Bilanzierung und Bewertung nach HGB und Steuerrecht

8.3.2.1 Gebote, Wahlrechte und Verbote zur Bildung von Rückstellungen

Gemäß § 249 Abs. 1 HGB sind (= **Pflicht**) in der **Handelsbilanz** folgende **Rückstellungen** zu bilden:

Rückstellungen für ungewisse Verbindlichkeiten

Rückstellungen für drohende Verluste aus schwebenden Geschäften

Rückstellungen für im Geschäftsjahr unterlassene Aufwendungen für Instandhaltung, die im folgenden Geschäftsjahr innerhalb von drei Monaten nachgeholt werden

Rückstellungen für im Geschäftsjahr unterlassene Aufwendungen für Abraumbeseitigung, die im folgenden Geschäftsjahr nachgeholt werden

Rückstellungen für Gewährleistungen, die ohne rechtliche Verpflichtung erbracht werden.

Handelsrechtlich besteht für diese Rückstellungen ein **Passivierungsgebot** bzw. eine **Passivierungspflicht**. Auch in der Steuerbilanz sind diese Rückstellungen entsprechend dem Maßgeblichkeitsgrundsatz (§ 5 Abs. 1 Satz 1 EStG) zu bilanzieren, wenn der Bilanzierung keine steuerrechtlichen Sondervorschriften entgegenstehen. Steuerrechtliche Sondervorschriften können hingegen dem Bilanzierungsgebot in der Handelsbilanz nicht entgegenstehen, denn in der Handelsbilanz richtet sich die Bilanzierung von Rückstellungen allein nach dem Handelsrecht.

Nach § 249 HGB dürfen (= **Wahlrecht**) in der Handelsbilanz folgende Rückstellungen gebildet werden:

Rückstellungen für unterlassene Aufwendungen für Instandhaltung, wenn die Instandhaltung im 4. bis 12. Monat des folgenden Geschäftsjahres nachgeholt wird (§ 249 Abs. 1 S. 3 HGB).

Rückstellungen für in ihrer Eigenart nach genau umschriebene, dem Geschäftsjahr oder einem früheren Geschäftsjahr zuzuordnende Aufwendungen, die am Abschlussstichtag wahrscheinlich oder sicher, aber hinsichtlich ihrer Höhe oder des Zeitpunkts ihres Eintritts unbestimmt sind, sog. "Aufwandsrückstellungen" gem. § 249 Abs. 2 HGB.

Handelsrechtlich besteht für die o.g. Rückstellungen ein Passivierungswahlrecht. Das handelsrechtliche **Passivierungswahlrecht** hat für die **Steuerbilanz** ein **Passivierungsverbot** zur Folge.

Für andere als die in den Abs. 1 und 2 von § 249 HGB genannten Zwecke dürfen gemäß § 249 Abs. 3 Satz 1 HGB keine Rückstellungen gebildet werden. Aus dem **handelsrechtlichen Passivierungsverbot** folgt ein **steuerrechtliches Passivierungsverbot**.

8.3.2.2 Rückstellungen für ungewisse Verbindlichkeiten

Rückstellungen für ungewisse Verbindlichkeiten sind gemäß § 249 Abs. 1 bei Vorliegen folgender Voraussetzungen zu bilden:

Es muss eine Außenverpflichtung des Unternehmens bestehen.

Die Außenverpflichtung muss vor dem Bilanzstichtag wirtschaftlich verursacht sein.

Hinsichtlich des Entstehens und/oder der Höhe der Außenverpflichtung muss eine Ungewissheit bestehen.

Mit der Inanspruchnahme muss der Verpflichtete ernsthaft rechnen können.

Bei der Außenverpflichtung (Verpflichtung gegenüber einem Dritten oder eine öffentlich-rechtliche Verpflichtung) genügt ein faktischer Leistungszwang. Die faktische Verpflichtung setzt voraus, dass die Verpflichtung bei sorgfältiger Abwägung aller bekannten Umstände nicht verneint werden kann.[96] Trotz rechtlicher Ungebundenheit kann der Leistungszwang auf Treu und Glauben, moralischen, geschäftlichen oder sittlichen Erwägungen beruhen.

Am Bilanzstichtag muss ein sog. **Erfüllungsrückstand** bestehen, d.h. die Verpflichtung muss vor dem Bilanzstichtag wirtschaftlich verursacht sein.

Hinsichtlich des Bestehens oder Entstehens und/oder der Höhe der Verbindlichkeit muss eine Ungewissheit bestehen. Mit der Inanspruchnahme muss jedoch ernsthaft gerechnet werden können, d.h. es müssen aus der Sicht eines sorgfältigen und gewissenhaften Kaufmanns mehr Gründe für als gegen die Inanspruchnahme sprechen.

Die **Höhe der Rückstellung** für eine ungewisse Verbindlichkeit ist derart zu bemessen, dass die Verpflichtung nach den Verhältnissen am Bilanzstichtag zu erfüllen ist. Der Bezifferung ist eine vernünftige kaufmännische Beurteilung zugrundezulegen.

Rückstellungen für ungewisse Verbindlichkeiten können zum Beispiel erforderlich sein für:

Steuerberatungskosten,

rückständige Buchführungsarbeiten,

Pensionsverpflichtungen,

Garantieverpflichtungen,

Ausgleichsverpflichtungen gegenüber Handelsvertretern,

---

[96] Vgl. Glade, A: Praxishandbuch der Rechnungslegung und Prüfung, 2. Auflage, Herne/Berlin 1995, S. 543.

Provisionsverpflichtungen,

Jubiläumsverpflichtungen,

Urlaubsrückstand,

Prozessrisiko und Prozesskosten,

Wechselobligo,

Steuern (Gewerbesteuer, Körperschaftsteuer, Solidaritätszuschlag).

8.3.2.3 Rückstellungen für drohende Verluste aus schwebenden Geschäften

Rückstellungen für drohende Verluste aus schwebenden Geschäften sind für den Teil der eigenen Verbindlichkeit aus dem schwebenden Geschäft zu bilden, der den Wert der Gegenleistung aus dem schwebenden Geschäft übersteigt. Der drohende Verlust ist also die Differenz zwischen dem Wert der eigenen Leistung und dem Wert der zu erwartenden Gegenleistung. Demnach beziffert sich die Rückstellung nach dem Verpflichtungsüberschuss, d.h. als drohender Verlust aus einem schwebenden Geschäft ist der negative Saldo zwischen dem Wert der eigenen Forderung und dem Wert der eigenen Verpflichtung zu passivieren.

Ein drohender Verlust ist dann anzunehmen, wenn Tatsachen vorliegen, die ihn nach vernünftiger kaufmännischer Beurteilung als wahrscheinlich erscheinen lassen. Wenn aus schwebenden Geschäften Verluste drohen, aber noch nicht realisiert sind, müssen in der **Handelsbilanz** gemäß § 249 Abs. S. 1 HGB **Rückstellungen** gebildet werden. Hingegen dürfen Gewinne aus schwebenden Geschäften nicht ausgewiesen werden, da sie noch nicht realisiert sind (**Realisationsprinzip**). Dementsprechend werden drohende Verluste aus schwebenden Geschäften ungleich (impar) den Gewinnen behandelt. Dies ist Ausdruck des **Imparitätsprinzips**.

Nach dem **Maßgeblichkeitsprinzip** der Handelsbilanz für die Steuerbilanz müßten Rückstellungen für drohende Verluste aus schwebenden Geschäften auch in der **Steuerbilanz** zum Ansatz kommen. Durch das Gesetz zur Fortsetzung der Unternehmenssteuerreform vom 20.10.1997 (BGBl. I 1997, S.2590) kam es zu einer **Durchbrechung** des **Maßgeblichkeitsprinzips**. Explizit wird in § 5 Abs. 4a EStG bestimmt: "Rückstellungen für drohende Verluste aus schwebenden Geschäften dürfen nicht gebildet werden".

Es sei an dieser Stelle nur darauf hingewiesen, dass hieraus Unterschiede zwischen dem Handelsbilanzgewinn einerseits und dem Steuerbilanzgewinn andererseits resultieren. Dieser unterschiedliche Gewinnausweis ist bei der Ermittlung der sog. "latenten Steuern" zu berücksichtigen.

Verluste aus schwebenden Geschäften können drohen aus:

Beschaffungs- bzw. Anschaffungsgeschäften,

Absatz- bzw. Veräußerungsgeschäften und

Dauerschuldverhältnissen.

Voraussetzung für ein **schwebendes Geschäft** ist das Bestehen eines zweiseitig verpflichtenden Rechtsgeschäftes. Zweiseitig verpflichtende Rechtsgeschäfte (gegenseitige Verträge) können u.a. sein:

Kaufverträge,

Mietverträge,

Arbeitsverträge.

Die Leistungen der beiden Vertragspartner stehen bei einem zweiseitig verpflichtenden Rechtsgeschäft in einem Abhängigkeitsverhältnis zueinander, d.h. die Leistung des einen Vertragspartners wird wegen der Leistung des anderen Vertragspartners erbracht. Es gilt der Grundsatz: "Do ut des" (ich gebe, damit du gibst). Daher kann der Verpflichtete die ihm obliegende Leistung bis zur Bewirkung der Gegenleistung verweigern (Ausnahme: ein Vertragspartner ist zur Vorleistung verpflichtet). Es besteht ein Schwebezustand bezüglich der Ansprüche der beiden Vertragspartner (= schwebendes Geschäft).

Verluste aus einem **Beschaffungs-** bzw. **Anschaffungsgeschäft** drohen z.B., wenn die Kaufpreisschuld des bestellten und noch nicht erhaltenen Gutes höher ist als der Marktpreis am Bilanzstichtag. In diesem Falle übersteigt der Wert der eigenen Leistung den Wert der Gegenleistung am Bilanzstichtag. In Höhe der Wertdifferenz ("Einkaufsverlust") ist eine Rückstellung wegen drohenden Verlustes zu bilden.

Aus einem **Absatz- bzw. Veräußerungsgeschäft** droht z.B. ein **Verlust**, wenn die Selbstkosten bzw. Herstellungskosten bei selbst erstellten Erzeugnissen höher sind als der vereinbarte Erlös (Verkaufspreis). Bei Handelsgeschäften droht analog ein Verlust, wenn die Anschaffungskosten der Ware höher sind als der vereinbarte Verkaufspreis. Die Höhe der Rückstellung aus Veräußerungsgeschäften ist die Differenz zwischen dem am Bilanzstichtag zu erwartenden Selbstkosten bzw. Herstellungskosten ohne kalkulatorische Kosten sowie Unternehmergewinn und dem vereinbarten Verkaufspreis.[97]

Verluste aus **Dauerschuldverhältnissen** (z.B. Miet- und Arbeitsverhältnisse) können drohen, wenn sich z.B. der Mietzins nach der Höhe der erzielten Umsätze des Mieters richtet und dessen Umsätze zurückgehen. Der zu zahlende Mietzins verringert sich entsprechend den sinkenden Umsätzen. Daraus resultiert ein Verpflichtungsüberhang, da der Wert der Leistungen des Vermieters den Wert der Leistungen des Mieters übersteigt. Dieser Verpflichtungsüberhang ist als Rückstellung zu bilanzieren. Hierbei ist auf das **gesamte Dauerschuldverhältnis** abzustellen. Es ist daher nur dann eine Rückstellung zu bilden, wenn abzusehen ist, dass kein Ausgleich des drohenden Verlustes in späteren Jahren wahrscheinlich ist.

8.3.2.4 Rückstellungen für unterlassene Aufwendungen

Gemäß § 249 Abs. 1 S. 2 Nr. 1 HGB sind Rückstellungen zu bilden für im Geschäftsjahr unterlassene Aufwendungen für Instandhaltung, die im folgenden Geschäftsjahr innerhalb von drei Monaten nachgeholt werden. Für diese handelsrechtlich gebotene Rückstellung besteht auch steuerrechtlich ein **Passivierungsgebot**.

Es müssen nach § 249 Abs. 1 S. 2 Nr. 1 HGB drei Voraussetzungen erfüllt sein, damit ein Passivierungsgebot besteht:

---

[97] Vgl. Schmidt, H., Bilanz-Praxis: der Schlüssel zur Handels- und Steuerbilanz für Einzelkaufleute, Personengesellschaften, Kapitalgesellschaften, Freiburg i.Br. 1997, S. 409 f.

– Es muss für die Durchführung einer Instandhaltung eine Notwendigkeit bestanden haben, aber diese konnte aus irgendwelchen Gründen im Berichtsjahr nicht durchgeführt werden. Dabei muss es sich um unaufschiebbare umfangreiche Erhaltungsarbeiten handeln. Erhaltungsarbeiten, die erfahrungsgemäß etwa im gleichen Umfang und gleichen Zeitabständen anfallen, sind in der Regel keine **unterlassene** Instandhaltung, so dass keine Rückstellung wegen unterlassener Instandhaltung gebildet werden kann.

– Der Aufwand für Erhaltungsarbeiten muss im Berichtsjahr unterlassen worden sein, d.h. die Instandhaltung muss im abgelaufenen Geschäftsjahr technisch oder wirtschaftlich erforderlich gewesen, aber nicht durchgeführt worden sein.

– Die unterlassenen Instandhaltungsarbeiten müssen in den ersten drei Monaten des folgenden Geschäftsjahres **nachgeholt** werden. Nachgeholt sind die Instandhaltungsarbeiten innerhalb der Dreimonatsfrist nur dann, wenn die Arbeiten innerhalb dieser Frist abgeschlossen worden sind. Werden die unterlassenen Instandhaltungsarbeiten nicht innerhalb der ersten drei Monate des folgenden Geschäftsjahres nachgeholt, wird die unterlassene Instandhaltung rückstellungsfähig.

Für unterlassene Instandhaltungsarbeiten besteht nur dann ein Passivierungsgebot, wenn alle drei Voraussetzungen vorliegen. Diese Passivierungspflicht besteht für alle Unternehmen unabhängig von der Rechtsform und der Größe des bilanzierenden Unternehmens.

8.3.2.5 Rückstellungen für Abraumbeseitigung

Die Bildung von Rückstellungen für unterlassene Abraumbeseitigung sind nach § 249 Abs. 1 S. 2 Nr. 1 HGB geboten. Es besteht damit sowohl handelsrechtlich als auch steuerrechtlich eine Passivierungspflicht. Die unterlassene Abraumbeseitigung ist wie bei der unterlassenen Instandhaltung ein Rückstand an Aufwendungen, die eigentlich im abgelaufenen Geschäftsjahr erforderlich gewesen wären. Der Bilanzierende hat das gesamte folgende Geschäftsjahr Zeit, die rückständige Abraumbeseitigung nachzuholen.

8.3.2.6 Rückstellungen für Gewährleistungen (‚Kulanzrückstellung‘)

Es muss zunächst zwischen sog. "Garantieleistungen" und sog. "Kulanzleistungen" unterschieden werden, um eine eindeutige Zuordnung zu sog. "Garantierückstellungen" und sog. "Kulanzrückstellungen" vornehmen zu können.

Mit Garantierückstellungen soll das Risiko eines künftigen Aufwandes aus gesetzlicher oder vertraglicher Gewährleistung durch kostenlose Nacharbeiten, Ersatzlieferungen, Minderungen oder Schadenersatzleistungen wegen Nichterfüllung erfasst werden. Zur Bildung einer Rückstellung wegen drohender Gewährleistungsansprüche ist erforderlich, dass sich am **Bilanzstichtag** eine **Inanspruchnahme** deutlich erkennbar **abzeichnet**. Es muss also mit einer gewissen Wahrscheinlichkeit mit einer Inanspruchnahme in schätzbarer Höhe gerechnet werden können.

Zudem muss ein **Zusammenhang** mit einem **vor dem Bilanzstichtag ausgeführten Rechtsgeschäft** bestehen. Besteht dieser Zusammenhang und wird die Gewährleistung aufgrund gesetzlicher, vertraglicher oder wenigstens faktischer Verpflichtung erbracht, so ist eine Rückstellung für ungewisse Verbindlichkeiten gemäß § 249 Abs. 1 S. 1 HGB zu bilden (= Passivierungspflicht). Eine Rückstellung für ungewisse Verbindlichkeiten darf dann nicht gebildet werden, wenn über Grund und Höhe der Garantieleistung Sicherheit besteht. Denn dann würde es sich um eine **Verbindlichkeit** handeln, die dementsprechend in der Bilanz auszuweisen ist.

Wird eine Gewährleistung ohne rechtliche oder wenigstens faktischer Verpflichtung, also aus freien Stücken, erbracht und besteht ein Zusammenhang mit einem vor dem Bilanzstichtag ausgeführten Rechtsgeschäft, so ist eine Gewährleistungsrückstellung gemäß § 249 Abs. 1 Nr. 2 HGB zu bilanzieren. Für künftige Kulanzleistungen besteht also nach HGB eine Passivierungspflicht, wenn folgende Voraussetzungen erfüllt sind:

1. Die Mängel müssen sich auf eigene Leistungen oder Lieferungen beziehen.

2. Die Mängel müssen dem Unternehmer (z.B. Material- oder Funktionsfehler) angelastet werden können.

3. Mit der vorangegangenen Lieferung oder Leistung muss ein Zusammenhang bestehen.

Beispiel

Der Unternehmer XY hat seinem Kunden eine Maschine geliefert. Nach Ablauf der Garantiefrist fällt die Maschine aufgrund eines Funktionsfehlers bei seinem Kunden aus. Obwohl keine rechtliche Verpflichtung seitens des Unternehmers besteht, beabsichtigt der Unternehmer die Maschine Anfang des folgenden Geschäftsjahres von seinen Monteuren kostenlos reparieren zu lassen. Den Reparaturaufwand muss der Unternehmer in seiner Handels- und Steuerbilanz zurückstellen.

Eigentlich hätte es der besonderen Vorschrift des § 249 Abs. 1 S. 2 Nr. 2 HGB nicht bedurft, wonach Rückstellungen für ohne rechtliche Verpflichtung zu erbringende Gewährleistungen zu bilanzieren sind. Denn die Reparaturaufwendungen würden ohne Rückstellung der Periode zugeordnet, in der sie anfallen. Dementsprechend liegt die betriebswirtschaftliche Rechtfertigung darin, dass der mit der Kulanzleistung verbundene Aufwand möglichst derjenigen Periode zugeordnet wird, in der der Ertrag vereinnahmt wurde.[98]

Für die oben dargestellten Rückstellungsgruppen besteht nach § 249 Abs. 1 HGB Passivierungspflicht für die Handelsbilanz. Zusätzlich gibt es **Passivierungswahlrechte** für Rückstellungen in der Handelsbilanz, die nachfolgend dargestellt werden.

8.3.2.7 Rückstellungen für Instandhaltung

Werden unterlassene Instandhaltungsaufwendungen nach der Dreimonatsfrist im folgendem Geschäftsjahr nachgeholt, besteht in der Handelsbilanz ein Passivierungswahlrecht nach § 249 Abs.1 S. 3 HGB. Dieses handelsrechtliche Passivierungswahlrecht bedeutet **steuerrechtlich** ein **Passivierungsverbot**. Das Steuerrecht ist an handelsrechtliche Passivierungswahlrechte nicht gebunden. Somit liegt hier ein weiterer Fall der **Durchbrechung** des **Maßgeblichkeitsprinzips** der Handelsbilanz für die Steuerbilanz vor.

Unterlassene Instandhaltungsaufwendungen müssen in den ersten drei Monaten des folgenden Geschäftsjahres nachgeholt werden, damit eine handelsrechtliche Passivierungspflicht entsteht. Werden sie aber nicht rechtzeitig innerhalb der Dreimonatsfrist nachgeholt, müssen sie entweder aufgelöst werden (Fortführungsverbot) oder aber im laufenden Geschäfjahr (4. bis 12. Monat) nachgeholt werden. Dann werden die Aufwendungen für unterlassene Instandhaltung rückstellungsfähig.

---

[98] Vgl. Glade, A.: Praxishandbuch der Rechnungslegung und Prüfung, 2. Auflage, Herne/Berlin 1995, S. 576.

8.3.2.8 Aufwandsrückstellungen

Ein weiteres Passivierungswahlrecht in der Handelsbilanz besteht für sog. Aufwandsrückstellungen. Nach § 249 Abs. 2 HGB dürfen Rückstellungen "für ihrer Eigenart nach genau umschriebene, dem Geschäftsjahr oder einem früheren Geschäftsjahr zuzuordnende Aufwendungen gebildet werden, die am Abschlußstichtag wahrscheinlich oder sicher, aber hinsichtlich ihrer Höhe oder des Zeitpunktes ihres Eintritts unbestimmt sind". Handelsrechtlich besteht demnach für Aufwandsrückstellungen ein **Passivierungswahlrecht**. Steuerrechtlich ergibt sich hieraus ein Passivierungsverbot, weil das Steuerrecht nicht an handelsrechtliche Passivierungswahlrechte gebunden ist. Damit liegt ein weiterer Fall der Durchbrechung des **Maßgeblichkeitsprinzips** der Handelsbilanz für die Steuerbilanz vor.

Bei den Aufwandsrückstellungen muss es sich um konkrete künftige Aufwendungen handeln, die dem Geschäftsjahr oder einem früheren Geschäftsjahr zuzuordnen sind. Damit kommen nur Aufwendungen in Betracht, die nicht aktivierungspflichtig sind, also kein Herstellungsaufwand, sondern nur Erhaltungsaufwand. Weiter wird zur Bildung einer Aufwandsrückstellung vorausgesetzt, dass sich der Kaufmann dem Aufwand nicht entziehen kann, wenn er seinen Geschäftsbetrieb unverändert fortführen will.

Ziel der Möglichkeit zur Bildung von Aufwandsrückstellungen ist es, Erhaltungsaufwand periodengerecht auf mehrere Geschäftsjahre zu verteilen. Aufwandsrückstellungen kommen vor allem bei geplanten Großreparaturen und Generalüberholungen in Frage.

8.3.3 Ermittlung und Buchung der Rückstellungen der NMA GmbH

Patrick, der u.a. für die Vorbereitung des Jahresabschlusses bei der NMA GmbH verantwortlich ist, hat recherchiert, welche Rückstellungen für die NMA GmbH zu bilden sind und welche Rückstellungen evtl. in Frage kommen. Seine Sachverhaltsprüfungen haben ergeben, dass unter dem Posten "Sonstige Rückstellungen" für Gewährleistungen schon 7.340,00 EUR gebucht wurden. Zusätzlich sind folgende Rückstellungen zu bilden bzw. können gebildet werden:

Gewerbesteuerrückstellung,

Rückstellung für den Jahresabschluss,

Pensionsrückstellungen,

Rückstellungen für bestimmte unterlassene Instandhaltungen

Aufwandsrückstellungen.

8.3.3.1 Gewerbesteuerrückstellung

Der Kaufmann ist nach den Grundsätzen ordnungsmäßiger Buchführung verpflichtet, die voraussichtliche Gewerbesteuerabschlusszahlung durch eine Rückstellung zu berücksichtigen. Wenn der Steuerpflichtige keine Rückstellung gebildet hat, ist das Finanzamt verpflichtet, die Rückstellung nachzuholen.

Die Gewerbesteuer ist eine Betriebssteuer. Betriebssteuern, die dem alten Geschäftsjahr zuzurechnen sind, aber noch nicht bezahlt wurden, sind Verbindlichkeiten gegenüber Dritten (hier Finanzamt). Steht die Höhe und/oder die Fälligkeit der Betriebssteuern bei der Aufstellung der Bilanz noch nicht fest, ist eine Rückstellung wegen ungewisser Verbindlichkeit zu bilanzieren. Die Höhe und Fälligkeit der Gewerbesteuer ergibt sich aus dem Gewerbesteuerbescheid. Damit liegt die tatsächliche Steuerschuld erst nach dem Jahresabschluss mit Erhalt des Steuerbescheides fest.

Soweit die Vorauszahlungen zur Abdeckung der Jahressteuerschuld nicht ausreichen, muss in Höhe der voraussichtlichen Abschlusszahlung in der Handelsbilanz eine Rückstellung gebildet werden. Dies gilt auch für die Körperschaftsteuer.

Die Höhe der zu zahlenden Körperschaftsteuer hing bis zum Jahre 2000 davon ab, wie der Gewinn verwendet wurde. Wurde der Gewinn ganz oder zum Teil ausgeschüttet, so minderte oder erhöhte sich die Körperschaftssteuer um den Unterschiedsbetrag zwischen der Tarifbelastung von 40 % und der Ausschüttungsbelastung von 30 %. Aus der unterschiedlichen Belastung für einbehaltene und für ausgeschüttete Gewinne ergab sich bei einer Veränderung der geplanten Ausschüttung nach Aufstellung des Jahresabschlusses notwendigerweise eine Erhöhung oder Minderung der Körperschaftsteuer. Mit der nachträglichen Änderung des Steueraufwandes wurde zugleich der Gewinn des Wirtschaftsjahres, für das die Körperschaftsteuer geschuldet wurde, verändert.

§ 278 HGB bestimmt, dass die Steuern vom Einkommen und vom Ertrag auf der Grundlage des Beschlusses über die Verwendung des Ergebnisses zu berechnen sind, um eine möglichst zutreffende Steuerabgrenzung zu erreichen. Liegt ein solcher Beschluss zum Zeitpunkt der Feststellung des Jahresabschlusses nicht vor, so ist vom Vorschlag über die Verwendung des Ergebnisses auszugehen. Weicht der Beschluss über die Verwendung des Ergebnisses vom Vorschlag ab, so muss der Jahresabschluss nicht geändert werden. Es wird jedoch eine erfolgsneutrale Korrektur der Körperschaftsteuer-Rückstellung erforderlich.

Mit dem Wirksamwerden der 1. Stufe der Steuerreform 2000 im Jahre 2001 wurde die Körperschaftsteuer auf einheitlich 25 % gesenkt. Der Gewinn der Kapitalgesellschaften wird mit 25 % für **einbehaltene und ausgeschüttete** Gewinne besteuert (Körperschaftsteuer). Die ausgeschütteten Gewinne der Anteilseigner werden bei deren Einkommensteuer (keine Betriebssteuer) dann nur zur Hälfte einbezogen. Damit wurde mit der 1. Stufe der Steuerreform 2000 das Anrechnungsverfahren der Körperschaftsteuer auf die Einkommensteuer vom Vollanrechnungsverfahren auf das **Halbeinkünfteverfahren** umgestellt. Die Höhe der Steuerbelastung für die Anteilseigner hat sich durch die Systemumstellung nicht wesentlich geändert.

Patrick hat geprüft, inwieweit die Vorauszahlungen für Körperschaftsteuer eine Abschlusszahlung im laufenden Geschäftsjahr für das Berichtsjahr wahrscheinlich erforderlich machen werden. Er ist zu dem Ergebnis gekommen, dass die Körperschaftsteuer-Vorauszahlungen und die Körperschaftsteuer-Verbindlichkeit die zu erwartende Jahressteuer abdecken werden. Damit ist die Bildung einer Steuerrückstellung für Körperschaftsteuer obsolet. Somit hat Patrick noch zu prüfen, ob und wenn ja, in welcher Höhe für die dann zu erwartende Gewerbesteuer-Abschlusszahlung eine Rückstellung zu bilden ist.

Bei der Ermittlung der Gewerbesteuerrückstellung ergibt sich ein mathematisches Problem, weil die Gewerbesteuer bei ihrer eigenen Bemessungsgrundlage "Gewerbeertrag" abzugsfähig ist. Denn die Gewerbeertragsteuer richtet sich nach dem Gewinn und dieser wird durch die Gewerbesteuerrückstellung wiederum gemindert. Nach den Einkommensteuerrichtlinien (EStR) darf die **Höhe der Rückstellung** im Wege der Annäherung ermittelt werden.

Zur Ermittlung des Rückstellungsbetrages können zwei Schätzungsmethoden alternativ angewendet werden: die **5/6-Methode** und die **Divisor Methode**. Die 5/6-Methode besagt, dass 5/6 des Betrages der Gewerbesteuer angesetzt werden, der sich ohne Berücksichtigung der Gewerbesteuer als Betriebsausgabe ergeben würde (R 20 Abs. 2 S. 2 EStR). Die Divisor-Methode und die 5/6-Methode kommen zu Rückstellungsbeträgen, die den Zahlen des Steuerbescheides sehr nahe kommen.

Eine exakte mathematische Berechnung der Gewerbesteuer ist möglich. Sie findet in der Praxis wegen ihrer Komplexität nur sehr selten Anwendung. Allerdings führt eine exakte mathematische Berechnung zu einem niedrigeren Rückstellungsbetrag gegenüber der 5/6-Methode und der Divisor-Methode. In der Handelsbilanz kann der geschätzte höhere Rückstellungsbetrag aus Gründen der Vorsicht angesetzt werden. Ebenfalls kann der geschätzte höhere Rückstellungsbetrag in der Steuerbilanz bilanziert werden, da Verwaltungsanweisungen (EStR) eine Selbstbindung der Verwaltung beinhalten.

Bis einschließlich des Jahres 1997 hat sich die Gewerbesteuer aus der **Gewerbeertragssteuer** und der **Gewerbekapitalsteuer** zusammengesetzt. Die Gewerbekapitalsteuer (Substanzsteuer) wurde zum 01.01.1998 abgeschafft, so dass die Bemessungsgrundlage für die Gewerbesteuer nur noch der Gewerbeertrag ist. Daher wird die Gewerbesteuer auch als Gewerbeertragsteuer bezeichnet. In den neuen Bundesländern wurde die Gewerbekapitalsteuer nicht eingeführt.

Das Schema zur Berechnung der Gewerbeertragsteuer stellt sich wie folgt dar:

	Vorläufiger steuerlicher Gewinn
+	Gewerbesteuervorauszahlungen
+	Hinzurechnungen nach § 8 GewStG
	50 % der Dauerschuldzinsen
	50 % der Mietzahlungen
=	Zwischensumme
–	Kürzungen gemäß § 9 GewStG

	1,2 % vom Einheitswert der Betriebsgrundstücke
=	maßgebender Gewerbeertrag , abgerundet auf volle 100 EUR
−	Gewerbeverlust nach § 10a GewStG
−	Freibetrag nach § 11 Abs. 1 GewStG
=	Gewerbeertrag
x	Steuermesszahl (§ 11 Abs. 2 und 3 GewStG)
=	Messbetrag
x	Hebesatz
=	Gewerbeertragssteuer

Tabelle 49: Berechnungsschema für die Gewerbeertragsteuer

Vorläufiger steuerlicher Gewinn ist der gewerbliche Gewinn vor der Gewerbesteuer-Rückstellung. Er beträgt laut der Buchführungsunterlagen 128.098,66 EUR. **Gewerbesteuervorauszahlungen** wurden im Laufe des Jahres als Aufwendungen gebucht. Die Gewerbesteuerermittlung bezieht sich auf das ungekürzte Jahresergebnis. Daher müssen die Vorauszahlungen zur Gewerbesteuer zu dem Buchführungsergebnis hinzu addiert werden.

Als **Hinzurechnungen** nach § 8 GewStG kommen je die Hälfte der Dauerschuldzinsen und der Mietzahlungen in Frage. Patrick hat als Dauerschuldzinsen 5.358,32 EUR ermittelt und als Mietzahlungen 17.475 EUR. Damit ergeben sich als Hinzurechnungen Dauerschuldzinsen in Höhe von 2.679,16 EUR und Mietzahlungen in Höhe von 8.737,50 EUR.

Als **Kürzungen** nach § 9 GewStG kommen 1,2 % des Einheitswertes des zum Betriebsvermögen gehörenden Grundbesitzes in Betracht. Da die NMA GmbH keinen Grundbesitz in ihrem Betriebsvermögen hat, kann eine Kürzung nicht vorgenommen werden.

Ein **Gewerbeverlust** nach §10a GewStG ist hier nicht anzusetzen, weil keine vortrags-
fähigen Fehlbeträge vorhanden sind. **Freibeträge** nach § 11 Abs. 1 GewStG können
nur von Einzelunternehmen und Personengesellschaften in Anspruch genommen werden, aber nicht von Kapitalgesellschaften.

Die **Steuermesszahl** beträgt 5vom Hundert., d.h. der **Steuermessbetrag** wird ermittelt, indem vom vorläufig festgestellten Gewerbeertrag 5 vom Hundert errechnet wird.
Die Gemeinde hat den **Hebesatz** auf 350 % festgesetzt.

Entsprechend den oben gemachten Angaben ermittelt Patrick die Gewerbesteuer-
Rückstellung wie folgt:

	Vorläufiger steuerlicher Gewinn	128.098,66
+	Gewerbesteuervorauszahlungen	910,00
+	Hinzurechnungen nach § 8 GewStG	
	50 % der Dauerschuldzinsen	2.679,16
	50 % der Mietzahlungen	8.737,50
=	Zwischensumme	11.416,66
−	Kürzungen gemäß § 9 GewStG	
	1,2 % vom Einheitswert der Betriebsgrundstücke	0
=	maßgebender Gewerbeertrag , abgerundet auf volle 100 EUR	140.400,00
−	Gewerbeverlust nach § 10a GewStG	0
−	Freibetrag nach § 11 Abs. 1 GewStG	0
=	Gewerbeertrag	140.400,00
x	Steuermesszahl (§ 11 Abs. 2 und 3 GewStG)	5 %
=	Messbetrag	7.020,00
x	Hebesatz	350 %

=	Gewerbeertragssteuer	24.570,00
	davon 5/6	20.475,00
–	Vorauszahlungen	910,00
=	Gewerbesteuer-Rückstellung	19.565,00

Tabelle 50: Ermittlung der Gewerbesteuer-Rückstellung (5/6-Methode)

Da die wahrscheinliche Abschlusszahlung der Gewerbesteuer eine Betriebsausgabe für das alte Jahr darstellt, bucht die NMA GmbH zum Bilanzstichtag wie folgt:

7620 Gewerbeertragsteuer	19.565,00 EUR
an 3030 Gewerbesteuerrückstellung	19.565,00 EUR

Tabelle 51: Buchung der Gewerbesteuerrückstellung

Steuerrückstellungen sind von mittelgroßen und großen Kapitalgesellschaften unter den Rückstellungen als besonderer Posten zu bilanzieren (§ 266 Abs. 1 S. 3 HGB). Einzelkaufleute, Personengesellschaften und kleine Kapitalgesellschaften können die Steuerrückstellungen zusammen mit den übrigen Rückstellungen in einem gemeinsamen Posten ausweisen. Im hier vorliegendem Fall dürfen die Steuerrückstellungen also gemeinsam mit den anderen Rückstellungen in einem gemeinsamen Posten ausgewiesen werden. Um den Informationsgehalt des Jahresabschlusses zu erhöhen, ist es geboten, die Steuerrückstellungen in einem gesonderten Posten auszuweisen.

Die Buchung der Gewerbesteuerrückstellung stellt sich im Hauptbuch wie folgt dar:

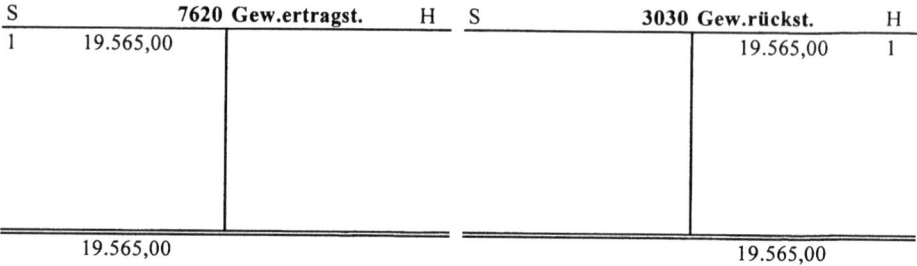

S	7620 Gew.ertragst.	H	S	3030 Gew.rückst.	H
1	19.565,00			19.565,00	1
	19.565,00			19.565,00	

Tabelle 52: Buchung der Gewerbesteuerrückstellung im Hauptbuch

8.3.3.2 Rückstellung für den Jahresabschluss

Für die gesetzliche Verpflichtung, einen **Jahresabschluss aufzustellen**, sind in der Bilanz Rückstellungen zu bilden. Dies gilt auch für die gesetzliche Verpflichtung zur **Prüfung** des Jahresabschlusses, zur Erstellung des **Geschäftsberichtes**, zur **Veröffentlichung** des Jahresabschlusses im Bundesanzeiger sowie zur Erstellung der die Betriebssteuern des abgelaufenen Jahres betreffenden **Steuererklärungen**.

Rechtlich entstehen die Verpflichtungen zur Erstellung eines Jahresabschlusses sowie von Betriebssteuererklärungen erst im folgendem Jahr, wirtschaftlich sind sie jedoch im abgelaufenen Jahr begründet worden. Denn der Kaufmann kann den Jahresabschluss nur aus tatsächlichen Gründen nicht vor dem Bilanzstichtag aufstellen. Alle die Abschlusspflicht begründenden Umstände sind jedoch im abgelaufenen Geschäftsjahr verwirklicht worden. Daher sind die Kosten des Jahresabschlusses und die Erklärungen zu den Betriebssteuern dem abgelaufenen Geschäftsjahr zuzuordnen und durch Ausweis einer Rückstellung zu berücksichtigen.

Die Höhe der Rückstellungen für die Jahresabschlusskosten und für die Kosten der Erstellung von Betriebssteuererklärungen richten sich, wenn ein Dritter beauftragt wird, nach den externen Kosten. Werden die Arbeiten vollständig oder teilweise von Mitarbeitern der Gesellschaft durchgeführt, sind die internen Kosten für diese Arbeiten anzusetzen. Zu den internen Kosten gehören die betriebsinternen Einzelkosten, wie z.B. anteiliges Gehalt des Bilanzbuchhalters und/oder Geschäftsführers, nicht aber anteilige Gemeinkosten, wie z.B. Miete und AfA.

Nach Auskunft des Steuerberaters der NMA GmbH betragen die Kosten für die Erstellung des Jahresabschlusses und der Betriebssteuererklärungen 2.600 EUR. Zum Glück hat die NMA GmbH ein ausgebautes Kostenrechnungs- und Controllingsystem, das durch Herrn von Schorle von der Kostenmanagement GbRmbH implementiert wurde. In diesem System werden die Einzel- und Gemeinkosten für interne und externe Arbeiten erfasst. Insgesamt hat Patrick 23 Zeitstunden für vorbereitende Arbeiten zur Erstellung des Jahresabschlusses verbraucht. Die Stunde von Patrick ist mit 28,00 EUR Einzelkosten zu bewerten. Daraus ergeben sich interne Kosten für den Jahresabschluss in Höhe von 644,00 EUR. Die Höhe der Rückstellung für den Jahresabschluss setzt sich also aus den externen Kosten in Höhe von 2.600 EUR und den internen Kosten in Höhe von 644 EUR zusammen.

Die Rückstellung für den Jahresabschluss wird wie folgt gebucht:

6827 Abschluss- und Prüfungskosten	3.244,00 EUR
an 3095 Rückstellungen für Abschluss- und Prüfungskosten	3.244,00 EUR

Tabelle 53: Buchung der Rückstellung für den Jahresabschluss

Die Buchung der Jahresabschlussrückstellung stellt sich im Hauptbuch wie folgt dar:

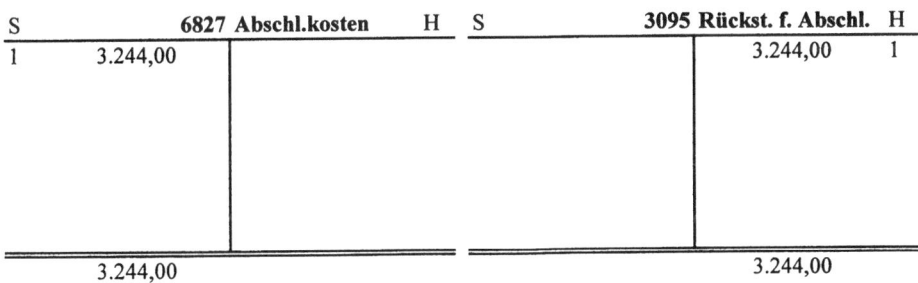

8.3.3.3 Pensionsrückstellungen

In den Arbeitsverträgen der vier Geschäftsführenden Gesellschafter der NMA GmbH ist ein jeweils gleichlautender Paragraph bezüglich der Versorgungszusagen der NMA GmbH gegenüber seinen Geschäftsführenden Gesellschaftern enthalten.

Auszug aus dem Arbeitsvertrag

§ 10 Versorgungsleistungen

Das Unternehmen verpflichtet sich, dem geschäftsführenden Gesellschafter nach dem Ausscheiden aus dem Unternehmen, frühestens jedoch mit Aufnahme der Rentenzahlungen der gesetzlichen Rentenversicherung, eine betriebliche Rente in Höhe von 15 % der letzten Nettobezüge zu zahlen.

Die NMA GmbH kann die Vepflichtungen aus den Versorgungszusagen alternativ erbringen:

1. **Einzahlungen in eine Pensions- oder Unterstützungskasse:** Zur Erfüllung der Versorgungszusagen gründet die NMA GmbH allein oder gemeinsam mit anderen Unternehmen eine rechtlich selbständige Unterstützungs- oder Pensionskasse. Abhängig von den Versorgungszusagen zahlen die beteiligten Unternehmen in die Pensionskasse ein. Die Beiträge zur Pensionskasse stellen für die jeweils leistenden Unternehmen Aufwendungen dar.

2. **Abschluss einer Direktversicherung:** Zugunsten der vier Geschäftsführenden Gesellschafter schließt die NMA GmbH bei einer Versicherungsgesellschaft eine Lebensversicherung ab. Alle geleisteten Beiträge der NMA GmbH an die Versicherungsgesellschaft stellen Aufwendungen der jeweiligen Abrechnungsperiode dar. Die Geschäftsführenden Gesellschafter erhalten bei Eintritt des Versorgungsfalls direkt von der Versicherungsgesellschaft die Leistungen.

3. **Direkte Versorgungszusage durch die NMA GmbH:** Die NMA GmbH erteilt bei dieser Form selbst eine Versorgungszusage. Bei Eintritt des Leistungsfalles muss die NMA GmbH die zugesagte Leistung erbringen. Für die NMA GmbH stellen diese Versorgungsansprüche der Geschäftsführenden Gesellschafter ungewisse Verbindlichkeiten dar, die finanzmathematisch zu berechnen sind. In Höhe der Versorgungsansprüche ist nach § 249 Abs. 1 HGB eine Rückstellung zu bilden. Über das Maßgeblichkeitsprinzip der Handelsbilanz für die Steuerbilanz sind in der Steuerbilanz ebenfalls Pensionsrückstellungen zu bilden.

Die früheren handelsrechtlichen Bestimmungen gewährten dem Kaufmann für Pensionsrückstellungen ein **Passivierungswahlrecht**. In der neuen Fassung des HGB werden Pensionsrückstellungen nicht mehr gesondert aufgeführt; sie gehören zu den Rückstellungen für ungewisse Verbindlichkeiten. Damit besteht nach jetzigem Recht für unmittelbare Pensionszusagen ein **Passivierungsgebot**.

Es ist also zu unterscheiden zwischen Pensionsverpflichtungen und -anwartschaften,

- die vor dem 01.01.1987 begründet worden sind und

- die am 01.01.1987 oder später begründet worden sind.

Im Detail gilt folgendes:

1. Nach Artikel 28 EGHGB (Einführungsgesetz zum HGB) besteht für laufende Pensionen und Pensionsanwartschaften, die nach dem 31.12. 1986 unmittelbar zugesagt worden sind (Direktzusagen), eine **Passivierungspflicht**. Dementsprechend ist eine Rückstellung nach § 249 HGB zu bilden. Aufgrund des Maßgeblichkeitsprinzips der Handelsbilanz für die Steuerbilanz besteht steuerrechtlich *dem Grunde nach* ebenfalls eine Passivierungspflicht. Der Wortlaut des § 6 Abs. 4 EStG ist dahingehend zu verstehen, dass die handelsrechtliche Passivierungspflicht dem Grunde nach für die Steuerbilanz maßgebend ist, aber die Höhe der steuerrechtlichen Rückstellung von der Erfüllung der in § 6a Abs. 4 genannten Voraussetzungen abhängt. Die vom Handelsrecht abweichenden steuerrechtlichen Voraussetzungen betreffen grundsätzlich die Bewertung der Rückstellungen, nicht aber den Bilanzansatz.

2. Für laufende Pensionen und Pensionsanwartschaften, die vor dem 01.01.1987 unmittelbar zugesagt worden sind, besteht handelsrechtlich weiterhin ein **Passivierungswahlrecht** (Artikel 28 Abs. 1 S. 1 EGHGB). Damit kann das bilanzierende Unternehmen weiterhin entscheiden, ob es eine Rückstellung für unmittelbare Pensionszusagen (Altzusagen) nicht, teilweise oder voll bilden will. Die nicht gebildeten Rückstellungen dürfen in der Handelsbilanz zu einem beliebigen späteren Zeitpunkt nachgeholt werden (**kein Nachholverbot**). Steuerrechtlich besteht weiterhin ein **Nachholverbot**.

Grundsätzlich folgt aus einem **handelsrechtlichen Passivierungswahlrecht** ein **steuerrechtliches Passivierungsverbot**. Aufgrund der speziellen Vorschrift des § 6a EStG kommt der allgemeine Bilanzierungsgrundsatz jedoch nicht zur Anwendung, d.h. in der Steuerbilanz dürfen Rückstellungen für Pensions-Altzusagen nur dann gebildet werden, wenn in der Handelsbilanz zuvor Rückstellungen hierfür gebildet wurden (**umgekehrte Maßgeblichkeit**).

Analog der Vorschriften für sog. Pensions-Altzusagen besteht für Verpflichtungen aus Erhöhungszusagen der Altpensionsverpflichtungen, die nach dem 01.01.1987 erteilt wurden, ein **Passivierungswahlrecht** (Artikel 28 Abs. 1 S. 1 EGHGB).

3. Artikel 28 Abs. 1 S. 2 EGHGB gewährt für **mittelbare** Pensionszusagen handelsrechtlich ein **Passivierungswahlrecht**. Dies bedeutet: Es ist unerheblich für die Bilanzierung von Pensionsverpflichtungen, ob es sich um "Altzusagen" oder "Neuzusagen" handelt. Entscheidend ist vielmehr die Mittelbarkeit der Pensionsverpflichtungen, d.h. für das bilanzierende Unternehmen besteht nur eine potentielle Einstandspflicht aus den mittelbaren Pensionsverpflichtungen. Die Versorgungszusagen hat nicht primär das bilanzierende Unternehmen, sondern ein **selbständiger Versorgungsträger** zu erfüllen. Die selbständigen Versorgungsträger sind dann primär leistungspflichtig. Aus dem generellen Passivierungswahlrecht folgt ein Passivierungsverbot für die Steuerbilanz, denn § 6a EStG erfaßt nur die unmittelbare Einstandspflicht aus den Pensionszusagen des bilanzierenden Unternehmens. Entsprechend sind in den Handelsbilanzen der Versorgungsträger (Versicherungsunternehmen sowie Pensions- und Unterstützungskassen) Rückstellungen für Pensionsverpflichtungen aus versteuertem Gewinn möglich, aber der Gewinn wird in der Steuerbilanz nicht gemindert.

4. Artikel 28 Abs. 1 S.2 EGHGB gewährt auch für "**pensions-ähnliche Verpflichtungen**" ein handelsrechtliches **Passivierungswahlrecht**. Pensions-ähnliche Verpflichtungen können z.B. sein: Zahlung von einmaligen Beträgen für die Altersversorgung, Zahlung von sog. "Überbrückungsgeldern" für vorzeitig ausscheidende Arbeitnehmer in den Vorruhestand (*umstritten!*), Zahlung von Sterbegeldern. Die Abgrenzung zwischen Pensionsverpflichtungen und pensions-ähnlichen Verpflichtungen ist im Einzelfall schwierig.

5. Obwohl ein Passivierungswahlrecht für pensions-ähnliche Verpflichtungen in der Handelsbilanz besteht und § 6a EStG hier nicht greift, hat die Finanzverwaltung eine Rückstellungsbildung zumindest für Überbrückungs- und Vorruhestandsgelder in der Steuerbilanz ausdrücklich erlaubt. Die Durchbrechung des allgemeinen Prinzips, dass ein handelsrechtliches Passivierungswahlrecht ein steuerrechtliches Passivierungsverbot zur Folge hat, ist im Zusammenhang mit dem Gesetz zur Erleichterung des Übergangs vom Arbeitsleben in den Ruhestand vom 13.04.1984 zu sehen. Entsprechend diesem Gesetz sollen Arbeitgeber, die vorzeitig ausscheidenden Arbeitnehmern Vorruhestandsgeld bis zum Erreichen der Altersgrenze leisten , steuerlich entlastet werden.

Patrick ist zu dem Ergebnis gekommen, dass die NMA GmbH für die gegenüber den vier Geschäftsführenden Gesellschaftern zugesagten zukünftigen Pensionen, Rückstellungen gemäß § 249 Abs. 1 HGB zu bilden hat (**Passivierungspflicht**). Die Verpflichtung zur Bildung von Pensionsrückstellungen nach § 249 Abs. 1 HGB resultiert aus den unmittelbaren Neuzusagen (direkte Versorgungszusagen nach dem 01.01.1987 durch die NMA GmbH). Für Patrick stellt sich die Frage, in welcher Höhe die Pensionsrückstellungen anzusetzen sind.

Als Gegenstück zum Niederstwertprinzip für die Aktivseite ist in der Handelsbilanz das Höchstwertprinzip für die Passivseite anzuwenden. Bei allen **Rückstellungen**, die in der Handelsbilanz nach § 249 HGB gebildet werden müssen bzw. dürfen, ist das Höchstwertprinzip zu beachten. Dies ist Ausdruck des kaufmännischen Vorsichtsprinzips. Rückstellungen sind "in Höhe des Betrages anzusetzen, der nach vernünftiger kaufmännischer Beurteilung notwendig ist" (§ 253 Abs. 1 S. 2 HGB).

In diesem Zusammenhang bedeutet eine vorsichtige Bewertung, dass die Rückstellungsbeträge im Zweifelsfalle eher zu hoch als zu niedrig anzusetzen sind. Allerdings ist der Spielraum der Bewertung der Pensionsrückstellung nach oben durch die Einschränkung "nach vernünftiger kaufmännischer Beurteilung notwendig" begrenzt. Denn diese Einschränkung bedeutet im Klartext: Das bilanzierende Unternehmen darf nur den Betrag als Rückstellung zum Ansatz bringen, den es voraussichtlich auch tatsächlich zu leisten haben wird.

"Rückstellungen dürfen nur abgezinst werden, soweit die ihnen zugrundeliegenden Verbindlichkeiten einen Zinsanteil enthalten"(§ 253 Abs. 1 S. 2 2. Teilsatz HGB). Damit besteht für alle Kaufleute ein weitgehendes **Abzinsungsverbot** für Rückstellungen. Nach herrschender Meinung besteht für Pensionsrückstellungen kein Abzinsungsverbot, da die den Pensionsrückstellungen zugrundeliegenden ungewissen Verbindlichkeiten offenbar einen Zinsanteil beinhalten. Damit entspricht die Berücksichtigung eines Abzinsungsfaktors bei der Bemessung der Pensionsrückstellungen im vorliegendem Fall den Grundsätzen ordnungsmäßiger Buchführung (GoB).

Nun stellt sich für Patrick die Frage, mit welchem Zinssatz er die wahrscheinlichen zukünftigen Auszahlungen abzinsen darf. Im allgemeinen darf der Zinssatz nach den GoB 3 % p.a. nicht unterschreiten. Somit besitzt das bilanzierende Unternehmen ein handelsrechtliches **Bewertungswahlrecht** bezüglich des **Zinssatzes** für die Ermittlung des Barwertes der Pensionsverpflichtungen. Denn der Zinssatz, der der Abzinsung für die Ermittlung des Barwertes zugrunde gelegt wird, darf 3 % p.a. überschreiten. Gerade dies ist für bilanzpolitische Entscheidungen von großer Bedeutung. Je höher der Zinssatz gewählt wird, desto niedriger fällt der Wertansatz der Pensionsrückstellungen in der Handelsbilanz aus. In der Bilanzierungspraxis werden zur Ermittlung der Barwerte der Pensionsverpflichtungen Zinssätze von 3 % bis 7 % gewählt. Überwiegend wählen die bilanzierenden Unternehmen einen Abzinsungszinsfuß in Höhe von 6 % p.a.

Steuerrechtlich besteht für die bilanzierenden Unternehmen bezüglich des Zinssatzes kein Bewertungswahlrecht. Nach § 6a Abs. 3 S. 3 EStG ist der Rechnungszinsfuß auf 6 vom Hundert festgelegt.

Die Pensionsrückstellungen sind in der Steuerbilanz mit dem Teilwert anzusetzen. Hingegen hat das bilanzierende Unternehmen in der Handelsbilanz ein Wahlrecht zwischen dem Teilwert und dem Gegenwartswert, d.h. die Rückstellungen können als Bilanzwert nach dem Teilwert- oder nach dem Gegenwartsverfahren berechnet werden. Unabhängig davon, welche der beiden Methoden zur Anwendung kommt, sind bei der Bewertung der Pensionsrückstellungen die anerkannten Regeln der Versicherungsmathematik anzuwenden. Dies führt dazu, dass die Ermittlung der Höhe der Pensionsrückstellungen nach dem Teilwert- oder nach dem Gegenwartsverfahren keine nennenswerten Unterschiede hervorbringt. Dies bedeutet: Die handelsrechtliche Möglichkeit, zwischen dem Teilwert- und Gegenwartsverfahren zu wählen, hat aufgrund der zu vernachlässigenden Divergenzen in der Höhe der Rückstellungen keine bilanzpolitische Relevanz. Hohe bilanzpolitische Relevanz besitzt hingegen die freie Wahl des Bilanzierenden bezüglich der Höhe des Abzinsungszinsfußes zur Ermittlung des Wertansatzes der Pensionsrückstellungen in der Handelsbilanz.

Bei der Bewertung von Pensionsrückstellungen sind die anerkannten Regeln der Versicherungsmathematik anzuwenden (§ 6a Abs. 3 S. 3 EStG). Bis einschließlich 1998 wurden hierfür die "Richtwerttafeln 1983" von Prof. Heubeck verwendet. Mit dem Steueränderungsgesetz 1998 vom 19.12.1998 (BStBl I 1999 S. 117) hat der Gesetzgeber eine Anpassung der Bewertung von Pensionsrückstellungen an geänderte Sterbetabellen, den sog. "Richtwerttafeln 1998", beschlossen. Die "Richtwerttafeln 1998" stimmen mit den anerkannten versicherungsmathematischen Grundsätzen i.S. von § 6a EStG überein.

Die neuen Richtwerttafeln beinhalten Durchschnittswerte unter Berücksichtigung der künftigen biometrischen Entwicklungen. Bei Anwendung der "Richtwerttafeln 1998" kommt es in den ersten Jahren zu einer latenten Überbewertung, die sukzessive abgebaut wird. Um einen Ausgleich für die zu hohe Bewertung in den ersten Jahren nach Anwendung der neuen Tabellen zu schaffen, wurde mit § 52 Abs. 7a S. 2 EStG eine Sonderregelung geschaffen. Diese Sonderregelung beinhaltet, dass die neuen Richtwerttafeln erstmals für das Wirtschaftsjahr anzuwenden sind, das nach dem 31.12. 1998 endet.

Der Zuführungsbetrag zur Pensionsrückstellung, der sich aus der Anwendung der neu-
en Richtwerttafeln ergibt, ist steuerlich zwangsweise gleichmäßig auf drei Jahre zu
verteilen. Sind andere Rückstellungen ebenfalls nach den anerkannten Grundsätzen der
Versicherungsmathematik zu bewerten, gilt auch für sie, dass die in 1998 veröffentlichten oder geänderten biometrischen Rechnungsgrundlagen erstmals für das Wirtschaftsjahr anzuwenden sind, das nach 31.12.1998 endet. Zu den Rückstellungen, die
nach den anerkannten Grundsätzen der Versicherungsmathematik zu bewerten sind,
gehören neben den Rückstellungen für Pensionsverpflichtungen die Rückstellungen
für Zuwendungen aus Anlass eines Dienstjubiläums. Eine Verteilung des Zuführungs-
betrages, der sich aus der Anwendung der neuen Richtwerttafeln ergibt, ist bei den
Rückstellungen für Zuwendungen aus Anlass eines Dienstjubiläums analog den Pensionsrückstellungen vorzunehmen.

Patrick filtert aus den umfangreichen Informationen, die er zur Bestimmung der Höhe
der Pensionsrückstellungen recherchiert hat, heraus, dass der Zinsfuß zur Abzinsung
der Pensionsrückstellungen in der Handelsbilanz frei zwischen 3 % und zumindest 7 %
zu wählen ist. Hingegen ist der Zinsfuß zur Abzinsung der Pensionsrückstellungen in
der Steuerbilanz nicht frei wählbar; er ist auf 6 % festgelegt. Weiterhin ist die Höhe
der Pensionsrückstellungen nach den anerkannten versicherungsmathematischen
Grundsätzen zu bestimmen, die den anerkannten Richtwerttafeln zugrunde liegen. Für
Patrick bleibt nach all den Informationen die Frage offen: Welches Pensionsalter der
Geschäftsführenden Gesellschafter ist für die Ermittlung der Höhe der Pensionsrückstellungen als wahrscheinlich anzunehmen?

In den Arbeitsverträgen der Geschäftsführenden Gesellschafter ist vereinbart, dass
"frühestens jedoch mit Aufnahme der Rentenzahlungen der gesetzlichen Rentenversicherung, eine betriebliche Rente in Höhe von 15 % der letzten Nettobezüge zu zahlen"
sei. Grundsätzlich basiert die Bewertung der Pensionsrückstellungen auf dem vertraglich vereinbarten Pensionsalter. Im hier vorliegenden Falle ist das Pensionsalter nicht
vertraglich fixiert. Es ist vertraglich an der Aufnahme der Rentenzahlung der gesetzlichen Rentenversicherung gekoppelt. Nach dem Grundsatz der Vorsicht ist das Pensionsalter auf den Zeitpunkt der frühestmöglichen Inanspruchnahme der vorzeitigen
Altersrente aus der gesetzlichen Rentenversicherung (GRV) abzustellen.

Durch das Rentenreformgesetz 1999 wurden die Altersgrenzen, ab denen ein vorzeiti-
ger Rentenbezug aus der GRV möglich ist, neu geregelt. Es gilt grundsätzlich als frühestes Pensionsalter die Vollendung des 62. Lebensjahres, bei Schwerbehinderten die
Vollendung des 60. Lebensjahres.

Abweichend von der allgemeinen Regelung gilt für männliche nicht schwerbehinderte
Arbeitnehmer der Geburtsjahrgänge bis einschließlich 1948 als frühestes Pensionsalter
die Vollendung des 63. Lebensjahres.

Eine weitere und abschließende Ausnahme von der allgemeinen Regelung besagt, dass
das früheste Pensionsalter die Vollendung des 60. Lebensjahres bei Vorliegen folgender Voraussetzungen ist:

- bei Frauen: Geburtsjahrgang bis einschließlich 1951;

- bei Männern: Geburtsjahrgang bis einschließlich 1951 und Beendigung des Ar-
  beitsverhältnisses nach Vollendung des 55. Lebensjahres oder Altersteilzeit nach
  Vollendung des 55. Lebensjahres.

Da hier keine der Ausnahmen vorliegen, muss Patrick als frühestes Pensionsalter die
Vollendung des 62. Lebensjahres annehmen. Patrick ermittelt unter Zugrundelegung
der genannten Voraussetzungen mit Hilfe der "Richtwerttafeln 1998" die Pensionsrückstellungen für die Handels- und Steuerbilanz. Zum Ausweis eines möglichst geringen Gewinns in der Handelsbilanz wählt er als Zinsfuß zur Abzinsung der Pensionsrückstellungen 3 % und zum Ausweis eines möglichst hohen Gewinns wählt er 7 %.
Steuerrechtlich setzt er den normierten Zinsfuß zur Abzinsung von Pensionsrückstellungen in Höhe von 6 % an.

Patrick kommt zu folgenden Ergebnissen:

- bei Ausweis eines möglichst niedrigen Gewinns in der Handelsbilanz: **6.213,37
  EUR,**

- bei Ausweis eines möglichst hohen Gewinns in der Handelsbilanz: **1.975,61 EUR,**

- in der Steuerbilanz: **3.483,71 EUR.**

An diesem konkreten Fall wird deutlich, dass das **Bewertungswahlrecht** bezüglich
des **Zinsfußes** in der **Handelsbilanz** eine hohe **bilanzpolitische Relevanz** besitzt.

Steuerrechtlich ist zwar hinsichtlich des Zinsfußes kein Bewertungswahlrecht gegeben, aber mit dem verstärkten Trend vieler kleiner und mittlerer Unternehmen zur Rechtsform der GmbH eröffnet sich die Möglichkeit, für die Geschäftsführenden Gesellschafter Pensionsrückstellungen gewinnmindernd anzusetzen. Zugleich mit dem verstärkten Trend vieler kleiner und mittlerer Unternehmen zur Rechtsformwahl einer GmbH wurden die Anforderungen an die Bildung von Pensionsrückstellungen in der Steuerbilanz verschärft.

Die Finanzrechtsprechung hat in den letzten Jahren Ansatzkriterien für die Bildung von Pensionsrückstellungen in der Steuerbilanz entwickelt. Die Pensionszusage muss im Zeitpunkt der Zusage nicht nur zivilrechtlich wirksam und angemessen, sondern auch ernsthaft gewollt und finanzierbar sein. Weiterhin ist für die steuerliche Anerkennung bei einem beherrschenden Anteilseigner eine klare, eindeutige sowie rechtzeitige Vereinbarung unabdingbar. Da im hier vorliegendem Fall kein beherrschender Anteilseigner existiert, ist die steuerliche Anerkennung der Pensionsrückstellungen insbesondere an dem Vorliegen der Voraussetzungen der Angemessenheit und Finanzierbarkeit gebunden.

Die Frage der Angemessenheit der Pensionszusage fokussiert sich auf die Wartezeit, die vergeht, bis einem Fremdgeschäftsführer eine Pensionszusage erteilt wird. Da Fremdgeschäftsführern oftmals nach Ablauf der Probezeit eine Pensionszusage erteilt wird, bestehen für Patrick keinerlei Zweifel, dass die Voraussetzung der Wartezeit bei allen Geschäftsführenden Gesellschaftern erfüllt ist. Die Voraussetzung der Finanzierbarkeit betont den Aspekt der Erfüllbarkeit einer Pensionszusage. Das Finanzgericht München hat in einem am 07.09.1998 veröffentlichten Urteil näher konkretisiert, welche Anforderungen es an dieses Kriterium stellt: Die Erfüllbarkeit einer Pensionszusage für den Gesellschafter-Geschäftsführer einer GmbH ist dann in Zweifel zu ziehen, wenn bei vorzeitigem Eintritt des Versorgungsfalles die Gesellschaft bilanziell überschuldet wäre. Aufgrund der vorliegenden Bilanzansätze ist eine bilanzielle Überschuldung bei vorzeitigem Eintritt des Versorgungsfalles, der zudem vertraglich ausgeschlossen ist, nicht möglich.

Wirtschaftlich betrachtet stellen Pensionsleistungen Lohn- und Gehaltsaufwendungen dar. Nach dem Prinzip der Periodenabgrenzung sind die Aufwendungen den Geschäftsjahren zuzuordnen, in denen sie wirtschaftlich entstanden sind. Dementsprechend sind die Aufwendungen für Altersvorsorge in der GuV entsprechend dem Verursachungsprinzip zu berücksichtigen und zugleich als Pensionsverpflichtung in der Bilanz anzusetzen. Die Pensionsrückstellungen werden bei der Zielverfolgung, möglichst einen geringen Gewinn auszuweisen, daher wie folgt gebucht:

| 6140 Aufwendungen für Altersversorgung | 6.213,37 EUR |
| an 3010 Pensionsrückstellungen | 6.213,37 EUR |

Tabelle 54: Buchung der Pensionsrückstellung

Die Buchung der Pensionsrückstellung stellt sich im Hauptbuch wie folgt dar:

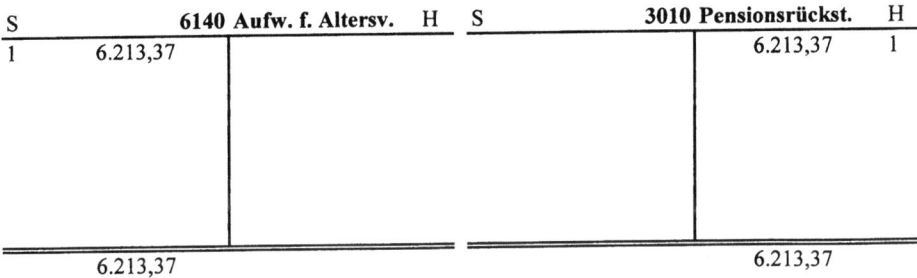

Tabelle 55: Buchung der Pensionsrückstellung im Hauptbuch

8.3.3.4 Rückstellungen für bestimmte unterlassene Instandhaltungen

Ein großer Teil des Anlagevermögens (z.B. Gebäude, Maschinen, Geräte, EDV, Fuhrpark) ist zur Aufrechterhaltung der Betriebsbereitschaft in regelmäßigen Abständen zu warten und evtl. zu reparieren. Diese Arbeiten werden häufig aus wirtschaftlichen oder technischen Gründen in eine spätere Abrechnungsperiode verlegt.

Patrick und seine Mitgesellschafter haben aufgrund der derzeitigen hohen Kapazitätsauslastung beschlossen, die für den 15. Dezember geplante Wartung und evtl. Reparatur des betriebsinternen Servers in den April der folgenden Abrechnungsperiode zu verlegen. Dieser Entscheidung der Gesellschafter der NMA GmbH lag die Überlegung zugrunde, eine Wartung und evtl. Reparatur würde den gesamten betrieblichen Leistungserstellungsprozess für ein bis zwei Tage hemmen, was bei der derzeitigen Kapazitätsauslastung zu einem Bearbeitungsrückstand hinsichtlich der laufenden Aufträge führen könnte. Daher sind die Gesellschafter übereingekommen, die dringend notwendige Wartung und evtl. Reparatur in den April der nächsten Abrechnungsperiode zu verschieben. Die Kapazitätsauslastung ist im April erfahrungsgemäß niedrig, so dass mit einer Engpasssituation hinsichtlich der Kapazität nicht gerechnet wird.

Hausmitteilung

an :Buchhaltung   **von**: Geschäftsführung

Die dringend notwendige Wartung und evtl. Reparatur des betriebsinternen Servers konnte wegen der hohen Kapazitätsauslastung und des hohen Auftragsbestandes nicht durchgeführt werden.

Der Kostenvoranschlag des Unternehmens "EDV-Klempner GmbH" liegt vor. Er beläuft sich inklusive kleiner Reparaturen auf 897,00 EUR.

Die Wartung wird im April des neuen Jahres nachgeholt.

17. Dezember

Die Aufwendungen für Erhaltungsarbeiten, die bis zum Bilanzstichtag erforderlich gewesen wären, aber erst nach dem Bilanzstichtag durchgeführt werden, sind wirtschaftlich dem Jahr der Aufwandsentstehung verursachungsgerecht zuzuordnen.

- Werden die Aufwendungen **innerhalb der ersten drei Monate** des neuen Geschäftsjahres nachgeholt, besteht handelsrechtlich (§ 249 Abs. 1 NR. 1, 1. Alternative HGB) und steuerrechtlich ein **Passivierungsgebot**.

- Werden die Aufwendungen **später als drei Monate** innerhalb des folgenden Geschäftsjahres nach dem Bilanzstichtag nachgeholt, besteht handelsrechtlich ein **Passivierungswahlrecht** (§ 249 Abs. 1 S. 3 HGB) und steuerrechtlich ein **Passivierungsverbot**.

Da die dringend notwendige Wartung des Servers erst im April des folgenden Geschäftsjahres nachgeholt wird, besteht ein handelsrechtliches **Passivierungswahlrecht** und ein steuerrechtliches **Passivierungsverbot**.

Rückstellungen für Instandhaltungsaufwendungen setzen voraus, dass für diese Aufwendungen **keine Verpflichtung gegenüber einem Dritten** am Bilanzstichtag bestand. Diese Voraussetzung ist nach dem Dafürhalten von Patrick erfüllt, da die NMA GmbH aus dem Kostenvoranschlag nicht verpflichtet ist und ein Auftrag zur Wartung des Servers an die "EDV-Klempner GmbH" bis zum Bilanzstichtag nicht erteilt wurde.

Die Rückstellung für die unterlassene Instandhaltung wird wie folgt gebucht:

6460 Rep. u Instandh. von techn. Anl. u Masch.   897,00 EUR

an 3080 Rückst. für unterl. Aufw. f. Instandh., Nachholung
innerhalb des 4. bis 12. Monats
897,00 EUR

Tabelle 56: Buchung der Rückstellung für unterlassene Instandhaltung

Die Buchung der Instandhaltungsrückstellung stellt sich im Hauptbuch wie folgt dar:

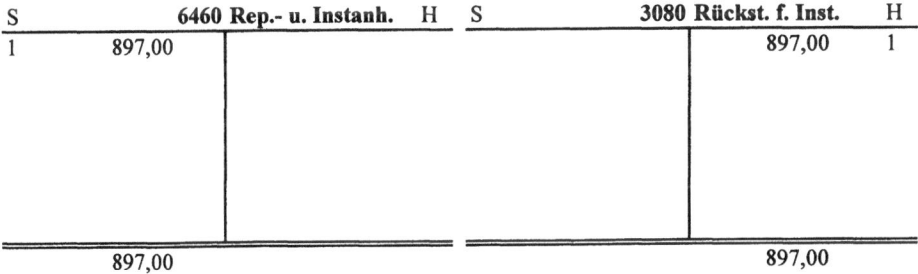

Tabelle 57: Buchung der Instandhaltungsrückstellung im Hauptbuch

8.3.3.5 Aufwandsrückstellungen

Die Gesellschafter der NMA GmbH sind übereingekommen, die EDV-Anlagen in einem Turnus von zwei Jahren generalüberholen zu lassen, um auf dem jeweils aktuellen Stand der Technik zu bleiben. Patrick gibt an die Buchhaltung folgende Mitteilung:

Nach § 249 Abs. 2 HGB dürfen "Rückstellungen außerdem für ihrer Eigenart nach genau umschriebene, dem Geschäftsjahr oder einem früheren Geschäftsjahr zuzuordnende Aufwendungen gebildet werden, die am Abschlußstichtag wahrscheinlich oder sicher , aber hinsichtlich ihrer Höhe oder des Zeitpunkts ihres Eintritts unbestimmt
sind."

Aufwandsrückstellungen sind demnach Rückstellungen für künftige Aufwendungen
ohne rechtliche und faktische Verpflichtung gegenüber Dritten, also ohne Schuldcha-
rakter. Hierbei muss es sich um konkrete künftige Aufwendungen handeln, denen sich
der Kaufmann nicht entziehen kann, wenn er seinen Geschäftsbetrieb unverändert fortführen will. Typische Aufwandsrückstellungen sind Rückstellungen für **Großreparaturen** und vor allem Aufwendungen für **Generalüberholungen**.

Im hier vorliegendem Fall handelt es sich um konkrete künftige Aufwendungen (Generalüberholung der EDV-Anlagen), denen keine rechtlichen oder faktischen Verpflichtungen Dritten gegenüber zugrunde liegen. Zu prüfen ist, ob die gesamten künftigen Aufwendungen als Aufwandsrückstellungen in der Handelsbilanz zum Ansatz
kommen dürfen.

Aufwandsrückstellungen müssen **nicht im Geschäftsjahr** ihrer Verursachung gebildet
werden, sie können **jederzeit nachgeholt** werden. Denn in § 249 Abs. 2 HGB wird
ausdrücklich die Möglichkeit eröffnet, Aufwandsrückstellungen auch dann zu bilden,
wenn sie einem "früheren Geschäftsjahr" zuzuordnen sind. Dementsprechend können
die zu erwartenden künftigen Aufwendungen für die Generalüberholung der EDV-
Anlagen in voller Höhe dem laufenden Geschäftsjahr zugeordnet werden, obwohl sie
im letzten Geschäftsjahr und im Berichtsjahr verursacht wurden.

Handelsrechtlich besteht für Aufwandsrückstellungen ein **"Passivierungswahlrecht ohne Nachholverbot"**. Für die Steuerbilanz ergibt sich hieraus ein **Bilanzierungsverbot**, weil das Steuerrecht nicht an handelsrechtliche Passivierungswahlrechte gebunden ist. Damit liegt ein weiterer Fall der **Durchbrechung** des Maßgeblichkeitsprinzips der Handelsbilanz für die Steuerbilanz vor.

Die Aufwandsrückstellung wird wie folgt gebucht:

6460 Rep. u Instandh. von techn. Anl. u Masch.   22.000,00 EUR

   an 3098 Aufwandsrückstellungen gemäß § 249 Abs. 2 HGB   22.000,00 EUR

Tabelle 58: Buchung der Aufwandsrückstellung

Die Buchung der Aufwandsrückstellung stellt sich im Hauptbuch wie folgt dar:

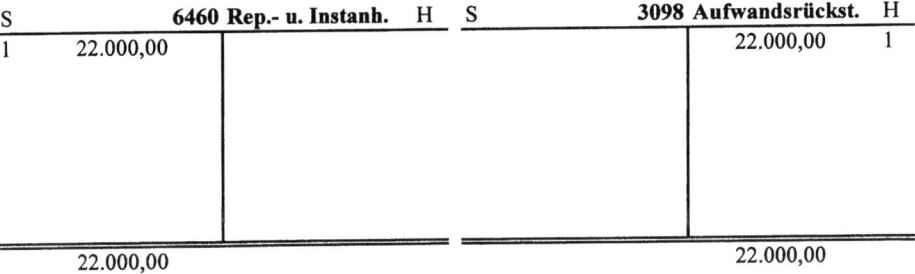

Tabelle 59: Buchung der Aufwandsrückstellung im Hauptbuch

8.3.4 Bilanzierung und Bewertung nach IAS

Im Framework des IASC sind die Elemente des Jahresabschlusses definiert. Dort sind als Elemente der Bilanz Vermögensgegenstände, Schulden und Eigenkapital aufgeführt. Eine gesonderte Bilanzposition für Rückstellungen ist nicht vorgesehen. Rückstellungen sind in der Bilanzgliederung unter den Schulden (Liabilities) zu subsumieren.

Schulden werden vom IASC als "...present obligation of the enterprise arising from past events, the settlement of which is expected to result in an outflow from the enterprise of resources embodying economics benefits" definiert[99]. Dementsprechend ist das wesentliche Merkmal für das Vorliegen einer Liabilities das Bestehen einer gegenwärtigen Verpflichtung, die zukünftig zu einem Ressourcenabfluss führt. Insofern noch keine Verpflichtung vorliegt, ist die Definition der Liabilities nicht erfüllt und ein Bilanzansatz nicht möglich.

Bei der Definition der Liabilities wird auf die wirtschaftliche Betrachtungsweise abgestellt. Damit sind auch Verpflichtungen, deren Höhe oder zeitlicher Eintritt ungewiss sind (Rückstellungen), unter die Liabilities zu subsumieren. Die Definition der Liabilities schließt jedoch die Bildung von Aufwandsrückstellungen analog § 249 Abs. 2 HGB aus, da den Aufwandsrückstellungen keine Verpflichtungen gegenüber Dritten zugrunde liegen.

Die Bilanzierung von Rückstellungen wird durch IAS 37 präzisiert. Rückstellungen werden in IAS 37.10 als Verbindlichkeiten, deren Höhe oder zeitlicher Eintritt ungewiss sind, definiert. Rückstellungen sind nur dann anzusetzen, wenn die Erfolgsunsicherheiten außerhalb des Einflussbereiches des Managements liegen.

In IAS 37.11 wird zwischen *accurals* und *provisions* unterschieden. Das Merkmal zur Unterscheidung dieser beiden Begriffe ist die Unsicherheit über die künftige Zahlungsverpflichtung. Die Unsicherheit über Erfüllungszeitpunkt oder Höhe des Betrages soll bei den *accruals* wesentlich geringer sein als bei den *provisions*. Im Jahresabschluss sind *provisions* gesondert auszuweisen.

"IAS 37.14 bestimmt die Ansatzkriterien (*recognition criteria*) für *provisions*. Eine Rückstellung (im Sinne einer *provision*) ist nur dann anzusetzen, wenn:

die (gegenwärtige) rechtliche oder rein wirtschaftliche Verpflichtung besteht, wirtschaftliche Vorteile (*economic benefits*), die durch Transaktionen in der Vergangenheit verursacht sind, zu übertragen; und eine zuverlässige Schätzung (*reasonable estimate*) der Verpflichtung durchgeführt werden kann."[100]

---

[99] IASC, Framework, Par. 49.
[100] Vgl. KPMG, 1999, S.148.

Immer dann, wenn ein Unternehmen keine realistische Alternative zum Abfluss der wirtschaftlichen Vorteile (*economic benefits*) hat, besteht eine gegenwärtige Verpflichtung (*present obligation*).[101]

Die **Passivierungspflicht nach HGB** für unterlassene Aufwendungen für Instandhaltung, die innerhalb von 3 Monaten nachgeholt werden, ist mit der Definition der Rückstellungen nach IAS nicht kompatibel. Dies führt zu einem **Passivierungsverbot nach IAS**. Ebenso sind Rückstellungen nach HGB für unterlassene Instandhaltungen, die im 4. bis 12. Monat des folgenden Geschäftsjahres nachgeholt werden (Passivierungswahlrecht), nicht unter dem Begriff der Rückstellungen nach IAS zu subsumieren. Weiterhin besteht für alle **Aufwandsrückstellungen** nach IAS ein **Passivierungsverbot**.

IAS 37.30-32 stellt die Bewertung der Rückstellungen dar. Der zurückgestellte Betrag soll die am Bilanzstichtag beste Schätzung (*best estimate*) der künftigen ungewissen Verpflichtung darstellen. Bei unterschiedlichen Beträgen mit gleichen Eintrittswahrscheinlichkeiten soll der mittlere Schätzwert zum Ansatz gelangen. Das Vorsichtsprinzip (*principle of prudence*) ist bei Schätzungen zu beachten, wobei ein Missbrauch des Vorsichtsprinzips zur Bildung von exzessiven stillen Reserven verboten ist. Es wird eine neutrale und verläßliche Bewertung der Rückstellungen angestrebt.[102]

Sind die Auswirkungen einer Diskontierung für die Bewertung der Rückstellungen wesentlich, verlangt IAS 37.33 den Ansatz zum **Barwert** (*present value*). Nicht nur in den Fällen, in denen in den Rückstellungsbeträgen ein Zinsanteil enthalten ist, sind Rückstellungen zu diskontieren, sondern auch dann, wenn durch die Diskontierung wirtschaftlich sinnvolle Aussagen getroffen werden können (IAS 37.34-35).[103]

Wesentliche Unterschiede in der Bewertung der Rückstellungen nach HGB und IAS sind bei der Bewertung von Pensionsverpflichtungen evident.

---

[101] Vgl. KPMG, 1999, S. 148
[102] Vgl. KPMG, 1999, S.148.
[103] Vgl. KPMG, 1999, S.148.

8.3.4.1 Bewertung von Pensionsverpflichtungen nach IAS

Die Bilanzierung von Pensionsverpflichtungen ist in IAS 19 *"Employee Benefits"* geregelt, der 1998 überarbeitet wurde. IAS 19 basiert auf dem Grundverständnis, dass alle Zahlungen und Leistungen an Arbeitnehmer einschließlich der betrieblichen Altersversorgung in der Rechnungslegung zu berücksichtigen sind (IAS 19, *Introduction*).

Die internationalen Standards sehen im Gegensatz zum deutschen Handelsrecht keine Passivierungswahlrechte vor. Liegt eine Pensionsverpflichtung vor, dann besteht eine Passivierungspflicht. Dabei spielt die Wahl des Durchführungsweges der betrieblichen Altersversorgung für die Ausweispflicht im Gegensatz zum deutschen Handelsrecht keine Rolle. Der primär Verpflichtete ist immer der Arbeitgeber, auch dann, wenn lediglich eine Subsidiär- oder Einstandsverpflichtung gegeben ist. Nur in dem Falle, dass der Arbeitgeber keine Versorgungsleistungen versprochen hat, sondern seine Pflichten auf eine reine Beitragszahlung beschränkt hat, bestehen keine Ausweispflichten (vgl. IAS 19.5). In Deutschland existiert die "reine Beitragszusage" im Gegensatz zu den USA und Großbritannien noch nicht, wird aber im Rahmen der geplanten Reform der Altersvorsorge stark diskutiert.

Zur Bewertung von Pensionsverpflichtungen ist die sogenannte *Projected Unit Credit Method* gemäß IAS 19.50 (b) zwingend vorgeschrieben. Diese Bewertungsmethode kann als "Verfahren der laufenden Einmalprämien" gekennzeichnet werden. Es handelt sich um ein Anwartschaftsansammlungsverfahren auf der Grundlage versicherungsmathematischer Barwerte.

IAS 19 verpflichtet die Unternehmen, den Barwert der Versorgungsverpflichtung in angemessenen regelmäßigen Abständen festzustellen (IAS 19.6 (b)). Zugleich hat die Bewertung die aktuellen Erwartungen der Wirtschaft für den Zeitraum, über den existierende Verpflichtungen zu erfüllen sind, zu berücksichtigen (IAS 19.6 (e)). Hier wird ein fundamentaler Unterschied zum deutschen Handelsrecht evident. Nicht wie im deutschen Handelsrecht steht die Momentaufnahme (Stichtagsprinzip) existierender Pensionsverpflichtungen im Vordergrund der Bewertung, sondern die Darstellung der unter realitätsnahen Annahmen geschätzten künftigen Entwicklung. IAS 19 verlangt in diesem Zusammenhang ausdrücklich, dass das Bündel aller gesetzten wirtschaftlichen Annahmen einen vernünftigen und realitätsnahen Bewertungsansatz ermöglicht.

Das nach IAS 19 vorgeschriebene Verfahren der laufenden Einmalprämien (*Projeted Unit Credit Method, PUCM*) ordnet jedem Dienstjahr eines Arbeitnehmers Versorgungsteile zu. Damit wird der vom Arbeitnehmer in dem jeweiligen Dienstjahr erdiente zukünftige Versorgungsteil beziffert. Die betragsmäßige Pensionsverpflichtung zu einem Stichtag entspricht dem versicherungsmathematischen Barwert aller Versorgungsteile, die im Geschäftsjahr vor dem Stichtag fielen. Versicherungsmathematische Barwerte werden auch als "Einmalprämien". bezeichnet. Dadurch wird deutlich, dass, nachdem der zutreffende Wert eines Versorgungsteils verrechnet wurde, keine weiteren Mittel zur Ausfinanzierung bereitgestellt werden müssen. Daraus folgt, dass die Bewertungsannahmen zur Berechnung der Einmalprämien unter Beachtung inflationärer oder anderer künftiger Wertänderungen zu setzen sind. Im Gegensatz zum deutschen Handelsrecht sind nach IAS dementsprechend künftige Gehalts- und Pensionssteigerungen beim Ansatz von Pensionsrückstellungen zu berücksichtigen.

Der sogenannte Gehalttrend sollte einen Karrieretrend einschließen (IAS 19.84). Dadurch wird berücksichtigt, dass für die am Stichtag gegebene Gruppe von Arbeitnehmern regelmäßig auch höhere Positionen oder der bloße Zeitablauf zu Entgeltsteigerungen führen. Der Einwand, dass durch Umschichtung der Beschäftigtenstruktur diese Erhöhungsfaktoren überdeckt werden und in der Entwicklung der gesamten Lohn- und Gehaltsumme gar nicht sichtbar werden, ist unerheblich. Insbesondere der Ersatz älterer Arbeitnehmer durch geringer entlohnte neu eingestellte Mitarbeiter darf in die Ableitung des Gehalttrends nach IAS 19.84 nicht eingehen.

Eine weitere wesentliche Bewertungsprämisse ist der zu wählende Zinsfuß. IAS 19 besagt, dass der Rechnungszinsfuß unmittelbar aus dem Marktzins für langfristige Industrieschuldverschreibungen abzuleiten ist (IAS 19.78). Ist der Markt für Industrieobligationen, wie in Deutschland, unterentwickelt, sind ersatzweise langfristige Schuldverschreibungen der öffentlichen Hand heranzuziehen.

Gleiche Bewertungsannahmen hinsichtlich des Zinsfußes, des Lohntrends und des Rentenanpassungstrends führen bei gleichen Pensionsplänen nur dann zu gleichen Bewertungsergebnissen, wenn die Faktoren "Restlebensarbeitszeit" der erfassten Arbeitnehmer und "verbleibende Lebenserwartung" aller erfassten Personen gleich sind. Die Auswirkungen der Prämissenwahl auf die Pensionsrückstellungen können letztlich nur mit konkreten versicherungsmathematischen Bewertungen beziffert werden.

Oppermann und Pisters haben die Auswirkungen der Modifikation von Bewertungsprämissen anhand von Musterberechnungen verdeutlicht.[104] Den Musterberechnungen liegt eine am Endgehalt orientierte Pensionsordnung zugrunde. Als Schlüsselprämissen der Bewertung vor der Modifikation sind ein Diskontierungszinsfuß von 6,5 % p.a., ein Lohntrend von 4 % p.a. und ein Rentenanpassungstrend von 2 % p.a. festgelegt worden. Des weiteren wurden die üblichen biometrischen Rechnungsgrundlagen der Versicherungsmathematik, ergänzt um Fluktuationswahrscheinlichkeiten der Belegschaft, zugrunde gelegt. Die Auswirkungen der Modifikation von Bewertungsprämissen lassen sich wie folgt zusammenfassen:

Eine Veränderung des Zinsfußes um einen Prozentpunkt führt zu einer Verpflichtungsänderung in Höhe von 20 % bis 25 %.

Die Einrechnung eines Lohntrends von 4 % p.a. führt zu einer Verpflichtungserhöhung von rd. 80 %, wenn als Lebensalter der Arbeitnehmer 40 Jahre und als Pensionierungsalter 63 Jahre zugrunde gelegt werden.

Zusammenfassend ist festzustellen, dass die Bewertungsprämissen der internationalen Standards nicht mit den Grundsätzen des deutschen Handelsrechts vereinbar sind. Insbesondere die Berücksichtigung eines Lohntrends und eines Rentenanpassungstrends führen zu einer deutlich höheren Bezifferung der Pensionsrückstellungen.

8.3.5 Entscheidungsorientierte Bilanzpolitik

Nachdem Patrick für die NMA GmbH die Passivierungspflichten und -wahlrechte sowie -verbote der Rückstellungen in der Handels- und Steuerbilanz ermittelt hat, stellt er diese zur Erhöhung der Übersichtlichkeit tabellarisch dar.

Handelsbilanz	Steuerbilanz
Gewährleistungsrückstellungen Pflicht: § 249 Abs. 1 S. 1 HGB	Maßgeblichkeit der Handelsbilanz, grundsätzliche Übernahme § 5 Abs. 1 EStG

---

[104] Vgl. Oppermann, Dieter, Pisters, Manfred: Die Rechnungslegung nach U.S.-Handelsrecht (FAS 87) anhand ausgewählter Beispiele. Die neue Rechnungslegung für Versorgungsverpflichtungen von deutschen U.S.-Töchtern, Stuttgart 1988, S. 16 ff.

Handelsbilanz	Steuerbilanz
Gewerbesteuerrückstellung Pflicht: § 249 Abs. 1 S. 1 HGB	Maßgeblichkeit der Handelsbilanz, grundsätzliche Übernahme § 5 Abs. 1 EStG, Sondervorschrift in R 20 Abs. 2 EStR ist zu beachten
Rückstellung für den Jahresabschluss Pflicht: § 249 Abs. 1 S. 1 HGB	Maßgeblichkeit der Handelsbilanz, grundsätzliche Übernahme § 5 Abs. 1 EStG
Pensionsrückstellungen Pflicht: § 249 Abs. 1 S. 1 HGB	Maßgeblichkeit der Handelsbilanz, grundsätzliche Übernahme § 5 Abs. 1 EStG, Sondervorschrift in § 6a EStG ist zu beachten
Rückstellungen für bestimmte unterlassene Instandhaltungen, die im 4. bis 12. Monat nachgeholt werden Wahlrecht: § 249 Abs. 1 S. 3 HGB	Übernahmeverbot
Aufwandsrückstellungen Wahlrecht: § 249 Abs. 2 HGB	Übernahmeverbot keine Drittverbindlichkeit

Tabelle 60: Rückstellungen bei der NMA GmbH

Mit dieser tabellarischen Übersicht ist Patrick noch nicht zufrieden. Denn er möchte selbst wissen und seinen Mitgesellschaftern darstellen, in welchem Umfange der aus-zuweisende Gewinn der NMA GmbH in der Handels- und Steuerbilanz durch bilanz-politische Entscheidungen beeinflußt werden kann.

Bilanzpolitischer Spielraum der NMA GmbH in der Handelsbilanz			
	Ansatz und Bewertung zum Ausweis eines möglichst niedrigen Gewinns	Ansatz und Bewertung zum Ausweis eines möglichst hohen Gewinns	Spielraum der Bewertung (= Differenz)
Gewährleistungsrückstellungen	7.340,00 EUR	7.340,00 EUR	0,00 EUR
Gewerbesteuerrückstellung	19.565,00 EUR	19.565,00 EUR	0,00 EUR
Rückstellung f. d. Jahresabschl.	3.244,00 EUR	3.244,00 EUR	0,00 EUR
Pensionsrückstellungen	6.213,37 EUR	1.975,61 EUR	4.237,76 EUR
Instandhaltungsrückst. 4.-12. Mon.	897,00 EUR	0,00 EUR	897,00 EUR
Aufwandsrückstellung	22.000,00 EUR	0,00 EUR	22.000,00 EUR
bilanzpolitischer Spielraum	59.259,37 EUR	32.124,61 EUR	**27.134,76 EUR**

Tabelle 61: Bilanzpolitischer Spielraum in der Handelsbilanz

Der bilanzpolitische Spielraum der NMA GmbH beträgt in der Handelsbilanz 27.134,76 EUR. Die Bilanzierungs- und Bewertungsmaßnahmen in der Handelsbilanz sind trotz Maßgeblichkeitsprinzip der Handelsbilanz für die Steuerbilanz nicht vollständig auf die Steuerbilanz übertragbar. Der bilanzpolitsche Spielraum in der Steuerbilanz stellt sich wie folgt dar:

Bilanzpolitischer Spielraum der NMA GmbH in der Steuerbilanz			
	Ansatz und Bewertung zum Ausweis eines möglichst niedrigen Gewinns	Ansatz und Bewertung zum Ausweis eines möglichst hohen Gewinns	Spielraum der Bewertung (= Differenz)
Gewährleistungsrückstellungen	7.340,00 EUR	7.340,00 EUR	0,00 EUR
Gewerbesteuerrückstellung	19.565,00 EUR	19.565,00 EUR	0,00 EUR
Rückstellung f. d. Jahresabschl.	3.244,00 EUR	3.244,00 EUR	0,00 EUR
Pensionsrückstellungen	3.483,71 EUR	3.483,71 EUR	0,00 EUR
Instandhaltungsrückst. 4.-12. Mon.	0,00 EUR	0,00 EUR	0,00 EUR
Aufwandsrückstellung	0,00 EUR	0,00 EUR	0,00 EUR
bilanzpolitischer Spielraum	33.632,71 EUR	33.632,71 EUR	**0,00 EUR**

Tabelle 62: Bilanzpolitischer Spielraum in der Steuerbilanz

Für die NMA GmbH besteht in der Steuerbilanz kein bilanzpolitischer Spielraum. Dies resultiert daraus, dass die Rückstellungswahlrechte in der Handelsbilanz zu Passivierungsverboten in der Steuerbilanz führen. Zudem besteht für handelsrechtlich passivierungspflichtige Rückstellungen ein **Übernahmegebot dem Grunde und der Höhe nach** für die Steuerbilanz. Dies muss zu einer Bilanzierung und Bewertung der Rückstellungen in der Steuerbilanz führen, die dem Ansatz und der Bewertung der Rückstellungen in der Handelsbilanz mit der Zielsetzung des Ausweises eines möglichst hohen Gewinns entsprechen.

Eine Ausnahme bilden die Pensionsrückstellungen. Hier besteht handelsrechtlich eine Passivierungspflicht, die dem Grunde nach, aber nicht der Höhe nach, zu einem Übernahmegebot in der Steuerbilanz führt. Die mögliche unterschiedliche Bewertung in der Handels- und Steuerbilanz beruht auf dem handelsrechtlichen Bewertungswahlrecht bezüglich des Abzinsungszinsfußes. Hingegen besteht steuerrechtlich kein Bewertungswahlrecht. Der Zinsfuß ist gemäß § 6a Abs. 3 S. 3 EStG auf 6 vom Hundert festgelegt.

Die steuerrechtlichen Bilanzierungs- und Bewertungsmaßnahmen zur Bildung der Rückstellungen führen bei der NMA GmbH zu einem um 1.508,10 EUR (3.483,71 EUR ./. 1.975,61 EUR) niedrigeren Gewinn in der Steuerbilanz als in der Handelsbilanz, in der die Rückstellungen entsprechend dem Bilanzierungsziel, einen möglichst hohen Gewinn auszuweisen, bilanziert und bewertet werden.

8.3.5.1 Bildung von Rückstellungen in Steuerbilanz und GuV-Rechnung

Patricks intensive Recherche hat also ergeben, dass bei der Bilanzierung und Bewertung der Rückstellungen für die NMA GmbH kein bilanzpolitischer Spielraum in der Steuerbilanz existiert. Die notwendige Bildung von Rückstellungen verändert die Passivseite der Bilanz und die GuV-Rechnung, aber nicht die Aktivseite der Bilanz, da keine Vermögensgegenstände berührt werden. Die Passivseite der Bilanz der NMA GmbH stellt sich nach der Bildung der Rückstellungen wie folgt dar:

Passiva	EUR	EUR
A. Eigenkapital		
I Gezeichnetes Kapital		40.000,00
II. Gewinnrücklagen		2.500,00
III. Jahresüberschuß		101.805,95
B. Rückstellungen		
1. Steuerrückstellungen	19.565,00	
1. Sonstige Rückstellungen	14.067,71	33.632,71
C. Verbindlichkeiten		
1. Verbindlichkeiten ggü. Kreditinstituten	27.801,26	
davon mit einer Restlaufzeit bis zu einem Jahr EUR 3.728,15		
2. Verbindlichkeiten aus Lieferungen und Leistungen	22.948,91	
davon mit einer Restlaufzeit bis zu einem Jahr EUR 22.948,91		
3. Sonstige Verbindlichkeiten	23.474,20	74.224,37
davon aus Steuern EUR 6.472,85		
davon im Rahmen der sozialen Sicherheit EUR 8.697,23		
davon mit einer Restlaufzeit bis zu einem Jahr EUR 23.474,20		
Summe Passiva		252.163,03

Die Bildung von Rückstellungen hat nicht zu einer Bilanzverlängerung geführt. Zwar hat sich die Bilanzposition Rückstellungen in Höhe von 26.292,71 EUR erhöht, aber der Jahresüberschuss wurde uno actu in gleicher Höhe vermindert. Damit wird die Bilanzposition Eigenkapital entsprechend gemindert. Dementsprechend liegt ein Passivtausch vor. Die grau unterlegten Zeilen verdeutlichen dies.

Durch die Bilanzierung der Rückstellungen verändert sich die GuV-Rechnung wie folgt:

Gewinn- und Verlustrechnung

	EUR	EUR
1.Umsatzerlöse		330.131,59
2. Bestandsveränderungen		
3. Andere aktivierte Eigenleistungen		
4. Sonstige betriebliche Erträge		847,28
5. Materialaufwand		
a) Aufwendungen für RHB und für bezogene Waren	19.247,85	
b) Aufwendungen für bezogene Leistungen	4.627,60	23.875,45
6. Personalaufwand		
a) Löhne und Gehälter	60.451,00	
b) soziale Abgaben und Aufwendungen für die Altersversorgung und Unterstützung	19.356,97	79.807,97
davon für Altersversorgung EUR 6.827,69		
7. Abschreibungen		
8. Sonstige betriebliche Aufwendungen		89.667,42
9. Sonstige Zinsen und ähnliche Erträge		507,40
10. Zinsen und ähnliche Aufwendungen		6.810,48
11. Ergebnis der gewöhnlichen Geschäftstätigkeit		131.324,95
14. Jahresüberschuss/ Jahresfehlbetrag		101.805,95
13. Sonstige Steuern	504,00	29.519,00
12. Steuern vom Einkommen und vom Ertrag	29.015,00	

Die grau unterlegten Zeilen zeigen die Veränderungen in der GuV-Rechnung. Auffällig ist, dass nur die Aufwendungen durch den Ansatz der Rückstellungen erhöht wurden. Die Aufwendungen haben sich entsprechend der zusätzlichen Rückstellungen (hier: Gewerbesteuerrückstellung 19.565,00 EUR, Rückstellungen für den Jahresabschluss 3.244,00 EUR und Pensionsrückstellungen 3.483,71 EUR) vermehrt und eine Reduktion des Jahresüberschusses in gleicher Höhe induziert. Dies ist der Systematik der Bilanzierung von Rückstellungen geschuldet. Hier tritt nämlich das die dynamische Bilanzierung beherrschende Verursachungsprinzip in den Vordergrund. Zukünftige Ausgaben sollen möglichst den Geschäftsjahren zugeordnet werden, in denen mit diesen Ausgaben Nutzungen oder Erträge erzielt werden.

8.3.5.2 Bilanzierungsziel Gewinnminimierung

Zum Erreichen des Bilanzierungszieles ‚Gewinnminimierung' sind in der Handelsbilanz die Bilanzierung und Bewertungsmaßnahmen der Rückstellungen derart vorzunehmen, dass der größtmögliche Betrag, der handelsrechtlich erlaubt ist, den Rückstellungen zugeführt wird. Denn die den Rückstellungen zugeführten Beträge erhöhen im gleichen Umfange die Aufwendungen und vermindern uno actu den Jahresüberschuss in entsprechender Höhe.

Die Passivseite der Bilanz der NMA GmbH stellt sich nach der Bildung der Rückstellungen nach dem Bilanzierungsziel ‚Gewinnminimierung' wie folgt dar:

Passiva	EUR	EUR
A. Eigenkapital		
I Gezeichnetes Kapital		40.000,00
II. Gewinnrücklagen		2.500,00
III. Jahresüberschuß		76.179,29
B. Rückstellungen		
1. Steuerrückstellungen	19.565,00	
1. Sonstige Rückstellungen	39.694,37	59.259,37
C. Verbindlichkeiten		
1. Verbindlichkeiten ggü. Kreditinstituten	27.801,26	
davon mit einer Restlaufzeit bis zu einem Jahr EUR 3.728,15		
2. Verbindlichkeiten aus Lieferungen und Leistungen	22.948,91	
davon mit einer Restlaufzeit bis zu einem Jahr EUR 22.948,91		
3. Sonstige Verbindlichkeiten	23.474,20	74.224,37
davon aus Steuern EUR 6.472,85		
davon im Rahmen der sozialen Sicherheit EUR 8.697,23		
davon mit einer Restlaufzeit bis zu einem Jahr EUR 23.474,20		
Summe Passiva		252.163,03

Durch die Bilanzierung und Bewertung der Rückstellungen entsprechend dem Bilanzierungsziel ‚Gewinnminimierung' verändert sich die GuV-Rechnung wie folgt:

Gewinn- und Verlustrechnung

	EUR	EUR
1.Umsatzerlöse		330.131,59
2. Bestandsveränderungen		
3. Andere aktivierte Eigenleistungen		
4. Sonstige betriebliche Erträge		847,28
5. Materialaufwand		
a) Aufwendungen für RHB und für bezogene Waren	19.247,85	
b) Aufwendungen für bezogene Leistungen	4.627,60	23.875,45
6. Personalaufwand		
a) Löhne und Gehälter	60.451,00	
b) soziale Abgaben und Aufwendungen für die Altersversorgung und Untersützung	22.086,63	82.537,63
davon für Altersversorgung EUR 6.827,69		
7. Abschreibungen		
8. Sonstige betriebliche Aufwendungen		112.564,42
9. Sonstige Zinsen und ähnliche Erträge		507,40
10. Zinsen und ähnliche Aufwendungen		6.810,48
11. Ergebnis der gewöhnlichen Geschäftstätigkeit		105.698,29
12. Steuern vom Einkommen und vom Ertrag	29.015,00	
13. Sonstige Steuern	504,00	29.519,00
14. Jahresüberschuss/ Jahresfehlbetrag		76.179,29

Die grau unterlegten Positionen zeigen die Veränderungen in der Erfolgsrechnung bei Verfolgung des Bilanzierungszieles ‚Gewinnminimierung'. Erreicht wird dieses Bilanzierungsziel durch die Ausübung der Passivierungswahlrechte und der handelsrechtlich höchstmöglichen Bewertung der Pensionsrückstellungen.

Passivierungswahlrechte bestehen für die NMA GmbH hinsichtlich der Instandhaltungsrückstellungen, die im 4. bis 12. Monat des folgenden Geschäftsjahres nachgeholt werden, in Höhe von 897,00 EUR und der Aufwandsrückstellung in Höhe von 22.000,00 EUR. Zusätzlich besteht für die NMA GmbH ein handelsrechtliches **Bewertungswahlrecht** bezüglich des **Zinssatzes** zur Ermittlung des Barwertes der Pensionsverpflichtungen. Der handelsrechtliche Bewertungsspielraum für die Pensionsrückstellungen der NMA GmbH beträgt 4.237,76 EUR.

8.3.5.3 Bilanzierungsziel Kreditwürdigkeit

Zur Erreichung des Bilanzierungszieles ‚Kreditwürdigkeit' ist ein möglichst hoher Gewinn auszuweisen. Dieses Ziel wird erreicht, in dem ein möglichst niedriger Betrag den Rückstellungen zugeführt wird.

Die Passivseite der Bilanz der NMA GmbH stellt sich nach der Bildung der Rückstellungen entsprechend dem Bilanzierungsziel ‚Kreditwürdigkeit' wie folgt dar:

Passiva	EUR	EUR
A. Eigenkapital		
I Gezeichnetes Kapital		40.000,00
II. Gewinnrücklagen		2.500,00
III. Jahresüberschuß		103.314,05
B. Rückstellungen		
1. Steuerrückstellungen	19.565,00	
1. Sonstige Rückstellungen	12.559,61	32.124,61
C. Verbindlichkeiten		
1. Verbindlichkeiten ggü. Kreditinstituten davon mit einer Restlaufzeit bis zu einem Jahr EUR 3.728,15	27.801,26	
2. Verbindlichkeiten aus Lieferungen und Leistungen davon mit einer Restlaufzeit bis zu einem Jahr EUR 22.948,91	22.948,91	
3. Sonstige Verbindlichkeiten davon aus Steuern EUR 6.472,85 davon im Rahmen der sozialen Sicherheit EUR 8.697,23 davon mit einer Restlaufzeit bis zu einem Jahr EUR 23.474,20	23.474,20	74.224,37
Summe Passiva		252.163,03

Durch die Bilanzierung und Bewertung der Rückstellungen entsprechend dem Bilanzierungsziel ‚Kreditwürdigkeit' verändert sich die GuV-Rechnung wie folgt:

Gewinn- und Verlustrechnung

	EUR	EUR
1. Umsatzerlöse		330.131,59
2. Bestandsveränderungen		
3. Andere aktivierte Eigenleistungen		
4. Sonstige betriebliche Erträge		847,28
5. Materialaufwand		
a) Aufwendungen für RHB und für bezogene Waren	19.247,85	
b) Aufwendungen für bezogene Leistungen	4.627,60	23.875,45
6. Personalaufwand		
a) Löhne und Gehälter	60.451,00	
b) soziale Abgaben und Aufwendungen für die Altersversorgung und Untersützung	17.848,87	78.299,87
davon für Altersversorgung EUR 6.827,69		
7. Abschreibungen		
8. Sonstige betriebliche Aufwendungen		89.667,42
9. Sonstige Zinsen und ähnliche Erträge		507,40
10. Zinsen und ähnliche Aufwendungen		6.810,48
11. Ergebnis der gewöhnlichen Geschäftstätigkeit		132.833,05
12. Steuern vom Einkommen und vom Ertrag	29.015,00	
13. Sonstige Steuern	504,00	29.519,00
14. Jahresüberschuss/ Jahresfehlbetrag		103.314,05

Zur Verfolgung des Bilanzierungsziels ‚Kreditwürdigkeit' ist der handelsrechtliche Gewinn möglichst hoch auszuweisen. In diesem Fall ist zu empfehlen, die handelsrechtlichen Passivierungswahlrechte (Instandhaltungsrückstellungen, die im 4. bis 12. Monat nachgeholt werden und Aufwandsrückstellungen) nicht sowie das handelsrechtliche Bewertungswahlrecht bezüglich des Zinssatzes zur Ermittlung des Barwertes der Pensionsverpflichtungen im Sinne einer möglichst niedrigen Zuführung zu den Pensionsrückstellungen auszuüben.

Die Optionen ‚Gewinnminimierung' und ‚Kreditwürdigkeit' führen beim Ausweis des Jahresüberschusses und der Rückstellungen zu unterschiedlichen Ergebnissen. Der bilanzpolitische Spielraum beträgt für die NMA GmbH immerhin 27.134,76 EUR.

8.4 Bilanzierung und Bewertung von Verbindlichkeiten

8.4.1 Begriff der Verbindlichkeiten

Unter einer Verbindlichkeit wird eine Verpflichtung des Kaufmanns gegenüber einem Dritten verstanden. Die Verpflichtung gegenüber einem Dritten muss **erzwingbar**, sich auf eine **bestimmte Leistung** richten und eine **wirtschaftliche Belastung** darstellen.

Als **erzwingbar** ist eine Leistung dann anzusehen, wenn der Gläubiger seinen Anspruch im Klageweg durchsetzen kann. Eine Fälligkeit der Leistung ist nicht erforderlich.

Ein Kaufmann kann neben rechtlich erzwingbaren Verpflichtungen **faktische** Verpflichtungen haben, die auf sittlichen, gesellschaftlichen oder wirtschaftlichen Gründen beruhen. Auch die **faktische Verpflichtung** ist als Verbindlichkeit zu bilanzieren, wenn ohne Zweifel feststeht, dass die Leistung vom Kaufmann erbracht wird. Wird die Leistung vor Bilanzerstellung vom Kaufmann erbracht, ist die faktische Verpflichtung als Verbindlichkeit zu bilanzieren. Ist die Leistung bis zur Bilanzerstellung nicht erbracht worden, darf die Verpflichtung entsprechend den GoB's nicht als Verbindlichkeit passiviert werden. In diesem Falle kann lediglich eine Rückstellung für ungewisse Verbindlichkeiten gebildet werden.

Verbindlichkeiten unterscheiden sich von ungewissen Verbindlichkeiten dadurch, dass die geschuldete Leistung **dem Grunde** und **der Höhe** nach **bestimmt** ist. Die Bestimmtheit der Höhe der Verpflichtung bezieht sich auf den **Bilanzstichtag**. Eine spätere Veränderung der Höhe der Verpflichtung (z.B. Kursschwankungen bei Valutaverbindlichkeiten) ist nicht entscheidend. Es ist die Verbindlichkeit in Höhe der Verpflichtung am Bilanzstichtag zu passivieren.

Ein Ausweis einer Verbindlichkeit darf nur bei einer **wirtschaftlichen Belastung** des Kaufmanns vorgenommen werden.

Die Leistung des Kaufmanns und die Gegenleistung des Gläubigers gleichen sich bei einem **gegenseitigen Vertrag** solange aus, bis der Gläubiger die dem Kaufmann geschuldete Leistung erbracht hat. Erst danach entsteht eine wirtschaftliche Belastung des Leistungsempfängers. Dementsprechend sind Verpflichtungen aus **schwebenden Geschäften** noch nicht als Verbindlichkeiten zu bilanzieren. Hat der Gläubiger das zur Erfüllung des Vertrages seinerseits Erforderliche getan, ist der Kaufmann wirtschaftlich belastet, d.h. die Erfüllung der Verpflichtung führt zur Verringerung des Betriebsvermögens des Kaufmanns.

Handelsrechtlich besteht nach dem **Vollständigkeitsgrundsatz** (§ 246 Abs. 1 HGB) ein **Bilanzierungsgebot**, wenn die o.g. Voraussetzungen für eine Verbindlichkeit vorliegen. Aus dem **handelsrechtlichen Bilanzierungsgebot** folgt entsprechend dem Maßgeblichkeitsprinzip (§ 5 Abs. 1 Satz 1 EStG) ein **steuerrechtliches Bilanzierungsgebot**. Bei Vorliegen der Voraussetzungen für eine Verbindlichkeit darf nach dem **Grundsatz der Richtigkeit** kein anderer Passivposten bilanziert werden.

8.4.2 Bilanzierung und Bewertung nach HGB und Steuerrecht

Durch das Weglassen oder durch zu niedrige Bewertung einer Verbindlichkeit würde die Vermögenslage des Kaufmanns zu günstig dargestellt. Wegen des Gläubigerschutzgedankens sind an die Vollständigkeit des Ausweises der Verbindlichkeiten und deren richtige Bewertung in der Handelsbilanz hohe Anforderungen zu stellen.

Gemäß § 253 Abs. 1 Satz 2 HGB sind Verbindlichkeiten **handelsrechtlich** mit dem **Rückzahlungsbetrag** anzusetzen. Da nur bei Darlehen ein Rückzahlungsbetrag in Frage kommt, wird dieser Wertansatz für alle anderen Verbindlichkeiten als der Betrag interpretiert, den der Schuldner zur Begleichung der Verbindlichkeit aufbringen muss. Der Rückzahlungsbetrag ist also der **Erfüllungsbetrag** für die geschuldete Leistung.

Es sind bei der handelsrechtlichen Bewertung der Verbindlichkeiten alle vorhersehbaren Risiken und Verluste, die bis zum Abschlusstag entstanden sind, zu berücksichtigen. Selbst wenn die vorhersehbaren Risiken und Verluste erst zwischen Abschlusstag und dem Tag der Aufstellung des Jahresabschlusses bekannt werden, sind diese bei der Bewertung zu berücksichtigen.

Dementsprechend dürfen **Gewinne** nur ausgewiesen werden, wenn sie realisiert sind (§252 Abs. 1 Nr. 4 HGB). Entsprechend darf ein **Abgeld** erst dann abgesetzt werden, wenn bereits am Abschlusstag die Umstände, die es begründen, vorliegen oder das Unternehmen sie herbeiführen kann und will.

Liegt eine Valutaverbindlichkeit vor und der Wechselkurs ist zum Abschlusstag gesunken, darf die Verbindlichkeit nicht entsprechend dem gesunkenen Wechselkurs gewinnerhöhend niedriger bewertet werden. Dies widerspricht dem **Realisationsprinzip** von Gewinnen. Steigt hingegen der Wechselkurs, ist gewinnmindernd der höhere Rückzahlungsbetrag entsprechend dem **Imparitätsprinzip** (§ 252 Abs. 1 Nr. 4 HGB) anzusetzen.

Wechselverbindlichkeiten sind mit der Wechselsumme zu passivieren. Ist in der Wechselsumme ein Diskont enthalten, kann handelsrechtlich gemäß § 250 Abs. 3 HGB der Diskont wahlweise aktiv abgegrenzt oder als Aufwand gebucht werden. Steuerrechtlich besteht ein Aktivierungsgebot.

Darlehen sind ebenfalls wie alle anderen Verbindlichkeiten mit dem Rückzahlungsbetrag anzusetzen (§253 Abs. 1 S. 2HGB). Ist ein höherer Rückzahlungsbetrag als der Ausgabebetrag des Darlehens vereinbart, wird der Unterschiedsbetrag als **Damnum** oder **Disagio** bezeichnet. Das Gesamtentgelt für die Kapitalnutzung ist die Summe aus Damnum und laufendem Zins.

Handelsrechtlich besteht für das **Damnum** ein **Aktivierungswahlrecht**. In § 250 Abs. 3 S. 1 HGB heißt es, dass der Unterschiedsbetrag zwischen Rückzahlungsbetrag und Ausgabebetrag in den Rechnungsabgrenzungsposten auf der Aktivseite aufgenommen werden darf. Das Wahlrecht darf nur im Ausgabejahr ausgeübt werden. Es besteht ein **Nachholverbot**. Wird das Wahlrecht der handelsrechtlichen Aktivierung ausgeübt, muss nicht der volle Betrag des Damnums aktiviert werden. Es kann auch mit einem Teilbetrag aktiviert werden. Im Falle der Nichtausübung des Aktivierungswahlrechtes ist das Damnum im Jahr der Entstehung der Verbindlichkeit zu Lasten der GuV-Position "Zinsen und ähnliche Aufwendungen" zu buchen. **Kapitalgesellschaften** sind bei Aktivierung des Damnums entsprechend § 268 Abs. 6 HGB verpflichtet, den Betrag in der Bilanz gesondert auszuweisen oder im Anhang anzugeben.

Für die **Steuerbilanz** folgt aus dem handelsrechtlichen Aktivierungswahlrecht nach dem Maßgeblichkeitsprinzip ein **Aktivierungsgebot**. In der Steuerbilanz ist das Damnum in voller Höhe zu aktivieren.

Steuerrechtlich sind Verbindlichkeiten nach § 6 Abs. 1 Nr. 3 EStG unter sinngemäßer Anwendung des § 6 Abs. 1 Nr. 2 EStG zu bewerten. Daher kommen die Anschaffungskosten und der Teilwert als Bewertungsmaßstäbe in Betracht.

Nicht ohne weiteres läßt sich der Begriff Anschaffungskosten auf Verbindlichkeiten übertragen. In Analogie zum § 253 Abs. 1 S. 2 HGB wird der Begriff Anschaffungskosten als Rückzahlungsbetrag (Nennbetrag) interpretiert.

Bei der Bewertung von Verbindlichkeiten bildet der Anschaffungswert die untere Grenze der Bewertung. Ein Unterschreiten dieser Grenze würde einen Verstoß gegen das Verbot des Ausweises von nicht realisierten Gewinnen beinhalten. Ist der Teilwert der Verbindlichkeit höher als der Anschaffungswert, fordert der Grundsatz des Ausweises nicht realisierter Verluste den Ansatz des Teilwertes. Dementsprechend hat der Kaufmann den Anschaffungswert oder den höheren Teilwert anzusetzen. Verbindlichkeiten sind nach dem **Höchstwertprinzip** zu bilanzieren.

Der Betrag, den ein Erwerber des Betriebes mehr zahlen würde, wenn die Verbindlichkeit nicht bestünde, wird als **Teilwert** der Verbindlichkeit interpretiert. Dies ist der Barwert der Verbindlichkeit. Da der Barwert (= Teilwert) i.d.R. niedriger ist als der Anschaffungswert einer Verbindlichkeit, darf der Teilwert (= Barwert) i.d.R. nicht angesetzt werden. Das Höchstwertprinzip stellt eine zwingende Vorschrift bei der Bewertung von Verbindlichkeiten dar.

Die gesamten Verbindlichkeiten der NMA GmbH sind mit den Rückzahlungsbeträgen angesetzt worden. Eine steuerrechtliche Bewertung der Verbindlichkeiten nach der Teilwertmethode führt in keinem Fall zu einer höheren Bewertung, so dass die handels- und steuerrechtliche Bewertung zu dem gleichen Ergebnis führt. Daher ergibt sich für die NMA GmbH bei der Bewertung der Verbindlichkeiten weder in der Handels- noch in der Steuerbilanz ein bilanzpolitischer Spielraum. Die Ansätze sind in der Handels- und Steuerbilanz identisch.

8.4.3 Bilanzierung und Bewertung nach IAS

Verbindlichkeiten werden nach IAS der Bilanzposition Schulden (liabilities) zugeordnet. Schulden werden vom IASC als "...present obligation of the enterprise arising from past events, the settlement of which is expected to result in an outflow from the enterprise of resources embodying economics benefits" definiert[105]. Dementsprechend ist das wesentliche Merkmal für das Vorliegen einer Liabilities das Bestehen einer gegenwärtigen Verpflichtung, die zukünftig zu einem Ressourcenabfluss führt. Ein Ansatz kommt nur dann in Frage, wenn die Höhe des Erfüllungsbetrages verläßlich ermittelt werden kann. Insofern noch keine Verpflichtung vorliegt, ist die Definition der Liabilities nicht erfüllt und ein Bilanzansatz nicht möglich.

Es wird beim Ausweis von Verbindlichkeiten zwischen kurzfristigen und langfristigen Verbindlichkeiten unterschieden. Als kurzfristige Verbindlichkeiten gelten solche, die auf Abruf oder innerhalb eines Jahres fällig werden (13.15). Alle anderen Verbindlichkeiten sind als langfristig zu klassifizieren.

Der Abschluss soll mindestens folgende Angaben umfassen, "wobei keine verbindliche Gliederung vorgeschrieben ist (5.4):

Langfristige Verbindlichkeiten (ohne die innerhalb eines Jahres fälligen Verbindlichkeiten; 5.14):

- besicherte Darlehen,

- unbesicherte Darlehen,

- Darlehen von verbundenen Unternehmen,

- Darlehen von assoziierten Unternehmen,

- Zusammengefaßte Darstellung der Zinssätze, Tilgungsmodalitäten, Nebenvereinbarungen (*convenants*), Nachrangigkeitserklärungen, Konversionsbedingungen (*conversion features*) und noch nicht amortisierte Agio- und Disagiobeträge,

---

[105] IASC, Framework, Par. 49.

- langfristiger Anteil der Verbindlichkeiten aus einem Finanzierungs-Leasingverhältnis (*finance lease*), bei dem die geleasten Gegenstände im Abschluß des Leasingnehmers zu bilanzieren sind (17.21).

Kurzfristige Verbindlichkeiten (5.15):

- Darlehen und Kontokorrentkredite von Kreditinstituten,

- kurzfristige Teilbeträge der langfristigen Schulden,

- fällige Beträge

- aus Lieferungen und Leistungen, inklusive Handelswechsel,

- gegenüber Organmitgliedern,

- gegenüber verbundenen Unternehmen,

- gegenüber assoziierten Unternehmen,

- aus Ertragsteuern,

- Dividendenverbindlichkeiten, und

- sonstige Verbindlichkeiten

- kurzfristiger Anteil der Verbindlichkeiten aus einem Finanzierungs-Leasingverhältnis (17.21)."[106]

Für die Bilanz gibt IAS 66 lediglich Mindestgliederungsvorschriften vor. Die Mindestgliederung ist immer dann zu erweitern, wenn ein anderer IAS dies erforderlich macht oder eine Erweiterung der Mindestgliederung zu einer besseren Darstellung der wirtschaftlichen Verhältnisse führt. Die Beurteilung, ob eine weitere Untergliederung der Verbindlichkeiten notwendig ist, ist abhängig von der Höhe der Verbindlichkeit (*amount*), der Beschaffenheit (*nature*) und dem zeitlichen Verlauf (*timing*).

---

[106] Vgl. KPMG, 1999, S. 153 f.

Grundsätzlich ist eine Verrechnung (*set off*) von Verbindlichkeiten und Forderungen verboten. Eine Verrechnung ist nur dann möglich, wenn dies durch einen anderen IAS-Standard ex pressis verbis gefordert oder erlaubt wird.

"Angaben zur Bewertung von Verbindlichkeiten finden sich nur bei den Leasingverbindlichkeiten. Diese sind in Höhe des beizulegenden Zeitwerts des Leasinggegenstandes oder in Höhe des niedrigeren Barwerts der Mindestleasingzahlungen (minimum lease payments; 17.3) (17.11) anzusetzen."[107] Grundsätzlich werden Verbindlichkeiten nach IAS mit dem Rückzahlungsbetrag (Nennwert) bewertet.

---

[107] Vgl. KPMG, 1999, S. 153.

9 Bilanzgespräch

9.1 Bilanzierungsziele in der Praxis

Die Erstellung des Jahresabschlusses ist für viele mittelständische Unternehmen eine unangenehme Pflicht. Insbesondere dann, wenn externe Berater, wie Steuerberater oder Wirtschaftsprüfer, konsultiert werden, die hohe Kosten verursachen. Zusätzlich bindet die Erstellung des Jahresabschlusses personelle Ressourcen im Betrieb. Zugleich bietet die Pflicht zur Rechnungslegung aber auch die Möglichkeit, den Jahresabschluss zielgerichtet zu gestalten, d.h. Bilanzpolitik zu betreiben. Bilanzpolitik zu betreiben heißt in diesem Zusammenhang, durch Nutzung von Wahlrechten und Ermessensspielräumen bestimmte Ziele zu verfolgen.

In mittelständischen Unternehmen hat die Minimierung der Steuerlast bei der Jahresabschlusserstellung einen sehr hohen Stellenwert. Die in diesem Zusammenhang hohe Bedeutung der Gewinnminimierung kann neben der Motivation, Steuerzahlungen zu vermeiden, auch dahingehend motiviert sein, den Abfluss von Mitteln an Gesellschafter zu begrenzen.

Zwischen dem Ziel der **Steuerbelastungsminimierung** und dem Ziel der Kapital- und **Substanzerhaltung** besteht eine enge Verbindung. Das im deutschen Bilanzrecht verankerte Nominalwertprinzip kann bei steigenden Wiederbeschaffungspreisen zu einem Ausweis von Scheingewinnen führen. Diese Scheingewinne dienen als Bemessungsgrundlage der Steuern vom Ertrag und der Ausschüttungen an die Gesellschafter. Soll die Kaufkraft des Vermögens erhalten bleiben, dürfen dem Unternehmen die Gewinne, die aufgrund der Geldentwertung ausgewiesen werden, nicht entzogen werden. Daraus resultiert das Ziel der Substanzwerterhaltung.

Eine andere wichtige Zielsetzung der Bilanzpolitik kann sein, die **Kreditwürdigkeit** des Unternehmens positiv zu beeinflussen. Konkret bedeutet dies: Die Vermögens-, Finanz- und Ertragslage ist entsprechend den Erwartungen der Fremdkapitalgeber zu beeinflussen.

Ein weiteres Anliegen der Bilanzierenden kann sein, die Gewinnentwicklung im Zeitablauf gleichmäßig darzustellen., d.h. eine **Gewinnglättung** zu betreiben. Bei Gläubigern und bei Gesellschaftern, die nicht an der Geschäftsführung beteiligt sind, kann dies positive Auswirkungen hinsichtlich der Beurteilung der Ertragslage haben, denn sie können von einer stabilen Ertragslage ausgehen.

Alle Bilanzierenden stehen vor dem Problem, dass die bilanzpolitischen Ziele Steuerminimierung, Kreditwürdigkeit, Substanzerhaltung und Gewinnglättung konfliktär sein können.

Die Ziele Steuerminimierung und Substanzerhaltung durch Bildung stiller Reserven sind nicht konfliktär, sie harmonieren. Denn beide Ziele werden über einen geschmälerten Gewinnausweis realisiert. Konflikte können dann entstehen, wenn die Reservenbildung lediglich handelsrechtlich, aber nicht steuerrechtlich zulässig ist.

Die erforderliche Gestaltung des Gewinnausweises zur Zielerreichung der Gewinnglättung kann mit dem Ziel der Steuerminimierung disharmonieren. Ob ein Zielkonflikt entsteht, hängt davon ab, ob der Gewinn geschmälert oder erhöht werden soll. Ist es das Ziel des Bilanzierenden, den Gewinnausweis in Zeiten schlechter Ertragslage zwecks Gewinn-Nivellierung z.B. durch die Auflösung von stillen Reserven zu erhöhen, führt dies zu einem Konflikt mit der Zielsetzung der Steuerminimierung. Denn die relative Erhöhung des Gewinnausweises erhöht die Steuerlast. Eine Harmonie der Ziele Gewinnglättung und Steuerminimierung besteht dann, wenn ein überdurchschnittlicher Gewinn geglättet werden soll. Denn die Reduzierung des Gewinnausweises zur Glättung des Gewinns hat eine Reduzierung der Steuerlast zur Folge.

In vielen Unternehmen besteht der zentrale Konflikt, gleichzeitig die Ziele **Steuerminimierung** und **Kreditwürdigkeit** mit Hilfe der Bilanzpolitik erreichen zu wollen bzw. zu müssen. Es entsteht für mittelständische Unternehmen aus diesen konfliktären Zielsetzungen häufig eine Dilemmasituation: Einerseits muss der Mittelabfluss für Steuern und Ausschüttungen zur Finanzierung von Investitionen möglichst gering gehalten werden, andererseits muss gleichzeitig aber den Kreditinstituten ein Jahresüberschuss präsentiert werden, der keine negativen Konsequenzen für die Beurteilung der **Kreditwürdigkeit** hat. Die Lösung dieses Zielkonfliktes stellt sich in der Praxis oftmals als Drahtseilakt dar, da die Möglichkeit der Kapitalbeschaffung der mittelständischen Unternehmen in der Regel auf Kreditinstitute beschränkt ist.

Es liegt die Vermutung nahe, dass eine Vielzahl von mittelständischen Unternehmen überfordert ist, den Zielkonflikt zwischen Steuerminimierung und Kreditfähigkeit zu minimieren. Insbesondere unter den Gesichtspunkten der Komplexität des Handels- und Steuerrechts sowie der Feststellung, dass viele mittelständische Unternehmen im Gegensatz zu Großunternehmen nicht über Bilanzierungs- und Steuerexperten im eigenen Unternehmen verfügen, erscheint das Hinzuziehen von externen Beratern zur Konfliktminimierung sinnvoll.

9.2 Bilanzierungsziel Kreditwürdigkeit für die NMA GmbH

Wie jedes Jahr soll auch in diesem Jahr zur zielgerichteten Gestaltung des Jahresabschlusses ein Bilanzgespräch stattfinden. An dem Gespräch sollen die Gesellschafter Christiane Buchheimer, Peter Osluschny, Patrick Heimgarn, Irina Pfeffers und der Steuerberater der NMA GmbH, Herr Bertram Steuer, teilnehmen.

Zur Vorbereitung des Bilanzgesprächs und zur schnelleren Entscheidungsfindung erarbeitet Patrick eine tabellarische Übersicht des handelsrechtlichen Bilanzierungsspielraums der NMA GmbH. Diese Übersicht wird den Teilnehmern des Bilanzgesprächs vorab mit der Einladung überreicht.

Patrick möchte mit dem Steuerberater und den Mitgesellschaftern zusammen die bilanzpolitischen Massnahmen für den Jahresabschluss 2002 besprechen. Der Umsatz und die Bilanzsummen haben sich, für die Phase der Unternehmung und den starken Wachstumsmarkt nicht untypisch, sehr gut entwickelt.

Das erwartete starke Geschäftswachstum für die nächsten Jahre wird weitere Kreditgespräche notwendig machen. Der geplante cash-flow beträgt für das Jahr 2002 überschlägig 214.400 EUR (JÜ + Abschr.). Für das Geschäftsjahr 2003 soll der Plan-cash-flow dann bei deutlich über 300.000 EUR liegen. Dies reicht nach einhelliger Einschätzung der Gesellschafter und des Steuerberaters aber nicht zur Selbstfinanzierung der Investitionspläne für 2003 und die Folgeplanjahre, die in den dynamischen Geschäftsfeldern nach den heutigen Prognosen von einem erheblichen Mengenwachstum gekennzeichnet sein werden.

Wegen des sich daraus ergebenden notwendigen Kreditbedarfs für das weitere Geschäftswachstums der NMA GmbH beschließen die Gesellschafter daher, den Jahresabschluss 2002 unter dem Gesichtspunkt der ‚Kreditwürdigkeit' auszuweisen und alle bilanzpolitischen Wahlrechte für dieses Ziel zu nutzen. Vermutlich wird auch in den kommenden Jahren dieses Bilanzierungsziel Vorrang haben, wenn die Selbstfinanzierungskraft (cash-flow) langsamer steigt als der Finanzierungsbedarf.

Daher stellt Patrick in Zusammenarbeit mit dem Steuerberater die handelsrechtlichen Bilanzierungswahlrechte bei allen relevanten Geschäftsfällen in einer Übersicht dar. Sie zeigt, dass sich alleine der handelsrechtliche Bewertungsspielraum auf der Aktivseite auf immerhin 140.913, 60 EUR berechnen lässt. Der handelsrechtliche Bewertungsspielraum der Passivseite beträgt immerhin 34.134,76 EUR, sodass sich ein gesamter bilanzpolitischer Spielraum von 175.048,36 EUR ergibt.

Unter Beachtung des bilanzpolitischen Ziels der **Kreditwürdigkeit** würden für die Handelsbilanz, die für Kreditgespräche in der Regel eingereicht wird, die Bewertungsansätze und Bilanzwahlrechte der dritten Spalte für alle aufgeführten Geschäftsfälle gewählt.

Geschäftsfälle	Steuerminimierun EUR	Kreditwürdigkeit EUR	Bewertungsspielrau EUR
Aktivseite			
Erweiterungsaufwand	18.500,00	4.625,00	13.875,00
Euro-Umstellungsaufw.	21.801,60	16.351,20	5.450,40
Firmenwert	108.500,00	7.233,33	101.266,67
Controllingsoftware	13.455,56	13.455,56	0,00
ISDN-Telefonanlage	1.263,91	842,60	421,31
GWG's	4.000,00	1.333,33	2.666,67
halbfertige Aufträge	45.259,00	62.492,55	17.233,55
Auftrag 1	22.735,00	30.439,98	
Auftrag 2	4.496,00	7.080,35	
Auftrag 3	18.028,00	24.972,22	
Forderungen	7.598,00	7.598,00	0,00
Zölle	30.000,00	30.000,00	0,00
Summe			**140.913,60**
Passivseite			
Rücklage für Ersatzbeschaffung	7.000,00	0,00	7.000,00
Gewährleistungsrückstellungen	7.340,00	7.340,00	0,00
Gewerbesteuerrückstellung	19.565,00	19.565,00	0,00
Rückstellungen für den Jahresabschluss	3.244,00	3.244,00	0,00
Pensionsrückstellungen	6.213,37	1.975,61	4.237,76
Instandhaltungsrückstellungen 4. - 12. M	897,00	0,00	897,00
Aufwandsrückstellung	22.000,00	0,00	22.000,00
Verbindlichkeiten	74.224,37	74.224,37	0,00
Summe			**34.134,76**
bilanzpolitischer Spielraum, gesamt			**175.048,36**

Abbildung 33: Bilanzpolitischer Spielraum für die NMA- GmbH

Für die Aktivseite des Musterjahresabschlusses ergäben sich die grau unterlegten Bilanzierungs- und Bewertungsansätze in der Handelsbilanz. Zunächst würde man, wie in den entsprechenden Kapiteln ausgeführt, den ‚Ingangsetzungsaufwand' mit 13.875,- EUR und den ‚Euroumstellungsaufwand' mit 16.351,20 EUR als Bilanzierungshilfen aktivieren. Dabei sind bei *allen folgenden Wertansätzen* die *handelsrechtlichen Jahresabschreibungen* schon berücksichtigt.

Entsprechend würde der Geschäfts-oder Firmenwert unter Berücksichtigung der Jahresabschreibung mit 101.266,76 EUR als immaterieller Vermögensgegenstand aktiviert und bei den II. Sachanlagen wären die ISDN-Telefonanlage mit 3.370,42 EUR zusammen mit den aktivierten GWG's mit insgesamt 2.666,67 EUR zusätzlich zu berücksichtigen.

Musterjahresabschluss der NMA GmbH

Aktiva	EUR	EUR
Aufw. für die Ingangsetzung und Erw. d. Gb.		13.875,00
Aufw. für die Währungsumstellung auf den Euro		16.351,20
A. Anlagevermögen		
I. Immaterielle Vermögensgegenstände		
2. Geschäfts- oder Firmenwert		101.266,76
II. Sachanlagen		
1. andere Anlagen, Betriebs- und Geschäftsaus.	(3.370,42+2.666,67)	65.534,09
B. Umlaufvermögen		
I. Vorräte		
1. Roh-, Hilfs- und Betriebsstoffe	2.100,00	
2. Unfertige Erzeugnisse, unfertige Leistungen	223.892,55	225.992,55
II. Forderungen u. sonst. Vermögensgegenst.		
1. Forderungen aus Lieferungen und Leistungen	21.908,95	
2. Sonstige Vermögensgegenstände	657,00	22.565,95
III. Schecks, Kassenbestand, Bundesbank- und		
Postbankguthaben, Guthaben bei Kreditinstituten		6.600,08
C. Rechnungsabgrenzungsposten		
Summe Aktiva		452.185,63

Abbildung 34: Aktivseite: Bilanzierungsziel Kreditwürdigkeit

Bei der Bewertung des Postens „Forderungen" gibt es keinen handelsrechtlichen Spielraum. Daher werden die Forderungen unverändert mit 21.908,95 bilanziert.

Für die Passivseite der Handelsbilanz für das Geschäftsjahr 2002 ergäben sich die grau unterlegten Bilanzierungs- und Bewertungsansätze in der Handelsbilanz.

Passiva	EUR	EUR
A. Eigenkapital		
I Gezeichnetes Kapital		40.000,00
II. Gewinnrücklagen		2.500,00
III. Jahresüberschuß		108.981,94
B. Rückstellungen		
1. Rückstellungen für Pensionen u.ä. Verpfl.		1.975,61
2. Steuerrückstellungen		19.565,00
3. Sonstige Rückstellungen		17.924,00
C. Verbindlichkeiten		
1. Verbindlichkeiten ggü. Kreditinstituten	27.801,26	
davon mit einer Restlaufzeit bis zu einem Jahr EUR 3.728,15		
2. Verbindlichkeiten aus Lieferungen und Leistungen	22.948,91	
davon mit einer Restlaufzeit bis zu einem Jahr EUR 22.948,91		
3. Sonstige Verbindlichkeiten	23.474,20	74.224,37
davon aus Steuern EUR 6.472,85		
davon im Rahmen der sozialen Sicherheit EUR 8.697,23		
davon mit einer Restlaufzeit bis zu einem Jahr EUR 23.474,20		
Summe Passiva		265.170,92

Abbildung 35: Passivseite: Bilanzierungsziel Kreditwürdigkeit

Die Passivseite zeigt die Einbuchung der Rückstellung für Pensionen, für Steuern und die sonstigen Rückstellungen. Dadurch verlängert sich die Passivseite auf eine neue Bilanzsumme von 265.170,92 EUR.

Aktiv- und Passivbilanzsummen stimmen deswegen nicht überein, weil die Geschäftsfälle in den Musterjahresabschluss *eingefügt* wurden und der Jahresabschluss nicht aus
einem geschlossenen Doppik-Buchhaltungssystem für das ganze Jahr abgeleitet wurde. Dies halten wir für eine zulässige didaktische Reduktion, die die Übersichtlichkeit
erhalten soll.[108] Anderenfalls hätten wir ein geschlossenes Buchhaltungssystem entwik-
kelt und eine HÜ mit den Abschlussbuchungen durchführen müssen. Dies wäre aber
eher das Thema eines reinen Fachbuchs zur Finanzbuchhaltung gewesen.

Gewinn- und Verlustrechnung

	EUR	EUR
1. Umsatzerlöse		330.131,59
2. Bestandsveränderungen		62.492,55
3. Andere aktivierte Eigenleistungen		
4. Sonstige betriebliche Erträge		847,28
5. Materialaufwand		
a) Aufwendungen für RHB und für bezogene Waren	19.247,85	
b) Aufwendungen für bezogene Leistungen	4.627,60	23.875,45
6. Personalaufwand		
a) Löhne und Gehälter	60.451,00	
b) soziale Abgaben und Aufwendungen für die Altersversorgung und Untersützung	17.848,87	78.299,87
davon für Altersversorgung EUR 6.827,69		
7. Abschreibungen		19.484,66
8. Sonstige betriebliche Aufwendungen		127.007,42
9. Sonstige Zinsen und ähnliche Erträge		507,40
10. Zinsen und ähnliche Aufwendungen		6.810,48
11. Ergebnis der gewöhnlichen Geschäftätigkeit		138.500,94
12. Steuern vom Einkommen und vom Ertrag	29.015,00	
13. Sonstige Steuern	504,00	29.519,00
14. Jahresüberschuss/ Jahresfehlbetrag		108.981,94

Abbildung 36: GuV-Rechnung: Kreditwürdigkeit

---

[108] Den aktivierten halbfertigen Aufträgen stehen in der GuV-Rechnung selbstverständlich entsprechende Aufwendungen gegenüber, die den Jahresüberschuss zusätzlich minderten. Sie sind hier nicht
berücksichtigt.

Die mit der Aktivseite korrespondierende GuV-Rechnung für das Musterjahr 2002 zeigt, dass die ‚halbfertigen Aufträge' ganz im Sinne des handelsrechtlichen Maximalansatzes bewertet wurden, und somit als *Bestandsveränderungen* mit zusammen 62.492,55 EUR in die GuV-Rechnung eingehen.

Die sozialen Abgaben und Aufwendungen für die Altersversorgung und Unterstützung steigen um den Minimalansatz der Zuführung (Einstellung) der Rückstellung für die Altersversorgung der geschäftsführenden Gesellschafter um 1.975,61 EUR auf 17.848,87 EUR.

Die Abschreibungen ergeben sich aus den handelsrechtlichen Mindestabschreibungen für den Erweiterungsaufwand (4.625,- EUR), den Euroumstellungsaufwand (5.450,40 EUR), den aktivierten Firmenwert (7.233,33 EUR), sowie die ISDN-Telefonanlage (842,60 EUR) und schliesslich die aktivierten GWG's (1.333,33), sodass alle Abschreibungen zusammen den in der GuV-Rechnung für 2002 ausgewiesenen Betrag von 19.484,66 EUR ergeben.

Der sonstige betriebliche Aufwand enthält mit 30.000,- EUR die Zölle auf die aus dem Ausland bezogenen Hochleistungsrechner. Zugleich enthält die Position den Aufwand für die Gewährleistungsrückstellung von 7.340,- EUR und den Aufwand für die Einstellung der Rückstellung für die Jahresabschlusskosten i.H.v. 3.244,00 EUR. Damit erhöht sich der sonstige betriebliche Aufwand von 86.423,42 EUR um 40.584 EUR auf 127.007,42 EUR.

Unter Berücksichtigung *dieser Geschäftsfälle* ergibt sich ein Jahresüberschuss von 108.981,94 EUR für das Geschäftsjahr 2002.

Literaturverzeichnis

Galde, A.: Rechnungslegung und Prüfung nach dem Bilanzrichtlinien-Gesetz, Herne/Berlin, 1986.

Glade, A: Praxishandbuch der Rechnungslegung und Prüfung, 2. Auflage, Herne/Berlin, 1995.

Hilke, W., Bilanzpolitik, 4. A, Wiesbaden: Gabler, 1995.

Hilke, W., Bilanzpolitik, 5. A., Wiesbaden: Gabler, 2000.

Kerth, A./ Wolf, J., Bilanzanalyse und Bilanzpolitik, 2.A., München/Wien: Hanser, 1992.

KPMG, International Accounting Standards- Ein Einführung in die Rechnungslegung nach den Grundsätzen des IASC, 2. A., Düsseldorf, 1996.

KPMG, International Accounting Standards- Ein Einführung in die Rechnungslegung nach den Grundsätzen des IASC, 1. A., Stuttgart, 1999.

Küting, K./ Weber, C-P., Handbuch der Rechnungslegung, 3. A., Stuttgart: Schäffer-Poeschel, 1990.

Oppermann, Dieter, Pisters, Manfred: Die Rechnungslegung nach U.S.-Handelsrecht (FAS 87) anhand ausgewählter Beispiele. Die neue Rechnungslegung für Versorgungsverpflichtungen von deutschen U.S.-Töchtern, Stuttgart 1988.

Peemöller, V: Bilanzanalyse und Bilanzpolitik, Wiesbaden: Gabler, 1993.

Posluschny, P, Kostenrechnung für die Gastronomie, München, 1998.

Posluschny, P./Schorlemer, G., Erfolgreiche Existenzgründungen in der Praxis, München, 1999.

Schmidt, H., Bilanz-Praxis: der Schlüssel zur Handels- und Steuerbilanz für Einzelkaufleute, Personengesellschaften, Kapitalgesellschaften, Freiburg i.Br. 1997.

Schorlemer, G. /Posluschny, P./Prange, Ch., Kostenmanagement in der Praxis, Wiesbaden, 1998.

Spengel, Ch., Unternehmesbesteuerung in Europa- Vergleich und Analyse-, AIESEC Europa-Tage vom 16.-18. Juni 1998, Internetdokument: Internetdownload.

Wöhe, G.: Bilanzierung und Bilanzpolitik, 9. A., München, 1997.

Anhang: IAS -Übersicht

IAS	Thema	anzuwenden ab:
IAS 1	Disclosure of Accounting Policies Angabe- und Erläuterungspflichten der Bilanzpolitik	1.1.95
IAS 1	Presentation of Financial Statements Darstellung von ‚Finanzberichterstattung'	überarbeitet 1997 1.7.98
IAS 2	Inventories Vorräte	1.1.95
IAS 3		ausser Kraft gesetzt
IAS 4	Depreciation Accounting Abschreibungsberechnung	1.1.77 überarbeitet: 1.1.95
IAS 5	Information to be Disclosed in Financial Statements Darstellungsnormen in der ‚Finanzberichterstattung'	1.1.77 1.1.95 IAS 5 wird durch den neuen IAS 1 ersetzt
IAS 6		ausser Kraft gesetzt IAS 6 wird durch IAS 15 ersetzt
IAS 7	Cash flow Statements „Cash-flow"-Angaben	überarbeitet 1992 1.1.94
IAS 8	Net Profit or Loss for the Period; Fundamental Errors and Changes in Accounting Policies Betriebsergebnis; Behandlung von Bilanzierungsfehlern und gravierende Ansatz- und Bewertungsänderungen	überarbeitet 1993 1.1.95
IAS 9	Research and Development Costs FuE-Aufwand/Kosten	überarbeitet 1993 1.1.95 1.7.99 wird ersetzt durch IAS 38
IAS 10	Contingencies und Events Occuring after the	1.1.80

IAS	Thema	anzuwenden ab:
	Banlance Sheet Date ‚Wertaufhellungsgebot' und seine Behandlung nach IAS	überarbeitet 1.1.95
IAS 11	Construction Contracts Bauverträge	1.1.95
IAS 12	Income Taxes ‚Einkommensteuer(n)'	1.1.81 überarbeitet 1996 1.1.98
IAS 13	Presentation of Current Assets and Current Liabilities Vermögens(gegenstands)- und Schuldendarstellung (in der Bilanz)	überarbeitet 1994 1.1.83 1.1.95 wird ersetzt durch IAS 1
IAS 14	Reporting Financial Information by Segment finanzielle Segmentberichterstattung	1.1.83 1.1.95
IAS 14	Segment Reporting Segmentberichterstattung (‚Geschäftsfeld-Berichterstattung')	1.7.98
IAS 15	Information Reflecting the Effects of Changing Prices Darstellung von Preisänderungen	1.1.83 überarbeitet 1.1.95
IAS 16	Property, Plant and Equipment Sachanlagevermögen	1.1.95
IAS 17	Accounting for Leases Leasingdarstellung	1.1.84 überarbeitet 1994 1.1.95
IAS 17	Accounting for Leases Leasingdarstellung	1.1.99

IAS	Thema	anzuwenden ab:
IAS 18	Revenue ‚Ertrag'	1.1.95
IAS 19	Retirement Benefit Costs ‚Pensions(rückstellungs)kosten'	überarbeitet 1993 1.1.95
IAS 19	Employee Benefits ‚Mitarbeiterversorgungen'	überarbeitet 1998 1.1.99
IAS 20	Accounting for Government Grants and Disclosure of Government Assistance Darstellung von ‚Subventionen': (Zuwendungen) und Zuschüssen	1.1.84 überarbeitet 1994 1.1.95
IAS 21	The Effects of Changes in Foreign Exchange Rates/ Darstellung von Wechselkursschwankungen	überarbeitet 1993 1.1.95
IAS 22	Business Combinations Fusionen, Übernahmen, Verschmelzungen u.ä.	überarbeitet 1993 1.1.95
IAS 22	Business Combinations Fusionen, Übernahmen, Verschmelzungen u.ä.	überarbeitet 1998 1.7.99
IAS 23	Borrowing Costs Kreditkosten (‚Zinsaufwand')	1.1.95
IAS 24	Related Party Disclosures ‚verbundene Unternehmen'	1.1.86 überarbeitet 1994 1.1.95
IAS 25	Accounting for Investments Investitionsdarstellung	1.1.86 überarbeitet 1994 1.1.95
IAS 26	Accounting and Reporting by Retirement Benefit Plans	1.1.88 überarbeitet 1994

IAS	Thema	anzuwenden ab:
	Pensionsversorgungspläne	1.1.95
IAS 27	Consolidated Financial Statements and Accounting for Investments in Subsidiaries Konsolidierungsrechnungen und Darstellung von Unternehmenstöchtern	1.1.90 überarbeitet 1994 1.1.95
IAS 28	Accounting for Investments in Associates Rechnungslegung von faktisch beeinflussbaren Unternehmen (keine Töchter, keine joint-ventures)	1.1.90 überarbeitet 1994 1.1.95
IAS 29	Financial Reporting in Hyperinflationary Economies Rechnungslegung bei Hyperinflationsländern	1.1.90 überarbeitet 1994 1.1.95
IAS 30	Disclosures in the Financial Statements of Banks and Similar Financial Institutions Rechnungslegung bei Banken und ähnlichen Finanzdienstleistern	1.1.91 überarbeitet 1994 1.1.95
IAS 31	Financial Reporting of Interests in Joint Ventures Darstellung von Joint-Ventures	1.1.92 überarbeitet 1994 1.1.95
IAS 32	Financial Instruments: Disclosure and Presentation Darstellung von Finanzinstrumenten	bestätigt 1995 1.1.96
IAS 33	Earnings per Share ‚Gewinnanteile'(aus Mitunternehmerschaft)	bestätigt 1997 1.1.98
IAS 34	Interim Financial Reporting Zwischenberichte	überprüft 1998 1.1.99
IAS 35	Discontinuing Operations ‚Abwicklung' eines Unternehmensbereiches	überprüft 1998 1.1.99
IAS 36	Impairment of Assets	überprüft 1998

IAS	Thema	anzuwenden ab:
	Abwertung von ‚Vermögensgegenständen'	1.7.99
IAS 37	Provisions, Contingent Liabilities and Contingent Assets Provisionen, unsichere Verbindlichkeiten (‚Rückstellungen'), unsichere Vermögensgegenstände	überprüft 1998 1.7.99
IAS 38	Intangible Assets immaterielle ‚Vermögensgegenstände'	überprüft 1998 1.7.99

Tabelle 63: IAS-Überblick mit Übersetzung

Die obige Tabelle zeigt eine Übersicht der zur Zeit gültigen IAS, wobei die erste Tabellenspalte den IAS, die zweite Spalte das Thema des IAS und die dritte Spalte erstmalige Gültigkeit, Überarbeitungsdatum und die Gültigkeit nach der Überarbeitung anzeigt.

Von den zur Zeit 38 vorliegenden und zum Teil überarbeiteten IAS sind die IAS 3 und 6 ausser Kraft gesetzt und die Anwendung von IAS 15 (Information Reflecting the Effects of Changing Prices/Darstellung von Preisänderungen) erfolgt auf freiwilliger Basis. Die IAS 34 und 35 sind auf Geschäftsjahre bezogen, die nach dem 1.1.99 beginnen und die IAS 36,37 und 38 gelten erst ab dem 1.7.99 (siehe Tabelle).

Stichwortverzeichnis

Über die Autoren

Georg von Schorlemer (geb. 1964) studierte zunächst an der AF de Paris und dann an der Universität von Tarragona Sprachen und Linguistik. Anschliessend Studium der Betriebswirtschaftslehre (Management, Bankbetriebslehre und Betriebswirtschaftliche Steuerlehre) und 1992 Examen zum Dipl.-Kfm. Nach fünf Jahren folgte 1996 die Promotion. Seit 1992 ist er Management-Trainer und seit 1993 Unternehmensberater: seit 1998 als Senior-Consultant. Seit 1998 zusätzlich Geschäftsführer der Kostenmanagement GbRmbH/ Berlin. Veröffentlichungen in renommierten Fachverlagen.

Tel.: 030/ 818 577 72 oder: 030/ 818 577 73

Fax: 030/ 688 56 78

mail: schorlemer@sireconnect.de

Peter Posluschny (geb. 1947) ist gelernter Grosshandelskaufmann. Nach dem Studium der Betriebswirtschaftslehre, Volkswirtschaftslehre und Wirtschaftspädagogik gründete und leitete er eine Bildungseinrichtung in Berlin. Er sammelte nach Tätigkeiten in der Industrie und Referendariat langjährige Erfahrungen als Management-Trainer und Unternehmensberater. Veröffentlichungen in renommierten Fachverlagen.

Tel.: 030/ 833 02 10

Fax: 030/ 833 64 04

mail: UBPos@aol.com

homepage: UBPos.de

Konzepte für das neue Jahrtausend

Bilanzwissen auf aktuellem Stand

In der 5. Auflage der erfolgreichen „Bilanzpolitik" von Prof. Hilke werden alle aktuellen Änderungen des Handels- und Steuerrechts, soweit sie für die Bilanzierung relevant sind, berücksichtigt. Das Buch spiegelt langjährige Lehrerfahrungen wider und ist für Studenten und Praktiker gleichermaßen interessant.

Wolfgang Hilke
Bilanzpolitik
Jahresabschluss nach Handels- und Steuerrecht
Mit Aufgaben und Lösungen
5., vollst. überarb. u. erw. Aufl.
1999. XII, 352 S. mit 16 Abb.,
Br. DM 68,00
ISBN 3-409-56602-3

Frühwarnsystem für Unternehmen

Die Autoren entwickeln ein umfassendes und systematisch strukturiertes Konzept zum Aufbau eines Risikomanagement-Systems. Sie stellen neben theoretischen Grundlagen unterschiedliche Instrumente der Risikoidentifikation, der Risikobewertung und der Risikobehandlung vor und demonstrieren ihre Anwendbarkeit anhand zahlreicher Beispiele.

Klaus Wolf, Bodo Runzheimer
Risikomanagement und KonTraG
Konzeption und Implementierung
2., überarb. und erw. Aufl.
2000. 163 S. mit 58 Abb., Br.
DM 78,00
ISBN 3-409-21490-9

Klausurtraining Buchführung

Dieses Übungsbuch ermöglicht Studierenden der Wirtschaftswissenschaften an Universitäten, Fachhochschulen und Berufsakademien eine gezielte und effiziente Vorbereitung auf Klausurprüfungen zur doppelten Buchführung. Aufgrund seiner klar strukturierten und praxisorientierten Konzeption kann das Buch darüber hinaus parallel zu entsprechenden Lehrveranstaltungen genutzt werden und somit zur Erhöhung der Lerneffizienz beitragen.

Hans-Jürgen Wurl, Michael Greth
Klausuraufgaben zur doppelten Buchführung
Mit Lösungen und ausführlichen Erläuterungen
2., überarb. Aufl. 1999.
VIII, 251 S.
Br. DM 48,00
ISBN 3-409-23775-5

Änderungen vorbehalten. Stand: Oktober 2000.

Gabler Verlag · Abraham-Lincoln-Str. 46 · 65189 Wiesbaden · www.gabler.de

GABLER